O fotógrafo que captou o sentimento do Porto

The photographer who captured the spirit of Porto

Rui Moreira

Presidente da Câmara Municipal do Porto

Mayor of Porto

A cidade do Porto reúne alguma da melhor arquitetura de diferentes épocas. O talento de prestigiados arquitetos nacionais e internacionais, sobretudo da chamada "Escola do Porto", ressuma com fulgor na malha urbana portuense. De Nicolau Nasoni aos "Pritzker" Álvaro Siza e Souto de Moura, passando por Eugénio dos Santos, Marques da Silva, Manuel Marques, Carlos Ramos, David Moreira da Silva, Rogério de Azevedo, Arménio Losa, Viana de Lima, Januário Godinho, Fernando Távora, Agostinho Ricca, Alcino Soutinho, José Carlos Loureiro ou Alexandre Alves Costa, muitos são os arquitetos que deixaram uma marca indissimulável na cidade.

A ressonância histórica, a beleza arquitetónica, a monumentalidade artística e a tipicidade paisagística da cidade foram, por seu turno, brilhantemente captadas por fotógrafos tão notáveis como Domingos Alvão, Emílio Biel, Eduardo Teixeira Pinto, Bernardino Pires, Alfredo Cunha, Manuel Varzim, Renato Roque, Fernando Guerra, André Cepeda e tantos outros. A aura única da cidade tem instigado, ao longo das épocas, uma prolixa sinergia entre arquitetura e fotografia, entre arquitetos e fotógrafos, entre o espaço construído e a sua representação, conservação e valorização estética.

De entre os fotógrafos que melhor captaram a aura da cidade – sobretudo, a sua impressiva arquitetura – está, seguramente, Luis Ferreira Alves, como se percebe folheando, por exemplo, o belíssimo álbum "O Sentimento do Porto". Uma carambola de paixões – pelo Porto, pela fotografia, pelo cinema, pela arquitetura... – e também de adversidades, como a perseguição política que adiou a sua vocação fotográfica, terá levado Luis Ferreira Alves a desenvolver uma especial sensibilidade para registar as formas, estruturas, silhuetas, vislumbres e sombras que definem a peculiar paisagem urbana do Porto.

Especializado na fotografia de arquitetura, património e território, Luis Ferreira Alves colaborou intimamente com a "Escola do Porto", em particular com Eduardo Souto de Moura. Foi, pois, um precioso aliado na divulgação do património arquitetónico portuense, nomeadamente o contemporâneo, que figura entre os mais importantes e singulares do mundo. Desta forma, o fotógrafo ajudou também à afirmação internacional da cidade como uma montra da melhor arquitetura que o engenho humano foi capaz de criar e iluminar as nossas vidas.

A fotografia de Luis Ferreira Alves tem a enorme virtude de nos fornecer pistas sobre a relação do arquiteto com a sua obra, condição essencial para o cabal entendimento da mesma. O trabalho autoral do arquiteto é desvelado pela fotografia, permitindo-nos compreender melhor a importância estética, urbanística, social e económica de grandes projetos arquitetónicos. O que mais impressiona nos portefólios de Luis Ferreira Alves é a sua capacidade, não apenas de sublimar o esplendor arquitetónico, mas também de revelar o lado menos óbvio de edifícios, infraestruturas e monumentos.

O Município do Porto reconhece a enorme valia da obra de Luis Ferreira Alves e o seu exemplo de compromisso com a cidade, com a fotografia e com a arquitetura. Por isso, entendeu apoiar e ser entidade promotora do Prémio Internacional de Fotografia Luis Ferreira Alves. O nosso apoio também se justifica pelo significado que a arquitetura e a sua valorização têm para o Município, bem como pela importância que atribuímos à fotografia enquanto expressão artística, estética, histórica e testemunhal.

Resta-me agradecer à família de Luis Ferreira Alves, que tem sido infatigável na preservação do legado do fotógrafo, e ainda à Cityscopio – Associação Cultural e restantes parceiros envolvidos na organização do prémio.

The city of Porto brings together some of the finest architecture from different eras. The talent of renowned national and international architects — particularly those of the so-called "Porto School" — radiates with vigour across the city's urban fabric. From Nicolau Nasoni to the Pritzker Prize laureates Álvaro Siza and Souto de Moura, passing through Eugénio dos Santos, Marques da Silva, Manuel Marques, Carlos Ramos, David Moreira da Silva, Rogério de Azevedo, Arménio Losa, Viana de Lima, Januário Godinho, Fernando Távora, Agostinho Ricca, Alcino Soutinho, José Carlos Loureiro and Alexandre Alves Costa, countless architects have left an indelible mark on the city.

The city's historical resonance, architectural beauty, artistic grandeur, and distinctive landscape have, in turn, been brilliantly captured by such remarkable photographers as Domingos Alvão, Emílio Biel, Eduardo Teixeira Pinto, Bernardino Pires, Alfredo Cunha, Manuel Varzim, Renato Roque, Fernando Guerra, André Cepeda, and many others. Over the years, Porto's unique aura has fostered a prolific synergy between architecture and photography, between architects and photographers, between the built environment and its representation, preservation, and aesthetic appreciation.

Among the photographers who most vividly captured the city's essence — and especially its striking architecture — one finds, without doubt, Luis Ferreira Alves, as is evident when leafing through the beautiful album "O Sentimento do Porto" (The Feeling of Porto). A confluence of passions — for Porto, for photography, for cinema, for architecture — and also of adversities, such as the political persecution that delayed his photographic calling, seems to have endowed Luis Ferreira Alves with a special sensitivity for recording the forms, structures, silhouettes, glimpses, and shadows that define Porto's singular urban landscape.

Specialised in architectural, heritage, and territorial photography, Luis Ferreira Alves worked closely with the "Porto School", particularly with Eduardo Souto de Moura. He was, therefore, a valuable ally in promoting Porto's architectural heritage, especially its contemporary works, which rank among the most important and distinctive in the world. In doing so, the photographer also contributed to establishing the city's international reputation as a showcase of the finest architecture human ingenuity has created to enrich our lives.

The photography of Luis Ferreira Alves has the remarkable virtue of offering insights into the relationship between an architect and their work — an essential condition for fully understanding it. Through his lens, the architect's creative vision is revealed, allowing us to better grasp the aesthetic, urbanistic, social, and economic significance of major architectural projects. What most impresses in the portfolios of Luis Ferreira Alves is his ability not only to exalt architectural splendour but also to uncover the less obvious facets of buildings, infrastructures, and monuments.

The Municipality of Porto recognises the immense value of Luis Ferreira Alves's work and his exemplary commitment to the city, to photography, and to architecture. For this reason, it has chosen to support and act as the promoting body of the Luis Ferreira Alves International Photography Award. Our support is also justified by the importance that architecture and its appreciation hold for the Municipality, as well as by the value we place on photography as an artistic, aesthetic, historical, and documentary form of expression.

I must extend my gratitude to the family of Luis Ferreira Alves, who have been tireless in preserving the photographer's legacy, and to Cityscopio - Cultural Association and all other partners involved in organising the award.

O legado para a Casa

A Legacy for the House

Nuno Sampaio

Diretor-executivo da Casa da Arquitectura

Executive Director of Casa da Arquitectura

Enquanto diretor-executivo da Casa da Arquitectura, é com profundo orgulho e sentido de responsabilidade que saúdo a existência do Prémio Luis Ferreira Alves, na sua missão de celebrar a memória e o legado de uma das figuras maiores da fotografia de arquitetura em Portugal.

Pela sua capacidade de registar e difundir, a fotografia é uma ferramenta essencial para a compreensão e democratização da arquitetura. Permite que a arquitetura, tantas vezes limitada à experiência presencial, seja observada, estudada e compreendida à distância, transcendendo épocas e geografias. Nesse sentido, o trabalho de Luis Ferreira Alves, marcado por um apurado sentido de composição, domínio da luz e habilidade para apreender a poética dos espaços, não foi apenas um exercício de documentação, foi, sobretudo, um veículo para o entendimento coletivo do espaço habitado, aproximando as obras e os seus autores a diversos públicos.

Não é possível, por isso, compreender a relevância da arquitetura portuguesa no mundo sem reconhecer a importância da obra fotográfica de Luis Ferreira Alves. O seu olhar tornou-se o registo vivo da geração de arquitetos portugueses com maior projeção nacional e internacional, contribuindo, de forma inequívoca, para a divulgação e consolidação da obra de autores como Fernando Távora, Álvaro Siza e Eduardo Souto de Moura, assim como de outras tantas obras das gerações mais novas, entre as quais destaco a reconversão da Real Vinícola em Casa da Arquitectura, imortalizada pelo fantástico ensaio fotográfico de Luis Ferreira Alves: "Real Vinícola — Uma Reconversão".

O seu acervo de fotografia de arquitetura, doado generosamente à Casa da Arquitectura em 2021, constitui um dos mais importantes arquivos visuais do país, reunindo imagens em formato analógico e digital que documentam, com rigor e sensibilidade, mais de quatrocentas obras representativas da evolução da arquitetura portuguesa nas últimas décadas. No mesmo ano, tivemos a honra de apresentar a exposição "Peroguarda 58/59: Fotografias", acompanhada de publicação homónima. Com curadoria expositiva de Eduardo Souto de Moura, exibiram-se 37 fotografias captadas pelo jovem Luis Ferreira Alves no Alentejo profundo, entre 1958 e 1959, sublinhando, desde cedo, a sua capacidade para conciliar a vertente documental com a sensibilidade estética, tornando cada imagem em testemunho histórico e objeto artístico. Na sequência da exposição, o governo português atribuiu-lhe, na Casa da Arquitectura, a Medalha de Mérito Cultural, distinguindo a sua imensa dedicação ao reconhecimento e valorização da fotografia e da arquitetura.

Com a instituição do Prémio Luis Ferreira Alves, homenageamos não apenas o fotógrafo, mas também a importância da fotografia enquanto disciplina fundamental para a valorização e difusão da arquitetura. Celebrar o seu percurso é reafirmar o compromisso da Casa da Arquitectura em preservar, estudar e divulgar o património que ele tão magistralmente nos legou.

As Executive Director of Casa da Arquitectura, it is with profound pride and a deep sense of responsibility that I welcome the creation of the Luis Ferreira Alves Award, whose mission is to honour the memory and legacy of one of the most significant figures in architectural photography in Portugal.

Due to its capacity to document and disseminate, photography is an essential tool for the understanding and democratising architecture. It enables architecture—so often restricted to the immediacy of in-person experience—to be observed, studied, and appreciated from afar, transcending time and geography. In this sense, the work of Luis Ferreira Alves, distinguished by his keen sense of composition, mastery of light, and ability to capture the poetics of space, was far more than an exercise in documentation. Above all, it was a vehicle for the collective understanding of inhabited space, bringing architectural works and their authors closer to diverse audiences.

It is impossible, therefore, to grasp the global relevance of Portuguese architecture without acknowledging the significance of Luis Ferreira Alves' photographic oeuvre. His gaze became the living record of a generation of Portuguese architects with the greatest national and international prominence, making an undeniable contribution to the dissemination and consolidation of the work of figures such as Fernando Távora, Álvaro Siza, and Eduardo Souto de Moura, as well as many emerging voices. Among these, I would highlight his extraordinary photographic essay "Real Vinícola — Uma Reconversão", which immortalised the transformation of the Real Vinícola complex into Casa da Arquitectura.

The architectural photography archive he generously donated to Casa da Arquitectura in 2021 constitutes one of the most essential visual collections in the country. Comprising both analogue and digital formats, it rigorously and sensitively documents over four hundred works that trace the evolution of Portuguese architecture in recent decades. That same year, we had the honour of presenting the exhibition "Peroguarda 58/59: Photographs", accompanied by a publication of the same name. Curated by Eduardo Souto de Moura, the exhibition featured 37 photographs taken by the young Luis Ferreira Alves in the depths of the Alentejo region between 1958 and 1959, already demonstrating his ability to merge documentary purpose with aesthetic sensibility, transforming each image into both historical testimony and artistic object. Following the exhibition, the Portuguese government awarded him the Medal of Cultural Merit at Casa da Arquitectura, recognising his lifelong dedication to the appreciation of photography and architecture.

With the establishment of the Luis Ferreira Alves Award, we honour not only the photographer himself, but also the fundamental role of photography as a discipline that enhances and disseminates architecture. To celebrate his life and work is to reaffirm Casa da Arquitectura's ongoing commitment to preserving, studying, and sharing the legacy he so masterfully left to us.

Imagem e Arquitectura: Sobre o Prémio Luis Ferreira Alves

Image and Architecture: About the Luis Ferreira Alves Prize

José Pedro Sousa

Arquiteto e professor da Faculdade de Arquitetura do Porto

Architect and professor at the Faculty of Architecture of the University of Porto (FAUP)

Num tempo marcado por uma produção desenfreada de imagens digitais — efémeras, descontextualizadas, impessoais, automáticas e, por vezes, falsas—, a fotografia ocupa hoje, talvez mais do que nunca, um lugar central na cultura arquitetónica. Não apenas como meio de registo, mas como forma de interpretação, crítica e comunicação. Através dela revelam-se qualidades essenciais da arquitectura: a luz, o tempo, a escala, a materialidade. Assim, partindo do pensamento de Hélène Binet, membro do júri deste prémio, a fotografia não mostra a arquitectura tal como é vista, mas como pode ser sentida e compreendida, revelando o seu poder emocional e interpretativo.

Ao mesmo tempo, a fotografia contribui para a difusão da arquitectura no tempo e no espaço, tornando-se, muitas vezes, o principal meio pelo qual as obras são conhecidas, analisadas e discutidas. Segundo as ideias de Beatriz Colomina, pode-se inferir que a arquitectura contemporânea já não existe apenas na sua materialidade, mas também na sua imagem - uma imagem inseparável da forma como é percebida, criticada e desejada. Neste contexto, a prática da fotografia deixa de ser acessória para se afirmar como parte integrante da cultura arquitetónica.

É precisamente essa relevância cultural, crítica e sensível da imagem que o Prémio de Fotografia Luis Ferreira Alves procura afirmar e valorizar. Neste contexto, importa reconhecer e celebrar a figura ímpar de Luis Ferreira Alves. A sua obra atravessa gerações e suportes — do analógico ao digital — mantendo sempre a rara capacidade de conjugar rigor documental com sensibilidade poética. A proximidade que cultivou com as obras de Fernando Távora, Álvaro Siza Vieira ou Eduardo Souto de Moura originou imagens que não apenas documentam, mas interpretam profundamente a arquitectura portuguesa, tornando-se parte inseparável da sua memória visual. O olhar de Luis Ferreira Alves, simultaneamente rigoroso e sensível, técnico e intuitivo, objetivo e subjetivo, constitui um testemunho de um vínculo raro entre fotógrafo e arquitectura.

É, pois, com enorme honra e satisfação que a Faculdade de Arquitectura da Universidade do Porto se associou a esta iniciativa enquanto membro da comissão organizadora, são lado de parceiros como a CM Porto e a Casa da Arquitectura. Idealizada e concretizada pelo Professor Doutor Pedro Leão Neto e a sua equipa, esta primeira edição destacou-se não apenas pela enorme e surpreendente adesão internacional, mas sobretudo pela excelência dos trabalhos finalistas e vencedores, assim como pela sua dimensão formativa e cultural — refletida nos prémios atribuídos, na organização de uma exposição internacional e na criação de um arquivo de acesso público, já materializado no presente catálogo.

A FAUP renova o seu compromisso com o Prémio Luis Ferreira Alves, desejando que esta iniciativa continue a inspirar olhares curiosos, a celebrar o diálogo entre fotografia e arquitectura, e a reforçar o poder transformador da imagem na forma como vivemos e compreendemos o espaço.

In a time marked by the rampant production of digital images—ephemeral, decontextualised, impersonal, automatic, and sometimes fake—photography occupies a central place in architectural culture today, perhaps more than ever, not only as a means of recording, but also as a means of interpretation, critique, and communication. Through photography, essential qualities of architecture are revealed: light, time, scale, and materiality. Thus, drawing on the thinking of Hélène Binet, a jury member for this prize, photography does not show architecture as it is seen but can be felt and understood, revealing its emotional and interpretative power.

At the same time, photography contributes to the dissemination of architecture across time and space, often becoming the primary means by which works are known, analysed, and discussed. According to Beatriz Colomina's ideas, it can be inferred that contemporary architecture no longer exists solely in its materiality, but also in its image—an image inseparable from how it is perceived, criticised, and desired. In this context, the practice of photography ceases to be ancillary and asserts itself as an integral part of architectural culture.

The Luis Ferreira Alves Photography Award seeks to affirm and value precisely this cultural, critical, and sensitive relevance of the image. In this context, it is essential to recognise and celebrate the unique figure of Luis Ferreira Alves. His work spans generations and media—from analogue to digital—always maintaining the rare ability to combine documentary rigour with poetic sensitivity. The closeness he cultivated with the works of Fernando Távora, Álvaro Siza Vieira, and Eduardo Souto de Moura produced images that not only document but profoundly interpret Portuguese architecture, becoming an inseparable part of its visual memory. Luis Ferreira Alves's perspective, simultaneously rigorous and sensitive, technical and intuitive, objective and subjective, is a testament to a rare bond between photography and architecture.

Therefore, with great honour and satisfaction, the Faculty of Architecture of the University of Porto joined this initiative as a member of the organising committee, alongside partners such as the Porto City Council and the House of Architecture. Conceived and implemented by Professor Pedro Leão Neto and his team, this first edition stood out not only for its enormous and surprising international response, but above all for the excellence of the finalists and winners, as well as for its educational and cultural dimension—reflected in the awards, the organisation of an international exhibition, and the creation of a publicly accessible archive, already embodied in this catalog.

FAUP renews its commitment to the Luis Ferreira Alves Award, hoping that this initiative will continue to inspire curious eyes, celebrate the dialogue between photography and architecture, and reinforce the transformative power of images in how we experience and understand space.

Celebrar a Arquitectura através da Fotografia: O Prémio LFA Inaugural

Celebrating Architecture through Photography: The Inaugural LFA Award

Pedro Leão Neto

Fundador do prémio

Founder of the prize

Mesmo num tempo de saturação imagética e superficialidade, persiste o profundo desejo de parar, de olhar — e de pensar. Foi este o espírito que presidiu à criação do Prémio Luis Ferreira Alves (LFA): uma plataforma onde a fotografia se torna mais do que mero registo da arquitectura, transformando-se antes numa lente através da qual nos relacionamos, questionamos e compreendemos o ambiente construído em toda a sua complexidade. Como observou David Campany[1], se aceitarmos que a experiência da arquitectura é hoje indissociável da experiência da sua imagem, e que a fotografia poderá integrar as mesmas redes de espectáculo, segue-se que uma fotografia independente e crítica da arquitectura é tão vital quanto ameaçada.

A primeira edição do Prémio LFA nasceu de uma convicção partilhada: o legado de Luis Ferreira Alves — o seu modo de ver, enquadrar e dignificar a arquitectura — merecia mais do que memória. Merecia continuidade. Com 1.495 candidaturas provenientes de 99 países, esta edição inaugural superou expectativas, provando que a abordagem de Luis Ferreira Alves à fotografia continua a ressoar amplamente. Fala a todos os que encaram a arquitectura não como objecto estático, mas como processo, lugar e presença.

Esta publicação assinala um marco importante, registando os resultados da primeira edição e, como referido nos Agradecimentos, homenageando as pessoas e parcerias que a tornaram possível. No centro deste feito esteve um júri de excelência, cuja experiência conferiu profundidade e credibilidade ao prémio. As perspectivas conjuntas de Eduardo Souto de Moura, Hélène Binet e Paulo Catrica asseguraram um processo de selecção simultaneamente criterioso e fiel à ambição do prémio.

O Prémio LFA não é apenas um concurso. É um apelo à reflexão sobre o acto de ver. Luis Ferreira Alves mostrou-nos que a fotografia de arquitectura pode ser poética sem ser romântica, precisa sem ser árida, política sem ser panfletária. Uma clareza visual simultaneamente analítica e humana, nascida do facto de as suas decisões estruturais — na composição, no enquadramento e na sequência — nunca sobreporem a fotografia à própria arquitectura.

Esta capacidade de Luis Ferreira Alves para discernir o essencial na arquitectura[2] permite ao observador 'ver através' da fotografia e alcançar a arquitectura, a paisagem e as narrativas humanas que estas encerram. Assim, podemos afirmar que as decisões estruturais — seja no teatro, na escrita, na arquitectura ou na fotografia — não devem chamar a atenção para si enquanto artifícios. Devem funcionar como um vidro límpido: presente, mas invisível, permitindo ao público ver directamente o objecto retratado.

1 David Campany. "Architecture as Photography: document, publicity, commentary, art" written for the book of the exhibition "Constructing Worlds: Photography and Architecture in the Modern Age" (Barbican Galley, 2014). Access online: https://davidcampany.com/architecture-as-photography-document-publicity-commentary/

2 "Os olhos do Luis chegaram antes das palavras. Muitas vezes, quando ainda estou a perceber o que fiz, ele já está a fotografar o que interessa." Eduardo Souto de Moura: Entrevista informal recolhida no ciclo "Fotografia de Arquitetura em Portugal", FAUP, 2008.

Ecoando o conselho de Hamlet[3] aos atores para preservarem a 'transparência' — permitindo que a arte sirva o sentido em vez de chamar a atenção para si própria — Luis Ferreira Alves compõe as suas fotografias de forma a que 'vejamos através' delas a arquitetura, a paisagem e as narrativas humanas que contêm.

Esse mesmo espírito orienta as directrizes deste prémio: incentivar fotógrafos a revelar não apenas a visão do arquitecto, mas também a realidade vivida do espaço — as suas texturas, tensões e transições. Honrar Luis Ferreira Alves é continuar a olhar com atenção e a insistir que a arquitectura só se completa quando foi vista, questionada e compreendida.

Embora o conceituado júri tenha partilhado palavras e reflexões sobre os fotógrafos premiados e as menções honrosas, cabe-me a mim deixar algumas notas sobre as obras finalistas que ainda não foram abordadas. Cumpre dizer que, tomadas em conjunto, estas séries formam um corpo de trabalho simultaneamente rigoroso e diverso, íntimo e expansivo. Abrangem uma vasta gama de geografias, tipologias e linguagens visuais, reflectindo a riqueza das realidades arquitectónicas contemporâneas em todo o mundo. Captam não apenas edifícios, mas atmosferas; não apenas objectos, mas sistemas; não apenas formas, mas forças — sociais, históricas e emocionais — lembrando-nos que a fotografia de arquitectura não é apenas uma forma de ver a arquitectura, mas também de pensar sobre ela.

"Temporal Dislocation", de James Smith, é uma investigação rigorosamente composta e intelectualmente perspicaz sobre a relação estratificada entre a forma construída e as paisagens que ocupa. O olhar de Smith é frio e exigente, mas a sua sensibilidade às nuances arquitectónicas e espaciais é profunda. O seu trabalho recorda-nos que a fotografia de arquitectura pode funcionar como um ensaio — metódico, estruturado, profundamente informado. Interroga não só o que se vê, mas o que isso significa.

"The Silent View", de Kris Scholz, é um trabalho de extraordinária paciência e profundidade técnica. Recorre a métodos fotográficos históricos para reinventar a relação entre imagem, tempo e espaço. O seu universo visual é espectral e belo — revelando a arquitectura não como objecto, mas como presença: frágil, mutável e silenciosamente monumental.

"Better Days", de Seunggu Kim, transforma a arquitectura de lazer na Coreia do Sul em estranhos, luminosos e inquietantes tableaux. Com um olhar sofisticado para a cor e um sentido apurado de ritmo espacial, Kim converte momentos quotidianos em comentários estratificados sobre vida urbana, consumo e mudança cultural. As suas imagens pulsam de contradição: alegres e ameaçadoras, banais e carregadas.

"For Sale", de Ricardo Nunes, é talvez o mais declaradamente político dos projectos finalistas. Através de uma lente austera, quase forense, Nunes examina os vestígios da especulação imobiliária em Portugal e o vazio arquitectónico que esta deixou. As suas imagens falam não apenas de edifícios, mas de ausência — de vidas não habitadas, de promessas não cumpridas, de políticas gravadas no betão e no abandono.

3 Shakespeare, William. Hamlet. Ed. Ann Thompson & Neil Taylor. Arden Shakespeare. Third series. London: Thomson Learning, 2006. The following quoted reflection draws on Hamlet's advice to the players (Act 3, Scene 2) "Be not too tame neither, but let your own discretion be your tutor. Suit the action to the word, the word to the action, with this special observance - that you o'erstep not the modesty of nature." (3.2.16-19)

Em "Concrete and Soil", Marco Yat Chun Chan centra-se no frágil equilíbrio entre o terreno natural e o crescimento urbano em Hong Kong. As suas fotografias são subtis mas firmes, revelando cenas silenciosas onde a intervenção humana e a persistência ambiental colidem. Esta série consegue evocar a tensão material e simbólica de uma cidade em constante mutação.

Em "Madeira Airport in Analog", Nuno Serrão aborda a infraestrutura com intimismo e contenção. Ao recorrer à fotografia analógica de médio formato, acrescenta camadas de textura, atmosfera e ressonância emocional a um tema que, de outro modo, poderia ser tratado com seca distância. Aqui, o aeroporto não é apenas um nó funcional, mas um lugar de passagem — onde tempo, memória e expectativa convergem.

"Bunker", de Vincenzo Pagliuca, é simultaneamente austero e exacto. As suas imagens não sensacionalizam a arquitectura da guerra; antes contemplam, com sobriedade e cuidado, a sua presença persistente na paisagem europeia. Por meio de uma composição ponderada e de um controlo tonal rigoroso, Pagliuca confronta as narrativas de violência, protecção e trauma colectivo que estas estruturas ainda encerram.

Ao longo destas obras, emergem alguns fios condutores. Primeiro, uma atenção aguda ao contexto — não apenas geográfico, mas também social, político e histórico. "Temporal Dislocation", de James Smith, mapeia as relações estratificadas entre forma construída e paisagem, enquanto "For Sale", de Ricardo Nunes, confronta as cicatrizes socioeconómicas da especulação imobiliária. Segundo, a recusa em reduzir a arquitectura a espectáculo estético: "Madeira Airport in Analog", de Nuno Serrão, transforma uma peça de infraestrutura numa meditação íntima sobre o lugar, e "Bunker", de Vincenzo Pagliuca, trata a arquitectura da guerra com uma clareza sóbria, não com teatralidade. E terceiro, o compromisso com a fotografia enquanto prática crítica e criativa — onde a clareza formal se alia à profundidade conceptual. "The Silent View", de Kris Scholz, e "Better Days", de Seunggu Kim, exemplificam como a precisão compositiva pode coexistir com o comentário cultural, enquanto "Concrete and Soil", de Marco Yat Chun Chan, regista silenciosamente a tensão entre natureza e crescimento urbano.

Esta lista final não reflecte apenas talento; reflecte visão. Cada projecto traz uma voz distintiva, mas juntos falam de preocupações comuns — como moldamos os nossos ambientes, como recordamos através do espaço e como o mundo construído espelha as nossas prioridades culturais e éticas. A força desta selecção é também tributo aos muitos trabalhos que não chegaram à lista final. A sua qualidade, diversidade e ambição estão reflectidas, indirectamente, na riqueza e no alcance dos projectos finalistas, recordando-nos que o campo da fotografia de arquitectura é hoje vasto, vibrante e profundamente comprometido.

Aos que chegaram à lista final: obrigado pela clareza, pelo rigor e pela poesia do vosso trabalho. A arquitectura, nas vossas fotografias, revela-se na sua plena complexidade — sentimos o seu peso, a sua fragilidade, a sua força e a sua promessa. E a todos os que participaram, a excelência das vossas contribuições garante que este prémio é não apenas o reconhecimento de um mérito individual, mas também a celebração de uma prática colectiva que continua a aprofundar e a ampliar as nossas formas de ver.

(EN) Even in an age of image saturation and superficiality, there remains a deep desire to pause, to look — and to think. This was the spirit behind the creation of the Luis Ferreira Alves (LFA) Award: a platform where photography becomes more than a record of architecture, becoming instead a lens through which we engage with, question, and understand the built environment in all its complexity. As David Campany[1] has observed, if we accept that the experience of architecture may now be inseparable from the experience of its imagery, and that photography may belong to the very same networks of spectacle, it follows that an independent and critical photography of architecture is as vital as it is endangered.

The first edition of the LFA Award was born from a shared conviction: that the legacy of Luis Ferreira Alves—his way of seeing, framing, and honouring architecture—deserved more than memory. It deserved continuity. With 1,495 submissions from 99 countries, this inaugural edition exceeded expectations, proving that Luis Ferreira Alves's approach to photography still resonates widely. It speaks to those who see architecture not as static object, but as process, place, and presence.

This publication marks an important milestone, recording the results of the first edition and, as noted in the Acknowledgements, honouring the people and partnerships that made it possible. Central to this achievement was a distinguished jury whose expertise brought depth and credibility to the award. The combined perspectives of Eduardo Souto de Moura, Hélène Binet and Paulo Catrica ensured a selection process that was both discerning and reflective of the award's ambition.

The LFA Award is not just a competition. It is a call to reflect on the act of seeing. Luis Ferreira Alves showed us that architectural photography could be poetic without being romantic, precise without being dry, and political without being polemic. A visual clarity that was both analytical and humane and which derived from the way his structural decisions in composition, framing, and sequencing never overshadowed the architecture itself.

This capacity of Luis Ferreira Alves to understand what was essential in architecture[2], allows the viewer to 'see through' the photograph into the architecture, the landscape, and the human narratives they hold. Thus, we can say that the structural decisions — whether in acting, writing, architecture, or photography — should not draw attention to themselves as devices. Instead, they should function like a clear pane of glass: present, yet unseen,

1 David Campany. "Architecture as Photography: document, publicity, commentary, art" written for the book of the exhibition "Constructing Worlds: Photography and Architecture in the Modern Age" (Barbican Galley, 2014). Access online: https://davidcampany.com/architecture-as-photography-document-publicity-commentary/

2 "Luis's eyes came before his words. Often, when I'm still figuring out what I've done, he's already photographing what matters." — Eduardo Souto de Moura: Informal interview collected as part of the "Architectural Photography in Portugal" series, FAUP, 2008.

allowing the audience to see directly into the subject. Echoing Hamlet's[3] advice to the actors to preserve 'transparency' — allowing the art to serve the meaning rather than draw attention to itself — Luis Ferreira Alves composes his photographs so that we 'see through' them into the architecture, the landscape, and the human narratives they contain.

That same spirit informs the guidelines of this prize: to encourage photographers to reveal not only the architect's vision, but also the lived reality of space—its textures, tensions, and transitions. To honour Luis Ferreira Alves is to continue looking with care, and to insist that architecture is not complete until it has been seen, questioned, and understood.

While the distinguished jury offered their words and reflections on the awarded photographers and special mentions, it falls to me to share a few thoughts on the short-listed works that have still not been talked about. It must be said that taken together, these series create a body of work that is both precise and diverse, intimate and expansive. They span a wide range of geographies, typologies, and visual languages, reflecting the richness of contemporary architectural realities across the globe. They capture not only buildings but atmospheres, not only objects but systems, not only forms but forces—social, historical, emotional, reminding us that architectural photography is not just a way to see architecture, but also a way to think about it.

James Smith's "Temporal Dislocation" is a tightly composed and intellectually sharp investigation into the layered relationship between built form and the landscapes it occupies. Smith's gaze is cool and exacting, but his sensitivity to architectural and spatial nuance is profound. His work reminds us that architectural photography can operate like essay writing—methodical, structured, deeply informed. It interrogates not only what is seen but what it means.

Kris Scholz's "The Silent View" is a work of extraordinary patience and technical depth. Employing historical photographic methods, Scholz reimagines the relationship between image, time, and space. His visual world is ghostlike and beautiful—revealing architecture not as object, but as presence: fragile, shifting, and quietly monumental.

Seunggu Kim's "Better Days" transforms leisure architecture in South Korea into strange, bright, and unsettling tableaux. With a sophisticated eye for color and a deft sense of spatial rhythm, Kim turns everyday moments into layered commentaries on urban life, consumption, and cultural change. His images pulse with contradiction: cheerful yet ominous, ordinary yet charged.

3 Shakespeare, William. Hamlet. Ed. Ann Thompson & Neil Taylor. Arden Shakespeare. Third series. London: Thomson Learning, 2006. The following quoted reflection draws on Hamlet's advice to the players (Act 3, Scene 2) "Be not too tame neither, but let your own discretion be your tutor. Suit the action to the word, the word to the action, with this special observance - that you o'erstep not the modesty of nature." (3.2.16-19)

Ricardo Nunes's "For Sale" is perhaps the most overtly political of the shortlisted projects. Through a stark, almost forensic lens, Nunes examines the remnants of Portugal's real estate speculation and the architectural void it left behind. His images speak not only of buildings but of absence—of lives uninhabited, of promises unfulfilled, of policies etched in concrete and vacancy.

Marco Yat Chun Chan's "Concrete and Soil" focuses on the fragile balance between natural terrain and urban growth in Hong Kong. His photographs are subtle but resolute, revealing quiet scenes where human intervention and environmental persistence collide. This series succeeds in evoking the material and symbolic tension of a city in constant flux.

Nuno Serrão's "Madeira Airport" in Analog approaches infrastructure with intimacy and restraint. By using medium format analogue photography, he adds layers of texture, atmosphere, and emotional resonance to a subject that might otherwise be treated with dry detachment. Here, the airport is not just a functional node but a place of passage—where time, memory, and expectation converge.

Vincenzo Pagliuca's "Bunker" is both haunting and exact. His photographs do not sensationalize the architecture of war; instead, they contemplate its ongoing presence in the European landscape with sobriety and care. Through thoughtful composition and tonal control, Pagliuca confronts the embedded narratives of violence, protection, and collective trauma that these structures still hold.

Across these works, a few common threads emerge. First, an acute attention to context—not only geographical, but social, political, and historical. James Smith's "Temporal Dislocation", for instance, maps the layered relationships between built form and landscape, while Ricardo Nunes's "For Sale" confronts the socio-economic scars of real estate speculation. Second, a refusal to reduce architecture to aesthetic spectacle: Nuno Serrão's "Madeira Airport" in Analog turns a piece of infrastructure into an intimate meditation on place, and Vincenzo Pagliuca's "Bunker" treats the architecture of war with sober clarity rather than theatricality. And third, a commitment to photography as a critical and creative practice—where formal clarity meets conceptual depth. Kris Scholz's patient, historically informed "The Silent View" and Seunggu Kim's charged yet playful "Better Days" exemplify how compositional precision can coexist with cultural commentary, while Marco Yat Chun Chan's "Concrete and Soil" quietly registers the tension between nature and urban growth.

This shortlist doesn't just reflect talent; it reflects vision. Each project carries a distinctive voice, yet together they speak to shared concerns—how we shape our environments, how we remember through space, and how the built world mirrors our cultural and ethical priorities. The strength of this selection is also a tribute to the many works that did not make the final list. Their quality, diversity, and ambition are reflected indirectly in the richness and range of the shortlisted projects, reminding us that the field of architectural photography today is wide, vibrant, and uncompromisingly engaged.

To those who made the shortlist: thank you for the clarity, rigour, and poetry of your work. Architecture, in your photographs, is revealed in its full complexity—we feel its weight, its fragility, its power, and its promise. And to all who submitted, the excellence of your contributions ensures that this award is not only a recognition of individual achievement but also a celebration of a collective practice that continues to deepen and expand our ways of seeing.

LFA AWARD 2025

Hélène Binet

Júri Jury

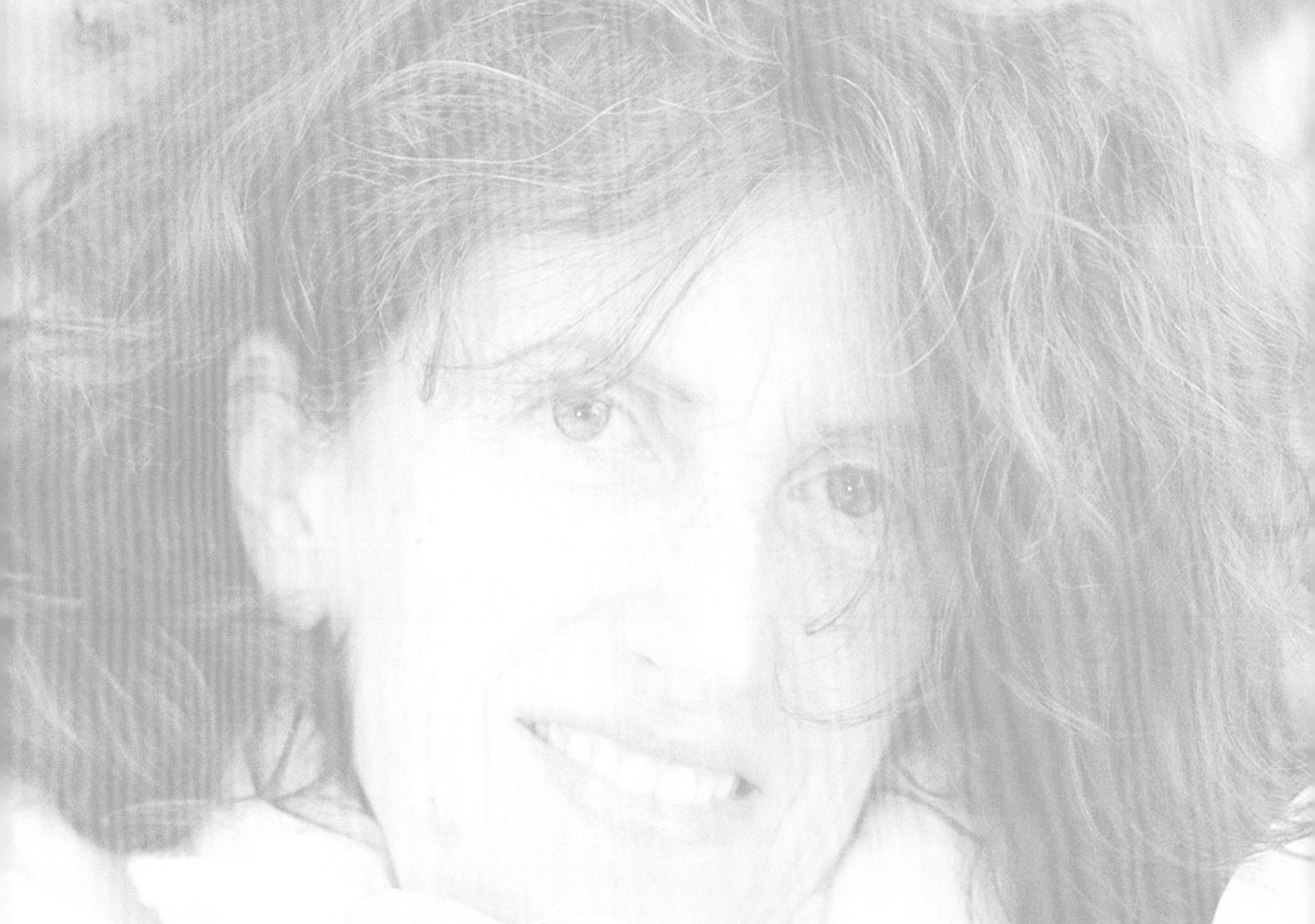

Reconhecida pela sua dedicação às práticas fotográficas consagradas pelo tempo, Hélène Binet (n. 1959) é uma fotógrafa suíça e francesa, internacionalmente aclamada, baseada em Londres. Estudou fotografia no Istituto Europeo di Design em Roma, cidade onde passou a maioria dos seus anos de formação. Ao longo de mais de 35 anos, Binet captou tanto a arquitetura contemporânea como a histórica. É uma fervorosa defensora da fotografia analógica, trabalhando exclusivamente com película, e acredita que a alma da fotografia é uma relação intrincada entre o instante e a memória.

O trabalho de Binet tem sido exibido em exposições nacionais e internacionais, incluindo uma exposição individual na Royal Academy of Arts, Londres, em 2021, e uma exposição individual na Power Station of Art, Xangai, em 2019. Foi nomeada membro honorário do Royal Institute of British Architects em 2007 e, em 2015, recebeu o Prémio de Excelência em Fotografia do Julius Shulman Institute. Recebeu também o Prémio Ada Louise Huxtable de 2019, atribuído a uma mulher que tenha dado um contributo importante para a arquitetura, e é uma das Cem Heroínas da Royal Photographic Society.

Renowned for her dedication to time-honoured photographic practices, Hélène Binet (b. 1959) is an internationally acclaimed Swiss and French photographer based in London. She studied photography at the Istituto Europeo di Design in Rome, the city in which she spent most of her formative years. Over more than 35 years, Binet has captured contemporary and historic architecture. She is a fervent advocate of analogue photography, working exclusively with film, and she believes that the soul of photography is an intricate relationship between the instant and the memory.

Binet's work has been exhibited in national and international exhibitions, including a solo exhibition at the Royal Academy of Arts, London, in 2021 and a solo exhibition at the Power Station of Art, Shanghai, in 2019. She was made an Honorary Fellow of the Royal Institute of British Architects in 2007 and, in 2015, was the recipient of the Julius Shulman Institute Excellence in Photography Award. She was also the recipient of the 2019 Ada Louise Huxtable Prize, awarded to a woman who has made a major contribution to architecture. She is one of the Royal Photographic Society's Hundred Heroines.

O ambiente construído e a sua envolvente são os locais onde residem os nossos sonhos, pensamentos, preocupações e aspirações. Guardam-nos, mas também revelam aqueles que esquecemos ou com os quais deixámos de nos importar.

Como fotógrafa, estes são os locais para onde gosto de apontar a minha câmara, e isso chama-se fotografia de arquitetura.

O ato de fotografar é complexo, pois a fotografia capta um momento, congelando-o no tempo e, ao fazê-lo, torna o espaço habitado uma relíquia, uma ruína da sua passagem. A fotografia torna-se um vestígio de uma presença viva, mas está inerentemente desligada do fluxo do tempo que continua após o fecho do obturador.

No livro "Câmara Lúcida", Roland Barthes descreve a fotografia como "o que foi", uma testemunha de algo que já existiu, mas que agora é irrecuperável. O momento já não está vivo, apenas arquivado.

> Estas considerações tornam a fotografia de arquitetura uma arte fascinante. Arquiva os nossos sonhos e esperanças, permitindo-nos recordá-los quando necessário. Podemos organizar e contar histórias ao mesmo tempo que registamos lugares com as nossas imagens.
>
> Contar histórias é uma parte importante do papel da fotografia e incluirá sempre três partes: o lugar/história, o narrador e o leitor.
>
> — John Berge

Acompanhei este concurso com grande interesse, pois os participantes vieram de 99 países. Olhar para os resultados foi como entrar em muitos sonhos, histórias e relatos espalhados pelo mundo. O conjunto da obra tornou-se um vasto atlas de narrativas e preocupações.

Os dez finalistas ofereceram uma perspetiva precisa e diversificada sobre as realidades da arquitetura contemporânea, formando um conjunto de obras rico e inspirador. As suas imagens deram forma a um amplo espectro de abordagens, desde a precisão documental à abstração poética.

The built environment and its surroundings are the places where our dreams, thoughts, concerns, and aspirations reside. They hold them, but also reveal the ones we have forgotten or cannot care for.

As a photographer, these are the places where I like to point my camera, and this is called architectural photography.

The act of photographing is complex as photography captures a moment, freezing it in time, and in doing so, renders the living space a relic, a ruin of its passing. The photograph becomes a trace of a living presence but is inherently disconnected from the flow of time that continues after the shutter closes.

In the book "Camera Lucida", Roland Barthes describes the photograph as "that-has-been", a witness to something that once existed but is now irretrievable. The moment is no longer alive, only archived.

> These considerations are what make architectural photography a fascinating art. It archives our dreams and hopes, allowing us to recall them when needed. We can organise and tell stories as we record places with our images.
>
> Storytelling is an important part of the photograph's role and will always include three parties: the place/story, the narrator, and the reader.
>
> — John Berge

I followed this competition with great interest, as the participants came from 99 countries. Looking at the results felt like stepping into many dreams, stories, and reports scattered across the world. The overall body of work became like a vast atlas of storytelling and concerns.

The ten finalists offered a precise and diverse perspective on contemporary architectural realities, forming a rich and inspiring body of work. Their images gave form to a wide spectrum of approaches, from documentary precision to poetic abstraction.

O Maho é o vencedor do nosso primeiro prémio. Apresentou um conjunto de imagens poéticas e elaboradas, documentando um novo desenvolvimento surreal nos arredores de Teerão. A urbe branca é fotografada em diferentes estações do ano, sempre com enquadramento horizontal. As imagens são coloridas, mas com gradações subtis que transmitem uma atmosfera tranquila.

Uma ou duas imagens aproximam-se da estrutura, e um pouco de vida transparece: vê-se um homem a trabalhar para melhorar algo; um aviso de disponibilidade para aulas particulares está pendurado numa varanda. O lugar é habitado, mas o enquadramento apertado denota a ausência de todas as infraestruturas da cidade, e revela-se uma tensão entre presença e incompletude.

Qualquer comentário ou sugestão do autor é discreto e espirituoso, permitindo ao espectador espaço para interpretação.

Ao observar a obra de Cyrille Weiner, entra-se num mundo onírico onde os lugares nos encantam e deslocam, afastando-nos da normalidade. São espaços de acontecimentos fugazes, construídos a partir de estruturas temporárias que revelam um mundo irreal de brincadeiras e realidades impossíveis.

As fotografias são tiradas em momentos intemporais, envoltas em nevoeiro, na penumbra do fim de um inverno, desprovidas de sombras e livres de qualquer referência a um lugar ou a uma época. Ecos infinitos de livros e histórias de infância ressurgem na imaginação do espectador. Que alegria premiar uma obra que celebra o mundo do efémero, do onírico e do entretenimento através da fotografia.

A obra de Sergio Belinchón é uma declaração poderosa que reflecte o estado actual de muitas cidades europeias, onde as pressões económicas e a crise imobiliária transformaram rapidamente o tecido urbano. Em Berlim, porém, as cicatrizes visíveis da guerra e a persistente divisão Leste/Oeste continuam singularmente presentes.

Este contexto permite ao fotógrafo adotar um enquadramento visual radical — que se alinha com a identidade complexa da cidade e vai ao encontro das expectativas do espectador em relação a um lugar como Berlim.

Tenho o prazer de incluir a obra de Sergio Belinchón como uma das vencedoras, não só pela sua linguagem visual consistente, mas também porque as suas fotografias fazem uma importante declaração social. Expandem a compreensão da fotografia arquitetónica e a sua capacidade de se envolver com narrativas culturais e políticas mais amplas.

Maho is our first prize winner. He presented a set of well-composed, poetic images documenting a new surreal development on the outskirts of Tehran. The white settlement is photographed across different seasons, always with horizontal framing. The images are in colour, but with subtle gradations that convey a quiet atmosphere.

One or two frames move closer to the subject, and a bit of life comes through: a man is seen working to improve something; a notice for a tutoring job hangs from a balcony. The place is inhabited, yet the tight framing reveals the absence of the whole city infrastructure, and a tension between presence and incompletion is now revealed.

Any commentary or suggestion from the author is discreet and witty, allowing the viewer space to interpret.

While looking at Cyrille Weiner's work, you enter a dreamlike world where places enchant and displace, pulling you away from normality. These are spaces of fleeting events, built from temporary structures that reveal an unreal world of play and impossible realities.

The photographs are taken in timeless moments, shrouded in fog, in the dim light of a winter's end, devoid of shadows, and free from any reference to place or period. Endless echoes of childhood books and stories resurface in the viewer's imagination. What a joy to give a prize to a work that celebrates the world of the ephemeral, the oneiric and the entertainment through photography.

The work of Sergio Belinchón is a powerful statement that reflects the current state of many European cities, where economic pressures and the housing crisis have rapidly transformed the urban fabric. In Berlin, however, the visible scars of war and the lingering East/West division remain uniquely present.

This context allows the photographer to adopt a radical visual framing—one that aligns with the city's complex identity and meets the viewer's expectations of a place like Berlin.

I am pleased to include Sergio Belinchón's work as one of the winners, not only for its consistent visual language, but also because his photographs make an important social statement. They expand the understanding of architectural photography and its ability to engage with broader cultural and political narratives.

Uma das menções honrosas foi atribuída a "Abstractions: Studies of the National Theatre", de Amelia Lancaster — uma dança com um edifício querido sob a luz passageira do dia. Uma série fotográfica escultural que convida ao toque, à interação com as suas texturas e com os seus espaços imaginados. Como uma pintura abstrata, evoca as cores de De Stijl. A interpretação da arquitetura é forte e radical, mas mantém-se fiel às intenções dos arquitetos.

Fotografar arquitetura pode ser como um músico a interpretar uma peça conhecida: a melodia pode ser familiar, mas o som do artista é sempre único. Esta série é uma autêntica homenagem à fotografia de arquitetura, forte, radical e profundamente pessoal.

Outra menção especial foi dada ao trabalho "The Hidden Land" de Sana Ahmadizadeh, cujas fotografias formam um conjunto de obras verdadeiramente único que me toca profundamente. À primeira vista, senti-me algo distante delas e precisei de mais tempo para entrar na sua exploração tão pessoal da sua terra natal.

A simplicidade das imagens e a sua aparente neutralidade escondem um desvelar apaixonado das condições históricas e da luta política. Cidades antigas e soterradas mal aparecem sob o solo modulado, e apenas um olhar habituado consegue perceber o passado. Ruínas mais recentes de uma guerra dolorosa emergem da terra: salas vazias onde mais ninguém jogará numa mesa de bilhar outrora grandiosa.

São composições onde as suas memórias pessoais e consciência histórica se cruzam, revelando o que está oculto e silencioso. A fotografia é coerciva e resumida, nunca tentando ser cativante ou avassaladora com manipulação, cores ou enquadramentos excessivos. Sente-se que ela fez a sua escolha no local, trabalhando meticulosamente e selecionando algumas imagens.

Isto permitir-lhe-á envolver-se com o trabalho e conhecer as suas sensibilidades e preocupações. Estou muito feliz por ter descoberto o seu trabalho.

One of the special mentions was awarded to "Abstractions: Studies of the National Theatre" by Amelia Lancaster — a dance with a beloved building in the passing light of day. A sculptural photographic series that invites you to touch, to interact with its textures and imagined spaces. Like an abstract painting, it recalls the colours of De Stijl. The interpretation of the architecture is strong and radical, yet it remains faithful to the architects' intentions.

Photographing architecture can be like a musician playing a well-known piece: the melody may be familiar, but the performer's sound is always unique. This series is an authentic tribute to architectural photography and is strong, radical, and deeply personal.

Another special mention was given to the work "The Hidden Land" of Sana Ahmadizadeh, whose photographs form a truly unique body of work that touches me deeply. At first glance, I felt somewhat distant from them and needed more time to enter her very personal exploration of her motherland.

The simplicity of the images and their apparent neutrality conceal a passionate unveiling of historical conditions and political struggle. Ancient, buried cities barely appear beneath the modulated ground, and only an accustomed eye can perceive the past. More recent ruins from a painful war emerge from the earth: empty rooms where no one will play again on a once-grand billiard table.

These are tableaux where her personal memories and historical awareness meet, telling us about what is silent and hidden. The photography is coercive and reduced, never trying to be catchy or overwhelming with excessive manipulation, colours or framing. You feel that she made her choice on the site, working meticulously and selecting a few images.

This will allow you to engage with the work and meet her sensibilities and concerns. I am so glad to have discovered her work.

Eduardo Souto de Moura

Júri Jury

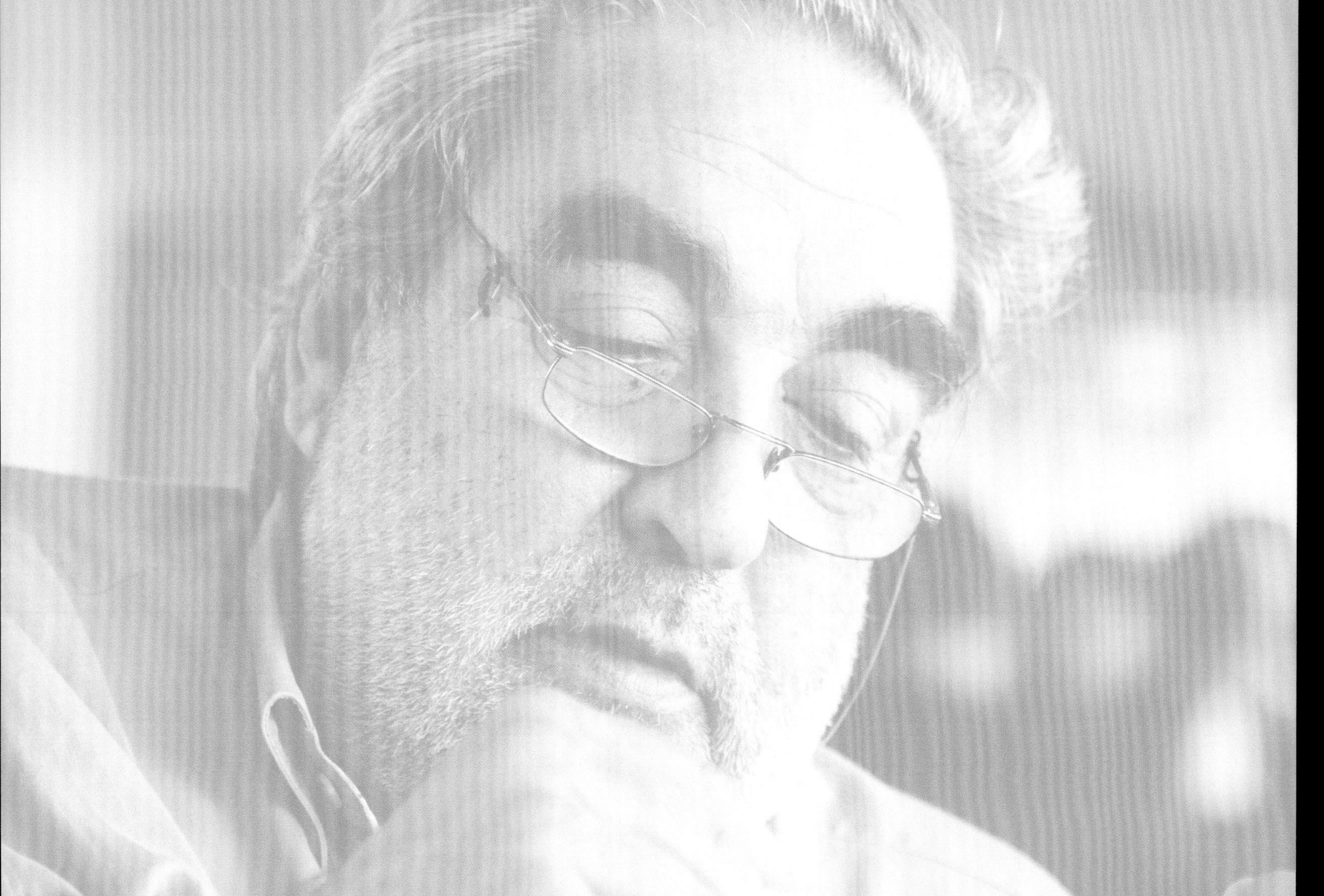

Notável arquiteto português e reconhecido como uma figura-chave da Escola de Arquitetura do Porto, a par de Fernando Távora e Álvaro Siza, Eduardo Souto de Moura (n. 1952) construiu uma carreira internacional de mais de quatro décadas. Licenciado pela Faculdade de Belas Artes da Universidade do Porto (atual FAUP), iniciou a sua atividade independente em 1980 com o projeto premiado para o centro cultural Casa das Artes, no Porto.

Souto de Moura ganhou reconhecimento internacional ao ser o segundo arquiteto português a receber o Prémio Pritzker de Arquitetura em 2011, a mais alta distinção da arquitetura. Este reconhecimento veio destacar a sua obra, que inclui o Estádio Municipal de Braga, a Torre do Burgo, no Porto, e o Museu Paula Rego, em Cascais. A sua carreira distinta tem sido, desde então, testemunhada por inúmeros prémios. Entre os prémios mais recentes contam-se o Arnold W. Brunner Memorial Prize (2019), o Leone d'Oro na Bienal de Veneza (2018) e a inscrição na Academia Francesa de Arquitetos (2022). Recebeu também doutoramentos honoris causa e prémios de prestígio em toda a Europa, como a Medalha Virgílio em Roma e o Grande Prémio do Prémio Internacional de Arquitetura BigMat pelo seu projeto da Central Elétrica de Foz Tua.

A celebrated Portuguese architect and a prominent member of the Porto School of Architecture alongside Fernando Távora and Álvaro Siza, Eduardo Souto de Moura (b. 1952) has built a career spanning over four decades. His journey began with his graduation from the School of Fine Arts of the University of Porto (now FAUP) and the launch of his independent practice in 1980, marked by the award-winning Casa das Artes cultural centre in Porto.

Souto de Moura gained international acclaim as the second Portuguese architect to receive the Pritzker Architecture Prize in 2011, architecture's highest honor. This recognition highlighted his body of work, including the Estádio Municipal de Braga, the Burgo Tower in Porto, and the Paula Rego Museum in Cascais. His distinguished career has since been adorned with numerous accolades. Recent awards include the Arnold W. Brunner Memorial Prize (2019), the Leone d'Oro at the Venice Biennale (2018), and membership in the French Academy of Architects (2022). He has also received honorary doctorates and prestigious prizes across Europe, such as the Virgílio Medal in Rome and the BigMat International Architecture Award Grand Prize for his Foz Tua Power Plant project.

Sobre o Prémio Ferreira Alves

On the Ferreira Alves Prize

Eduardo Souto de Moura

É sempre agradável — e até cómodo — escrever sobre o vencedor de um concurso de fotografia, ou de qualquer outro tema, quando o resultado nasce do anonimato e da unanimidade.

A série vencedora apresenta fotografias compostas com rigor e equilíbrio, tecnicamente acima do comum (ainda que eu não seja especialista) e esteticamente eficazes na sua missão: saber ver, saber contar.

Uma fotografia não é apenas o registo de uma imagem, mas sobretudo o registo de uma 'ideia'. Neste caso, a 'ideia' é visivelmente crítica de um território insistentemente massacrado por objectos sempre iguais, por prédios dispersos sem critério, numa topografia íngreme e sem qualquer ligação a uma geografia milenar — o Irão.

Ao olharmos para estas imagens, compreendemos que a 'ideia' não deve ser 'assim'. E, a partir desse 'assim', somos levados a pensar na alternativa: qual seria a outra 'ideia', qual seria o outro 'assim'? É para isso que a Fotografia serve — para construirmos um novo 'assim', num futuro próximo que já chegou.

It is always a pleasure — and indeed a comfort — to write about the winner of a photography competition, or any other subject, when the outcome springs from both anonymity and unanimity.

The winning series presents images composed with precision and balance, technically above the ordinary (though I am no specialist), and aesthetically sure in its purpose: the art of seeing, the art of telling.

A photograph is not merely the record of an image, but above all the record of an 'idea'. Here, that 'idea' is a clear critique of a landscape relentlessly assailed by the repetition of identical objects, by buildings scattered without discernible reason, upon steep terrain stripped of any connection to a millennial geography — Iran.

Looking upon these images, we recognise that the 'idea' ought not to be 'thus'. And from that 'thus', we are compelled to imagine its alternative: what would the other 'idea' be, what would the other 'thus' look like? This is what photography is for — to help us shape a new 'thus', for a future that has already arrived.

Paulo Catrica

Júri Jury

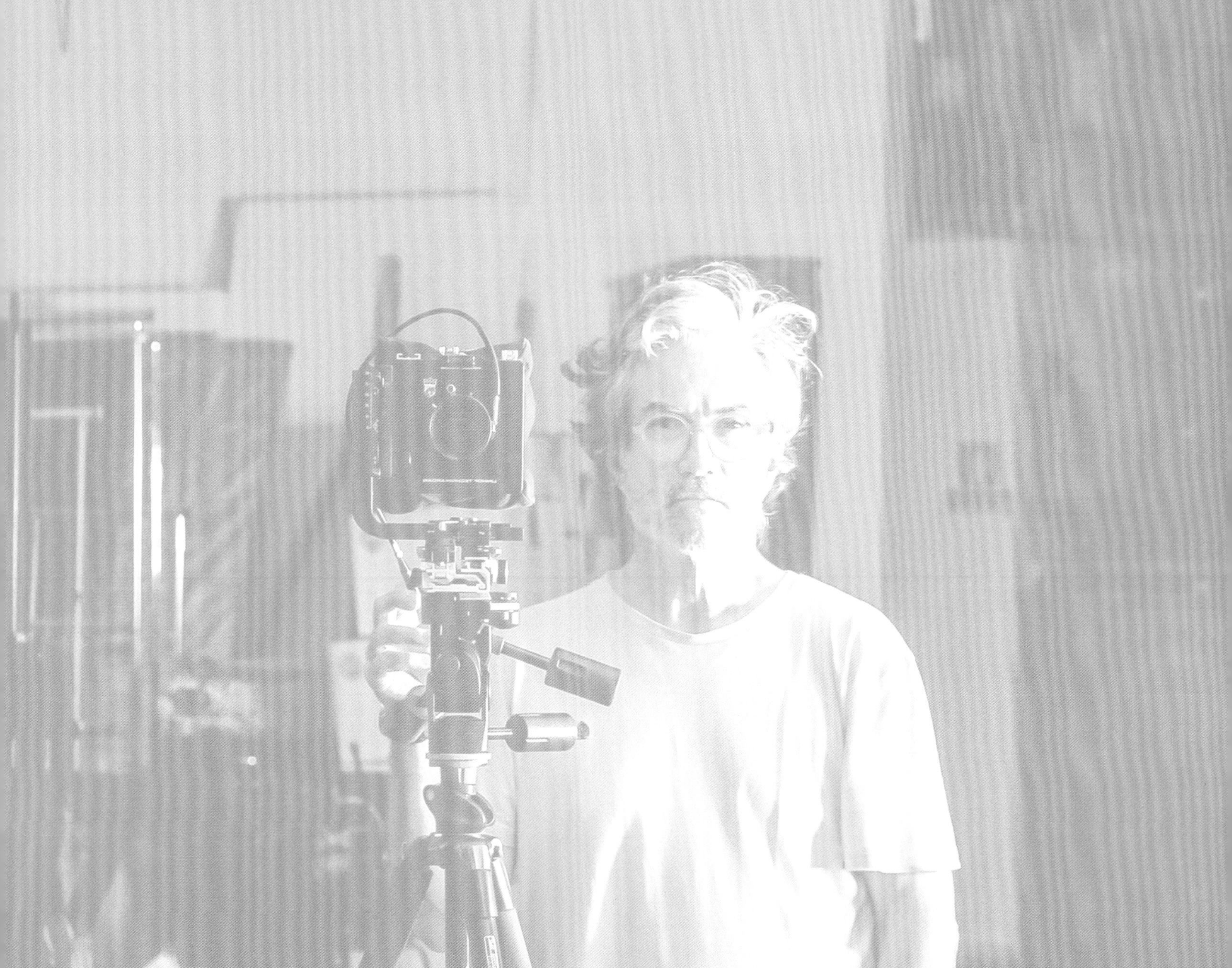

Fotógrafo português radicado em Lisboa, Paulo Catrica (n. 1965) estudou fotografia no Ar.Co., Lisboa (1985), licenciou-se em História pela Univ. Lusíada, Lisboa (1992), fez um mestrado em Imagem e Comunicação na Goldsmiths, Londres (1997), e um doutoramento em Estudos de Fotografia na Univ. de Westminster, Londres (2011).

Atualmente é investigador do Instituto de História Contemporânea da Univ. Nova de Lisboa (desde 2014). Expõe regularmente em instituições públicas e privadas desde 1997. O seu trabalho está representado em diversas coleções de arte privadas e institucionais (seleção): Colecção de Arte Contemporânea do Estado, Portugal, Fundação Calouste Gulbenkian, Fundação EDP, PLMJ, Novo Banco, Museum of London, Arquivo Fotográfico de Lisboa, Centro Português de Fotografia, Universidade Católica, Porto, Câmara Escura (Torres Vedras), Petralia Sottana (Sicília) e Museu da Cidade (Almada).

A Portuguese photographer based in Lisbon, Paulo Catrica (b. 1965) studied photography at Ar.Co., Lisbon (1985), earned a BA in History from Univ. Lusíada, Lisbon (1992), an MA in Image and Communication at Goldsmiths, London (1997), and a PhD in Photography Studies at the Univ. of Westminster, London (2011).

Since 2014, he has been a researcher at the Institute of Contemporary History of the Nova University of Lisbon. Catrica has exhibited regularly in public and private institutions since 1997. His work is part of several notable collections, including the State Contemporary Art Collection, Portugal; Calouste Gulbenkian Foundation; EDP Foundation; PLMJ; Novo Banco; the Museum of London; Lisbon Photographic Archive; Portuguese Photography Centre; Catholic University, Porto; Dark Chamber (Torres Vedras); Petralia Sottana (Sicily); and the City Museum (Almada).

Os lugares das fotografias de arquitectura

From the idea of place in architectural photography

Paulo Catrica

Desde há muito que o entendimento do que podem ser as fotografias de arquitectura transcende a hipótese de descrever ou de identificar um edifício ou uma paisagem-lugar. As fotografias são um modo de conhecimento critico e de produção arquitectónica, a tese é de Beatriz Colomina que escreveu "De facto, será necessário pensar a arquitectura como um sistema de representação, ou melhor, como uma série de sistemas de representação sobrepostos. Isto não significa abandonar o objeto arquitetónico tradicional, o edifício. (...) O edifício deve ser entendido nos mesmos termos que os desenhos, fotografias, escritos, e filmes, não apenas porque estes são os meios em que o encontramos com mais frequência, mas porque o edifício é um mecanismo de representação por si só."[1]

O advento da reprodutibilidade técnica, determinante na disseminação dos modernismos na teoria e na prática da arquitectura, afirmou decisivamente os 'lugares imateriais' - as publicações especializadas e as exposições, como parte operativa da produção arquitectónica. O trabalho de Luis Ferreira Alves, um dos acervos mais significativo de fotografias de arquitectura em Portugal, desenvolveu-se dentro deste enquadramento. A circulação das suas fotografias em diversas publicações e exposições foi decisiva para a internacionalização da obra de muitos arquitectos portugueses.

O número de candidaturas, a qualidade dos portefólios e variedade de latitudes geográficas reafirmam o ecletismo da atitude de Ferreira Alves de olhar e de fotografar para além do assunto/objecto arquitectónico. Os portefólios sequência a concurso permitem-nos assim revisitar criticamente a vitalidade de uma herança fotográfica, e reposicionar as fotografias de autor/a como parte da produção arquitectónica contemporânea.

A exposição e a publicação associada dos portefólio premiados - uma pequenissima amostra qualitativa dos trabalhos a concurso, é um momento importante para reafirmar o espaço de circulação e os dispositivos artísticos e críticos do que são, ou podem ser, as fotografias de arquitectura hoje. Um estímulo para homenagear e revisitar o trabalho de Luis Ferreira Alves.

1 Colomina, Beatriz (1994) "Privacy and Publicity : Modern architecture as Mass Media" (London: The Mit Press, paperback edition 1996) (...) Rayner Banham observou que o movimento moderno foi o primeiro movimento na história da arte baseado exclusivamente em "evidências fotográficas" em vez de experiência pessoal, desenhos ou livros convencionais. (...), p 13-14.

For a long time now, the understanding of what architectural photography can be has gone far beyond the mere task of describing or identifying a building or a landscape-place. Photographs constitute a mode of critical knowledge and architectural production, a thesis advanced by Beatriz Colomina, who writes "Indeed, il will be necessary to think of architecture as a system of representation, or rather a series of overlapping systems of representation. This does not mean abandoning the traditional architectural object, the building. (...) The building should be understood in the same terms as drawings, photographs, writing, films, and advertisements; not only because these are the media in which more often we encounter it, but because the building is a mechanism of representation in its own right."[1]

The advent of technical reproducibility—crucial to the dissemination of the various modernisms in architectural theory and practice—decisively affirmed 'immaterial places' such as specialist publications and exhibitions as operative components of architectural production. The work of Luis Ferreira Alves—one of the most significant bodies of architectural photography in Portugal—developed within this framework. The circulation of his photographs in numerous publications and exhibitions proved decisive for the international recognition of many Portuguese architects.

The number of submissions, the quality of the portfolios, and the diversity of geographical origins reaffirm the eclecticism of Ferreira Alves's gaze—his way of looking and photographing beyond the architectural subject or object. The competition portfolios thus allow us to revisit critically the vibrancy of this photographic heritage and to reposition the authorial photograph as an integral part of contemporary architectural production.

The exhibition and its accompanying publication of the award-winning portfolios—an extremely small yet qualitative selection from the entries—constitute an important moment in which to reaffirm both the spaces of circulation and the artistic and critical frameworks that shape what architectural photographs are, or might yet become. It is also an impetus to honour and revisit the work of Luis Ferreira Alves.

1 Colomina, Beatriz (1994) "Privacy and Publicity : Modern architecture as Mass Media" (London: The Mit Press, paperback edition 1996) (...) Banham noted that the modern movement was the first movement in the history of art based exclusively on "photographic evidence" rather than on personal experience, drawings, or conventional books. (...), op. Cit., p 13-14.

LFA 2025
AWARD

Patrocínio

Sponsor

CIN

1º Prémio
1st Prize

Maho Irão Iran

Nascido em 1985 em Isfahan, no Irão, Maho é um fotógrafo independente que vive em Teerão. Possui um diploma de arte do Ministério da Cultura e das Artes do Irão, equivalente a um mestrado em fotografia, bem como uma licenciatura em fotografia da Universidade de Isfahan e um diploma da Academia de Belas Artes de Isfahan. O seu trabalho combina abordagens documentais e artísticas, com destaque para o retrato, a fotografia de rua e a paisagem. Paralelamente à sua prática fotográfica, Maho trabalha como fotojornalista desde 2007 e ocupou cargos de diretor de departamentos de fotografia e de jurado em festivais nacionais de fotografia. Publicou dois livros de fotografia pessoal e dirigiu numerosos workshops e exposições. Os seus prémios incluem o primeiro lugar na categoria Retrato no 82º POY (2025), o Concurso de Fotografia a Preto e Branco da Street Photographers Foundation (2024) e a categoria Paisagem dos Sony World Photography Awards (2021), entre mais de 300 distinções nacionais e internacionais. O seu trabalho foi apresentado em dez exposições individuais no Irão, Alemanha e Índia, e em mais de 150 exposições colectivas em todo o mundo. É membro da Iran Press Photographers Association, da Iranian Cultural Heritage Photographers Association e da Iranian Photographers Association.

Born in 1985 in Isfahan, Iran, Maho is an independent photographer based in Tehran. He holds an art degree from the Ministry of Culture and Arts of Iran, equivalent to a master's in photography, as well as a BA in Photography from Isfahan University and a diploma from Isfahan Fine Arts Academy. His work combines documentary and artistic approaches, with a focus on portraiture, street photography, and landscape. Alongside his photographic practice, Maho has worked as a photojournalist since 2007 and has held positions as director of photo departments and as a juror in national photography festivals. He has published two personal photography books and led numerous workshops and exhibitions. His awards include first place in the Portrait category at the 82nd POY (2025), the Street Photographers Foundation Black and White Photography Competition (2024), and the Landscape category of the Sony World Photography Awards (2021), among over 300 national and international distinctions. His work has been shown in ten solo exhibitions in Iran, Germany, and India, and in over 150 group shows worldwide. He is a member of the Iran Press Photographers Association, the Iranian Cultural Heritage Photographers Association, and the Iranian Photographers Association.

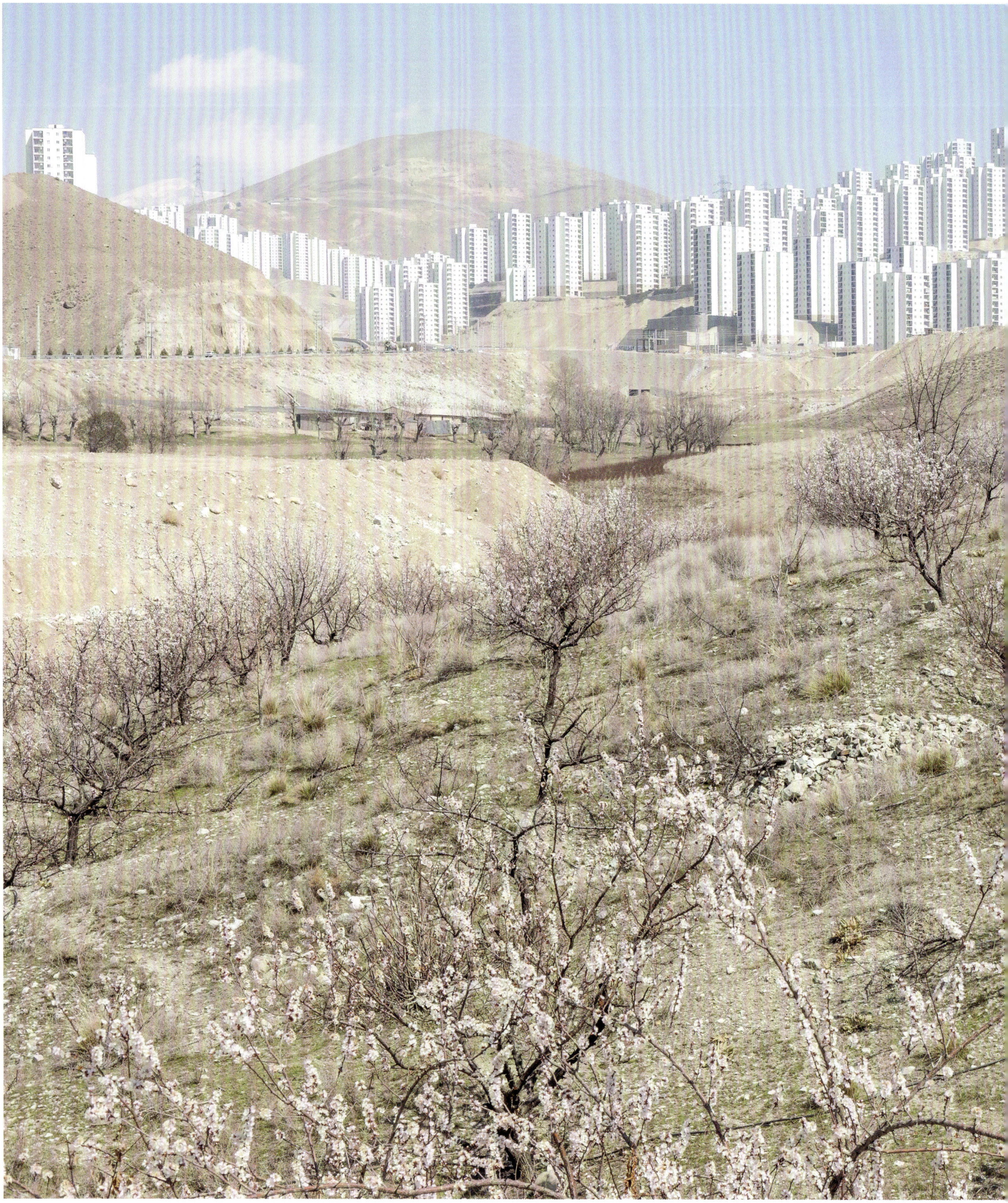

Entre filas de betão e repetição, a primavera atreve-se a florescer
- pétalas suaves roçando as linhas duras, lembrando à cidade que ainda respira.

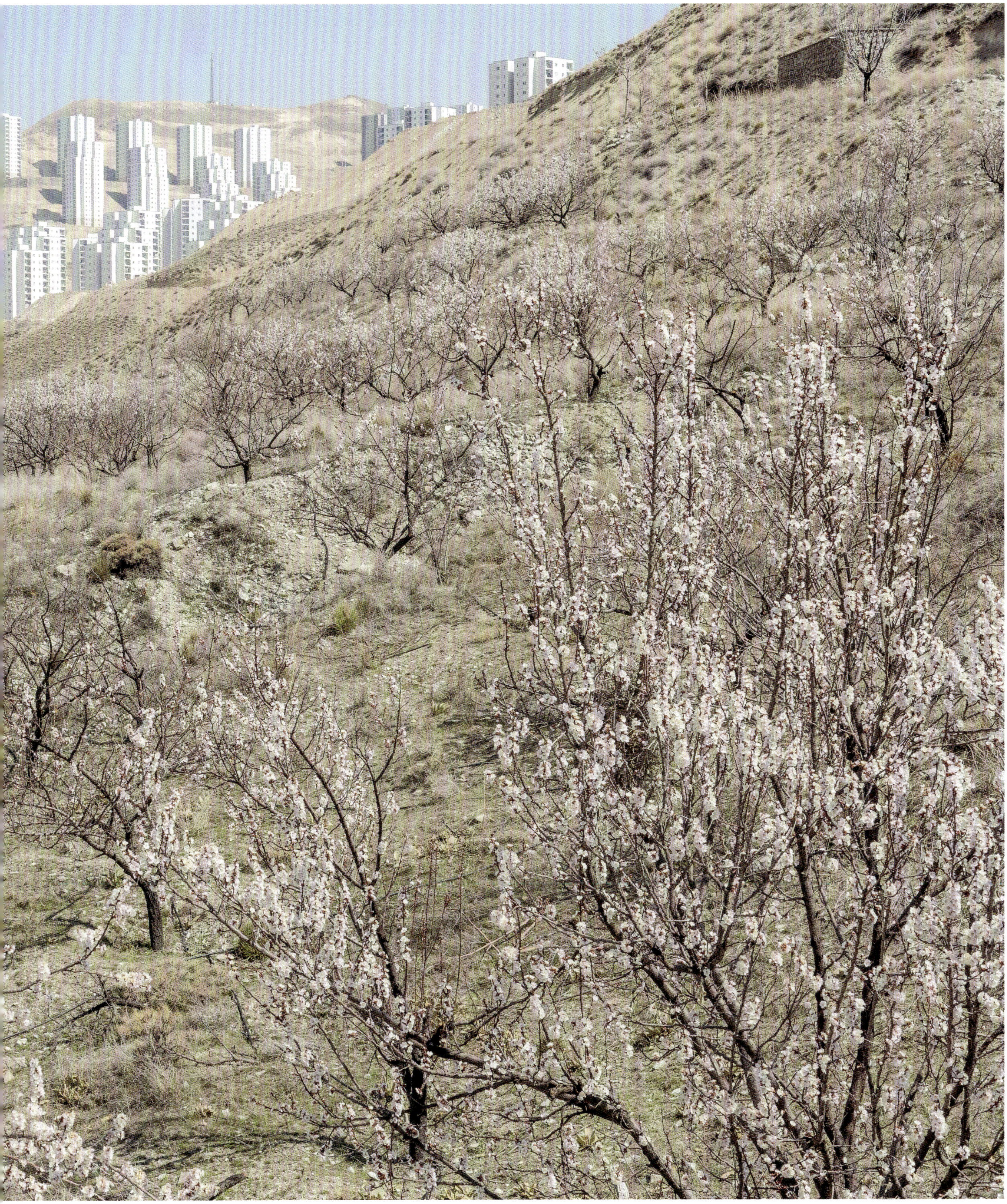

Among rows of concrete and repetition, spring dares to bloom
—soft petals brushing against hard lines, reminding the city it still breathes.

Frequent whites 2021-2024
Maho

Na sombra do Monte Damavand, onde o mito e a memória se encontram, ergue-se uma cidade de repetição e resiliência.

O ritmo austero dos blocos de apartamentos brancos de Pardis, uma cidade satélite nascida relutantemente do transbordar da densa respiração de Teerão. Estes edifícios - idênticos mas únicos na forma como a luz, a estação e o silêncio tocam as suas fachadas - são testemunhas silenciosas de uma narrativa humana de deslocação, resistência e procura de pertença. Situada no sopé das montanhas de Alborz, Pardis é simultaneamente um limiar geográfico e psicológico. Não é uma cidade nem um subúrbio, nem uma promessa nem um exílio. Construídas para albergar as migrações forçadas da população em expansão de Teerão, estas estruturas encarnam um sonho utilitário - uma arquitetura nascida não da ambição mas da necessidade. E, no entanto, na sua repetição, no seu pálido anonimato, emerge algo de poético.

In the shadow of Mount Damavand, where myth and memory meet, rises a city of repetition and resilience.

The stark rhythm of white apartment blocks in of Pardis, a satellite town reluctantly born from the overflow of Tehran's dense breath. These buildings—identical yet unique in the way light, season, and silence touch their facades—stand as quiet witnesses to a human narrative of displacement, endurance, and the search for belonging. Perched on the foothills of the Alborz Mountains, Pardis is both a geographical threshold and a psychological one. It is neither fully city nor suburb, neither promise nor exile. Constructed to house the forced migrations of Tehran's expanding population, these structures embody a utilitarian dream—an architecture born not of ambition but of necessity. And yet, in their stark repetition, in their pale anonymity, something poetic emerges.

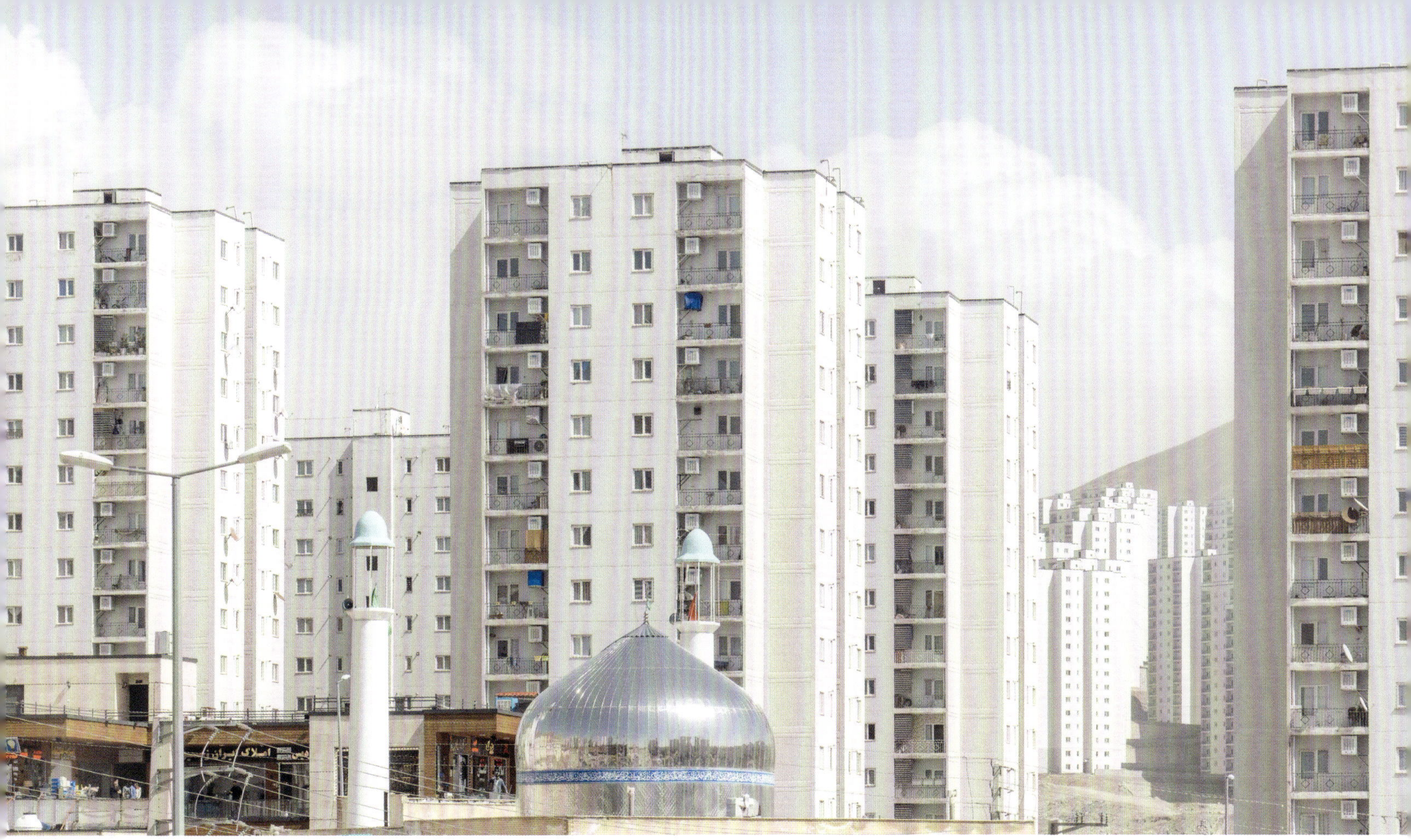

Uma cúpula prateada quebra a monotonia branca - a sua curva é um desafio silencioso numa grelha de linhas retas.

A silver dome breaks the white monotony—its curve a quiet defiance in a grid of straight lines.

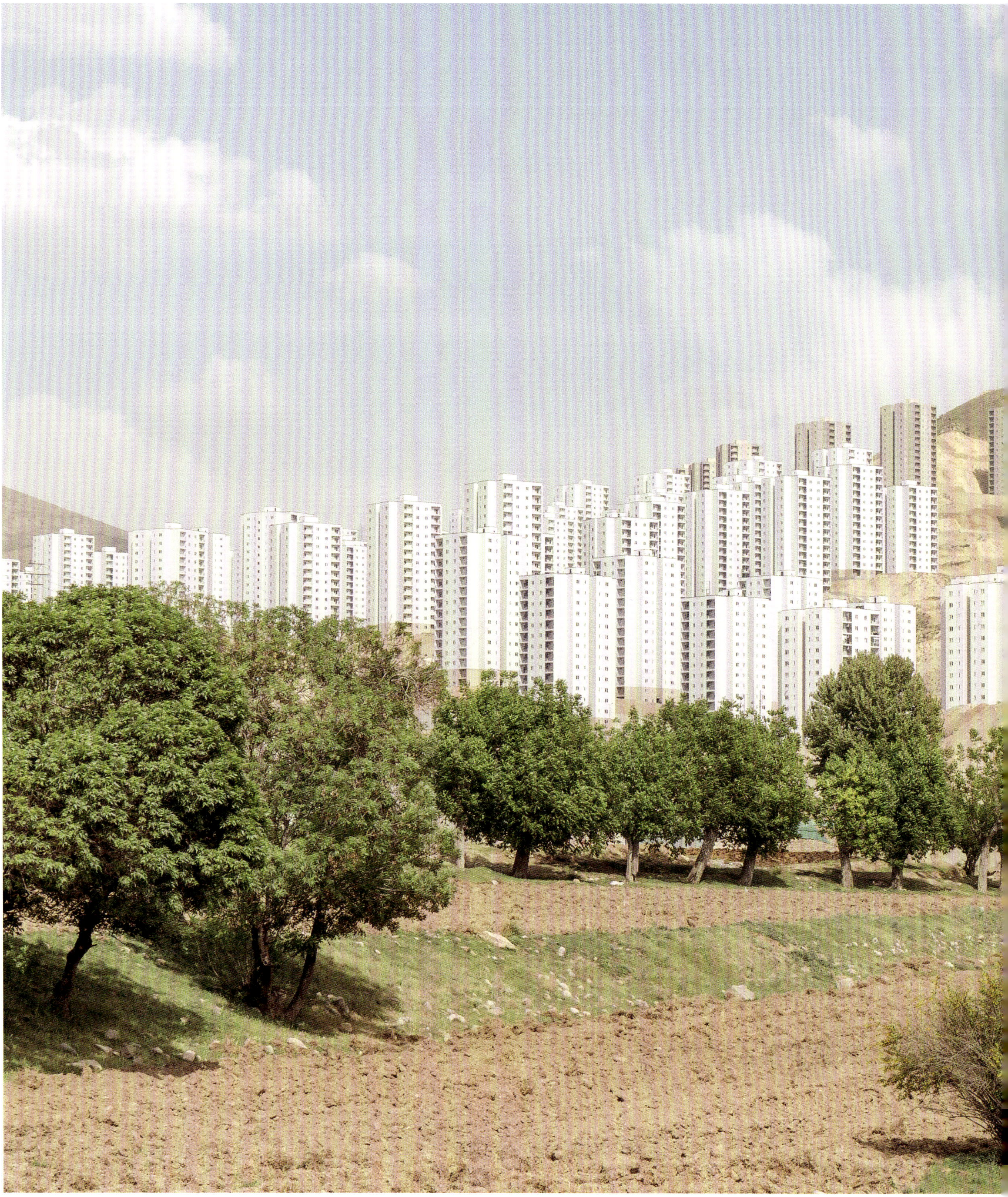

No coração do verão, debaixo de um céu de nuvens flutuantes e de um verde que respira, os blocos brancos permanecem imóveis - silenciosos e impassíveis, enquanto a estação quente passa por eles.

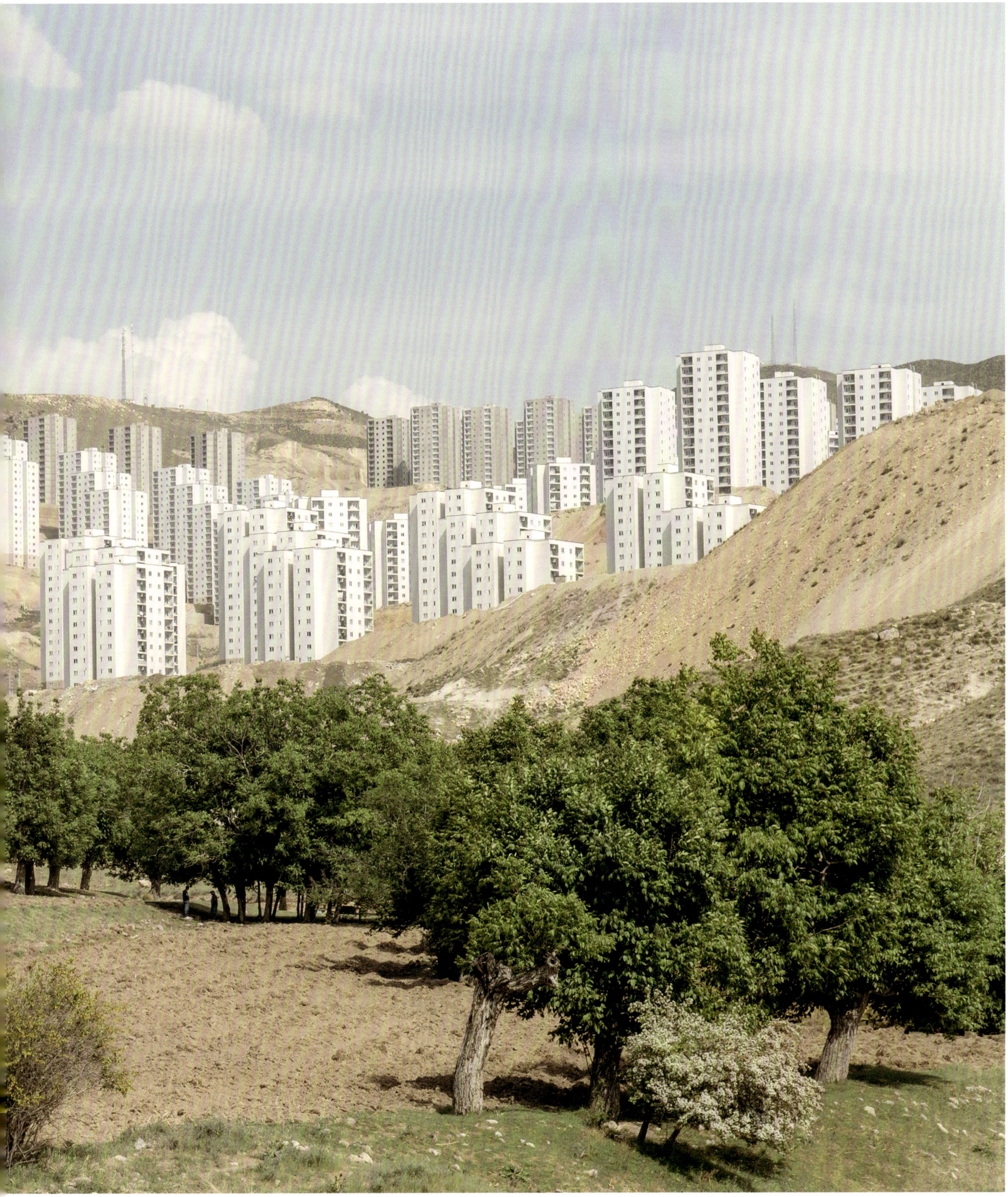

In the heart of summer, beneath a sky of drifting clouds and breathing green, the white blocks stand still—silent and unmoved, as the Hot season brushes past them.

Num canto tranquilo, onde as flores pendem como promessas frágeis, a quietude do betão é suavizada pela beleza fugaz da vida.

In a quiet corner, where flowers hang like fragile promises, the stillness of concrete is softened by the fleeting beauty of life.

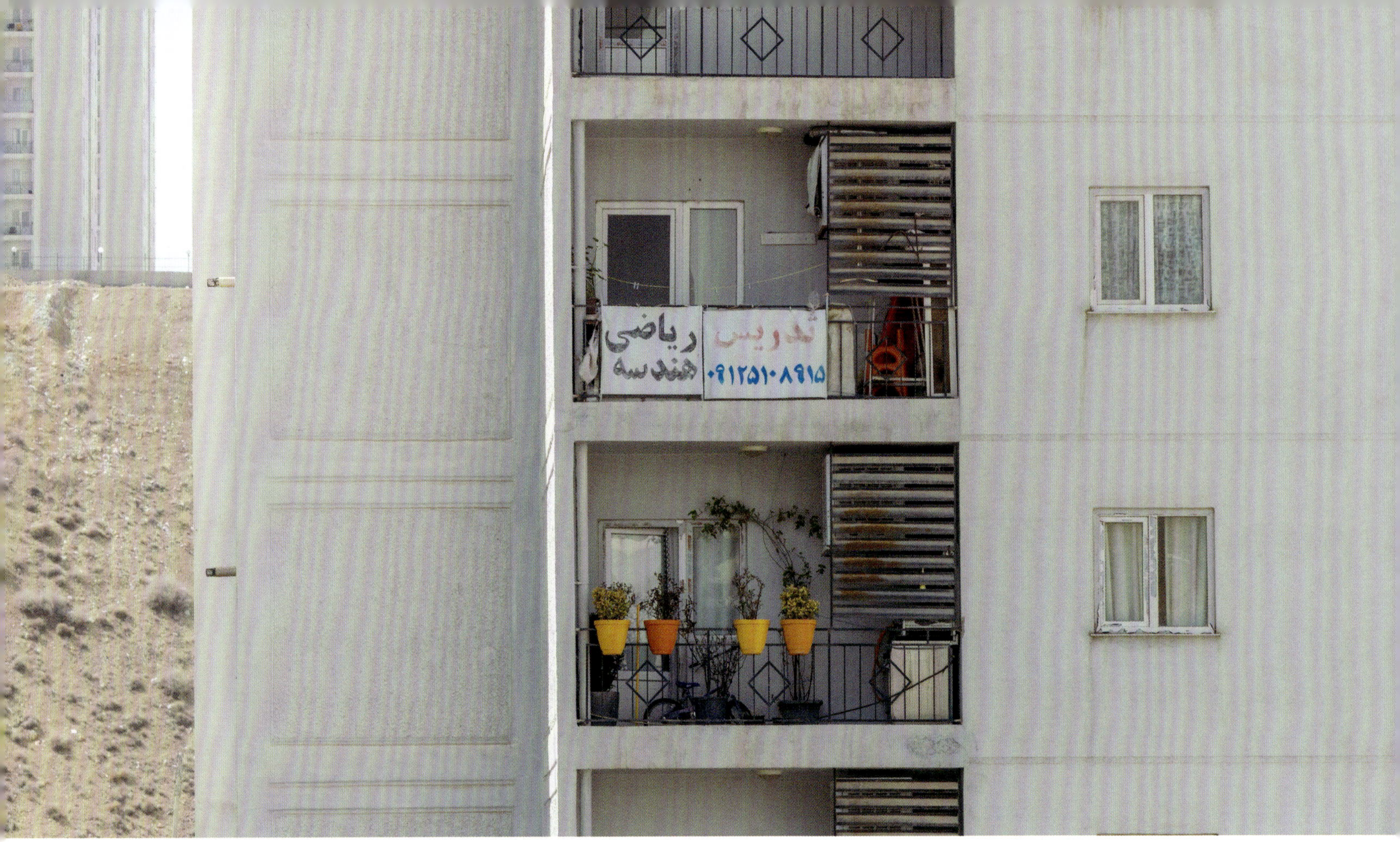
تدریس
۰۹۱۲۵۱۰۸۹۱۵
ریاضی
هندسه

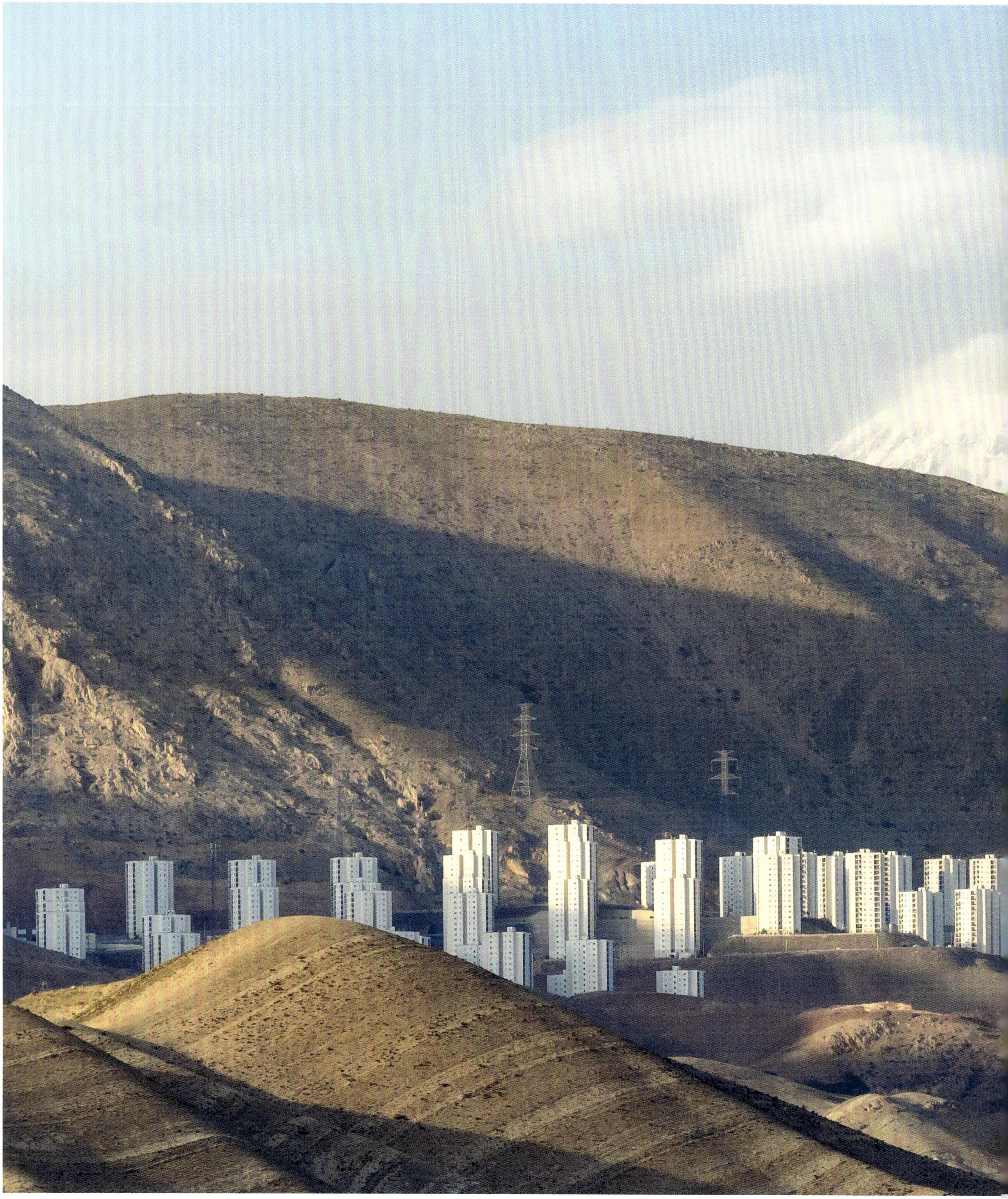

Na quietude do outono, onde os tons dourados das folhas que caem se encontram com o branco dos edifícios, a presença majestosa de Damavand ergue-se acima de tudo - silenciosa, eterna, uma testemunha das histórias que se desenrolam em baixo.

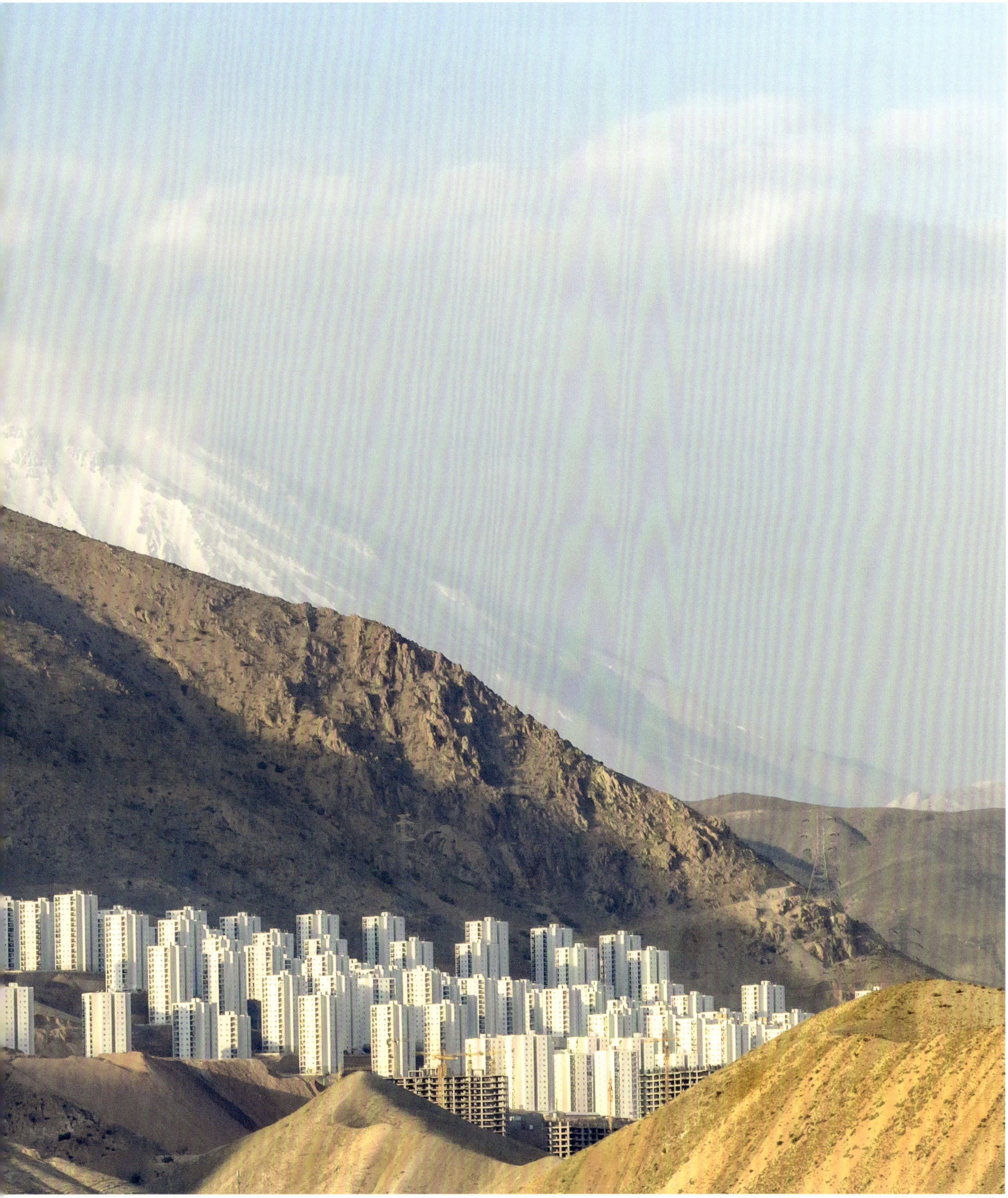

In the quiet of autumn, where the golden hues of falling leaves meet the stark white of the buildings, the majestic presence of Damavand rises above it all—silent, eternal, a witness to the stories unfolding below.

Fotografei estes edifícios ao longo das quatro estações - sob céus carregados de neve, através da névoa dourada do outono, no meio do calor e do verde do verão e no vibrante renascimento da primavera. A mudança do tempo torna-se uma metáfora visual do clima emocional e social - momentos de claridade e obscuridade, de calor e isolamento. A geometria das janelas, a simetria das varandas, a ausência de ornamentos - estes pormenores tornam-se personagens de um drama silencioso que se desenrola contra o olhar sempre presente de Damavand, a antiga sentinela do Irão.

Estes edifícios são sobre a condição humana refractada através da sua forma arquitetónica. São uma meditação visual sobre a migração, a memória e as estruturas frágeis que construímos - física e emocionalmente - para abrigar as nossas vidas. Nestas imagens, procuro não só documentar um espaço, mas também evocar a atmosfera psicológica de um lugar onde a modernidade, a natureza e a deslocação colidem.

I photographed these buildings across the four seasons—beneath snow-laden skies, through golden autumn haze, Amidst the warmth and greenery of summer, and the vibrant rebirth of spring. The changing weather becomes a visual metaphor for emotional and social climate—moments of clarity and obscurity, of warmth and isolation. The geometry of windows, the symmetry of balconies, the absence of ornament—these details become characters in a silent drama played out against the ever-present gaze of Damavand, Iran's ancient sentinel.

These buildings are about the human condition refracted through its architectural form. They are a visual meditation on migration, memory, and the fragile structures we build - physically and emotionally - to shelter our lives. In these images, I seek not only to document a space, but also to evoke the psychological atmosphere of a place where modernity, nature, and displacement collide.

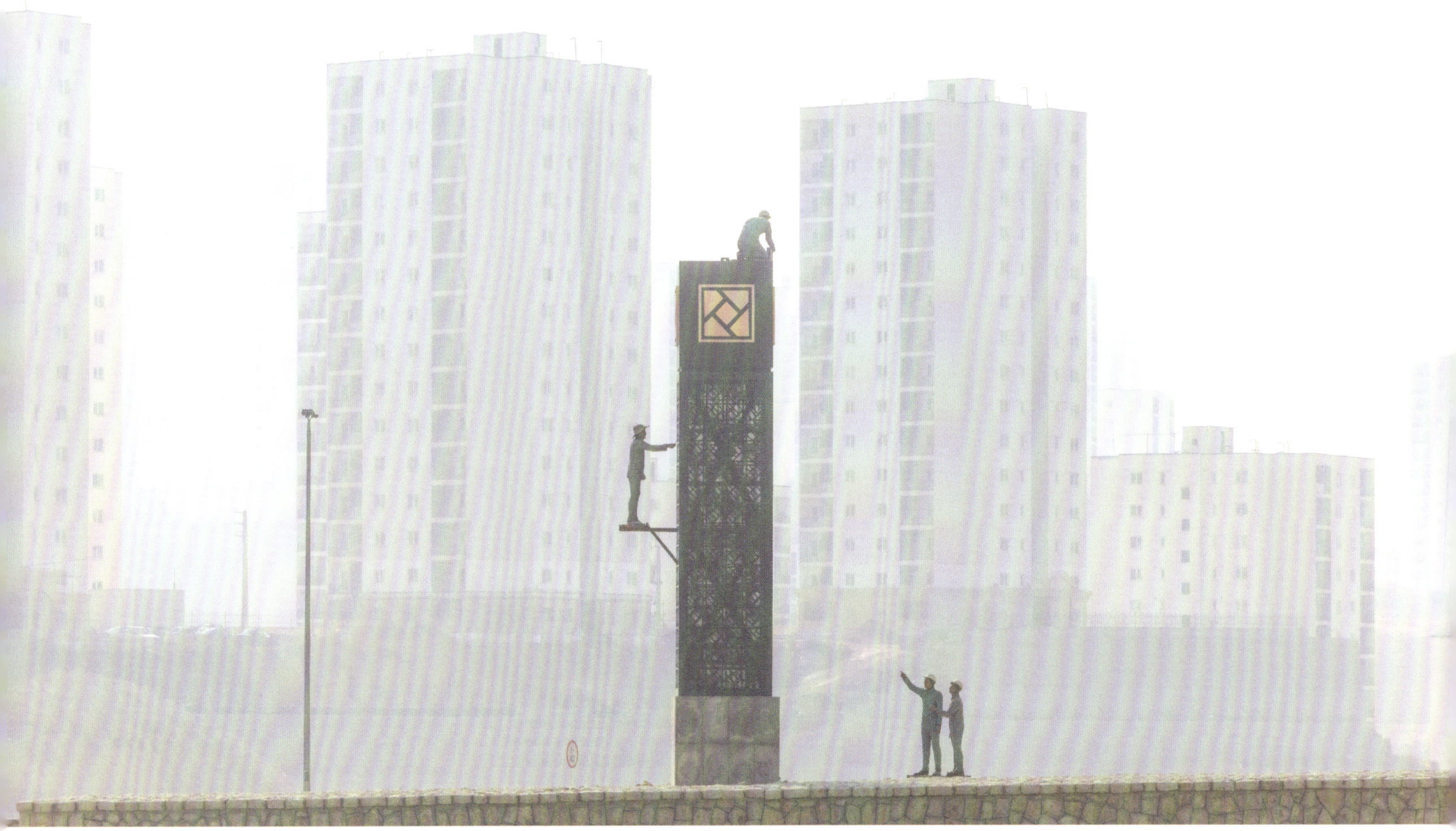

À medida que a neblina matinal envolve a cidade no seu abraço tranquilo, os blocos brancos dissolvem-se na neblina, as suas arestas afiadas suavizadas pelo nevoeiro - um momento efémero em que a arquitetura e a natureza se confundem numa só.

As morning mist wraps the city in its quiet embrace, the white blocks dissolve into the haze, their sharp edges softened by the fog—an ephemeral moment where architecture and nature blur into one.

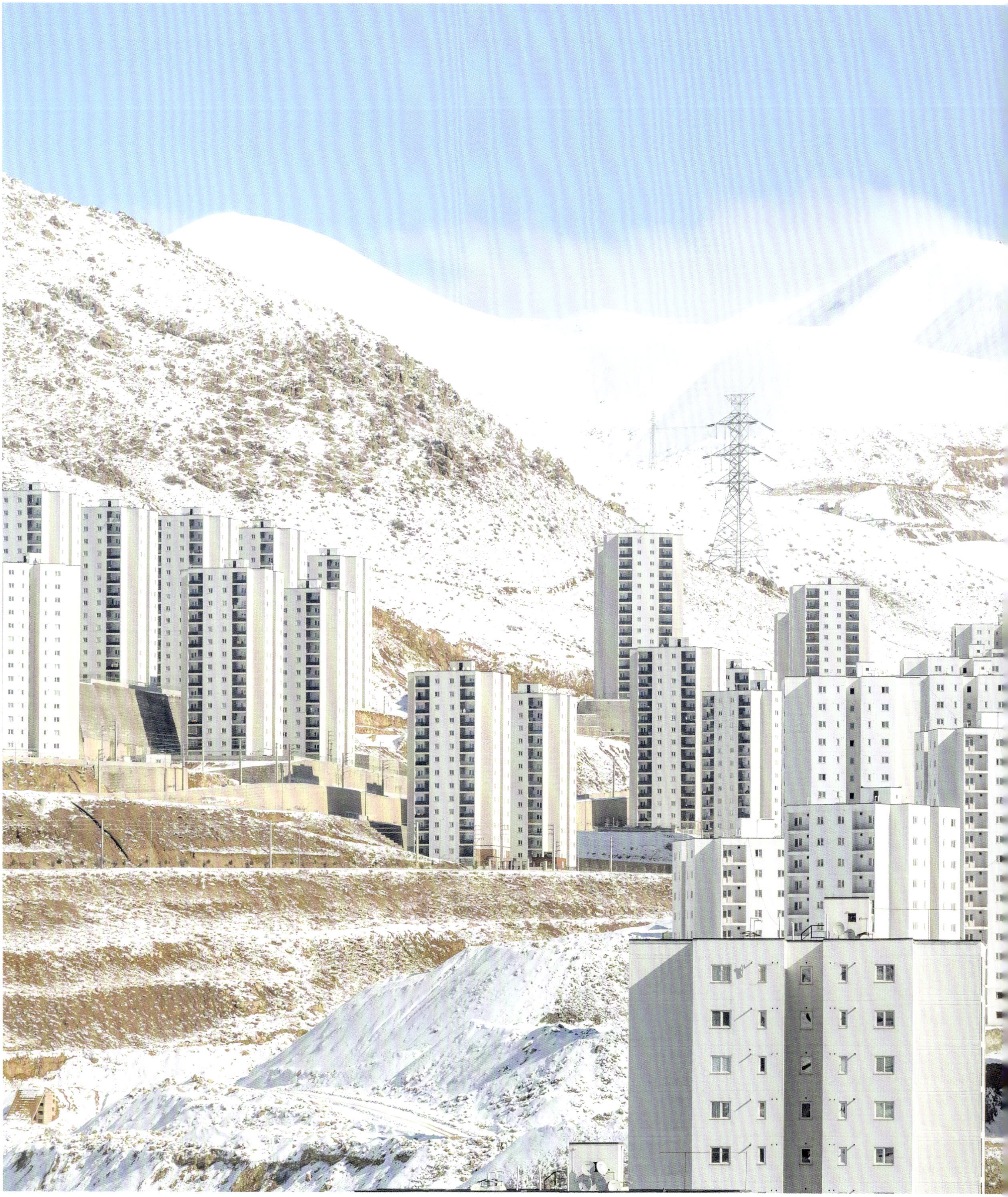

No coração do inverno, onde a neve encontra o betão, os ventos sussurram através dos picos das montanhas, espalhando o branco sobre o branco. Os edifícios em baixo permanecem imóveis, com as suas arestas afiadas suavizadas pelo frio, enquanto a natureza recupera o silêncio da estação.

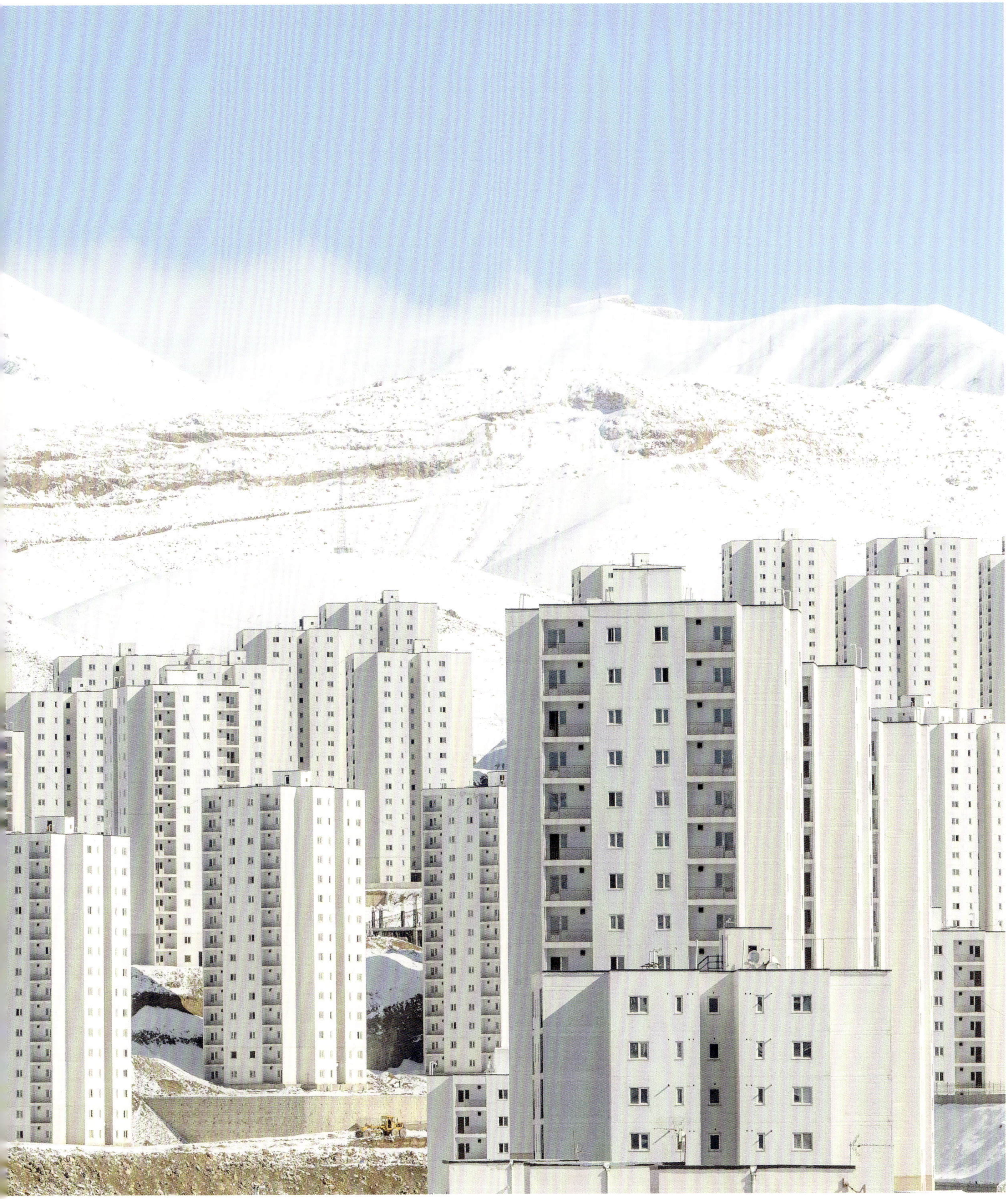

In the heart of winter, where snow meets Concrete, the winds whisper across the mountain peaks, scattering the white upon white. The buildings below stand still, their sharp edges softened by the cold, as nature reclaims the silence of the season.

LFA 2025
AWARD

Patrocínio

Sponsor

Com o apoio de:

BPI | Fundação "la Caixa"

2º Prémio
2nd Prize

Cyrille Weiner

França France

Nascido em 1976, Cyrille Weiner é um fotógrafo formado na École nationale supérieure Louis Lumière. O seu trabalho tem sido apresentado em publicações internacionais como M Le Monde, Foam, British Journal of Photography, Art Press, L'Architecture d'Aujourd'hui e Domus, e exposto em locais como o Rencontres d'Arles, a Biblioteca Nacional Francesa, a Villa Noailles em Hyères e o Museu Suiço de Arquitetura em Basileia. Laureado com o Prémio Lucien Hervé e Rudolf Hervé em 2012, é autor de Presque île (2009), Twice (2015) e La Fabrique du Pré (2017). O trabalho de Weiner questiona recorrentemente a relação entre os individuos e os seus espaços de vida, distanciando-se de diretivas impostas de cima para baixo. Ultrapassando gradualmente uma abordagem estritamente documental, cria um universo infundido de ficção, desenvolvido através de exposições, projectos editoriais e instalações.

Born in 1976, Cyrille Weiner is a photographer trained at the École nationale supérieure Louis Lumière. His work has been featured in international publications such as M Le Monde, Foam, British Journal of Photography, Art Press, L'Architecture d'Aujourd'hui, and Domus, and exhibited at venues including the Rencontres d'Arles, the French National Library, Villa Noailles in Hyères, and the Swiss Architecture Museum in Basel. Laureate of the Prix Lucien Hervé et Rudolf Hervé in 2012, he is the author of Presque île (2009), Twice (2015), and La Fabrique du Pré (2017). Weiner's work recurrently questions the relationship between individuals and their living spaces, distancing itself from top-down directives. Moving gradually beyond a strictly documentary approach, he creates a universe infused with fiction, developed through exhibitions, editorial projects, and installations.

Oui avec plaisir 2004-2006
Cyrille Weiner

A colaboração de Cyrille Weiner com o arquiteto Patrick Bouchain assenta numa sensibilidade comum à presença humana e aos espaços nómadas e efémeros. Embora Weiner resista ao rótulo de 'fotógrafo de arquitetura', a sua colaboração de longa data com Bouchain conduziu a um profundo envolvimento com o ambiente construído - um envolvimento que privilegia a atmosfera sobre a forma e as narrativas sobre as estruturas. A sua colaboração começou em 2005, quando a villa Noailles convidou Weiner a fotografar uma série de espaços de atuação de Bouchain, incluindo o Théâtre Zingaro em Aubervilliers, o Grange au Lac em Évian e a academia de circo Fratellini em Saint-Denis.

Cyrille Weiner's collaboration with architect Patrick Bouchain is rooted in a shared sensitivity to human presence, nomadic and ephemeral spaces. Although Weiner resists the label of 'architectural photographer', his long-term collaboration with Bouchain has led to a deep engagement with the built environment—one that privileges atmosphere over form and narratives over structures. Their collaboration began in 2005 when the villa Noailles invited Weiner to photograph a series of Bouchain's performance spaces, including the Théâtre Zingaro in Aubervilliers, the Grange au Lac in Évian, and the Fratellini circus academy in Saint-Denis.

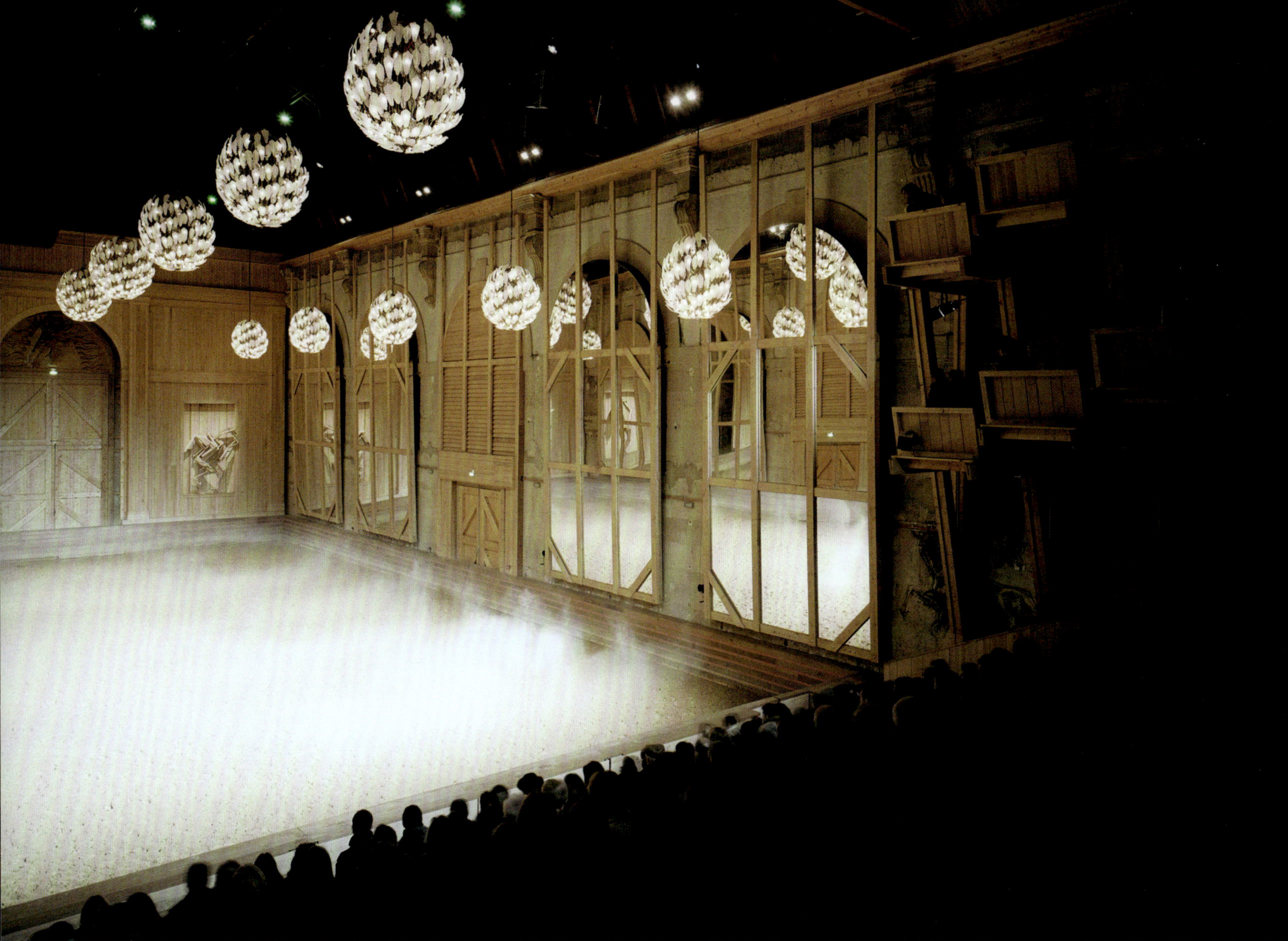

Academia equestre de Versalhes.
Arquitetura: Patrick Bouchain

Equestrian academy of Versailles.
Architecture: Patrick Bouchain

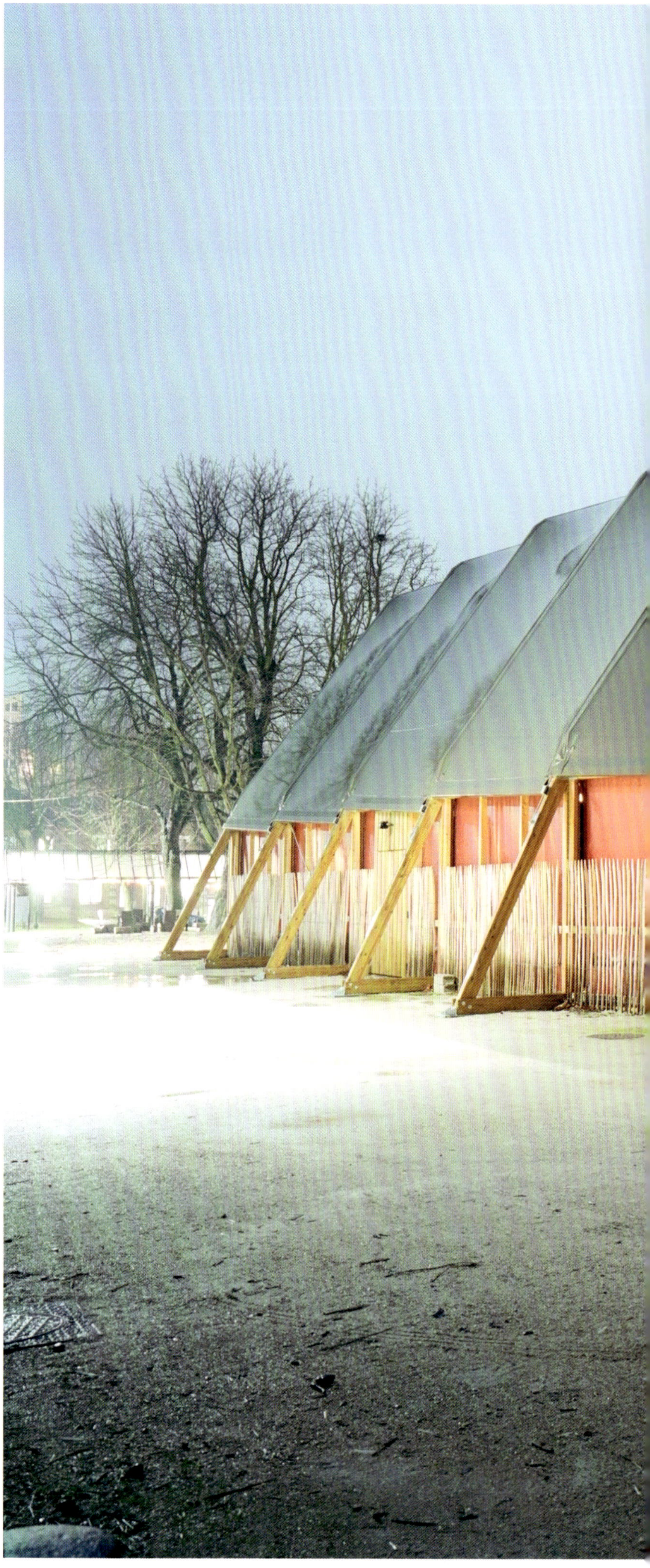

Caravansérail da Ferme du Buisson, Noisiel,
Centro de artes performativas Marne-La-Vallée.
Arquitetura: Patrick Bouchain

Caravansérail de la Ferme du Buisson, Noisiel,
Marne-La-Vallée Performing art center.
Architecture: Patrick Bouchain

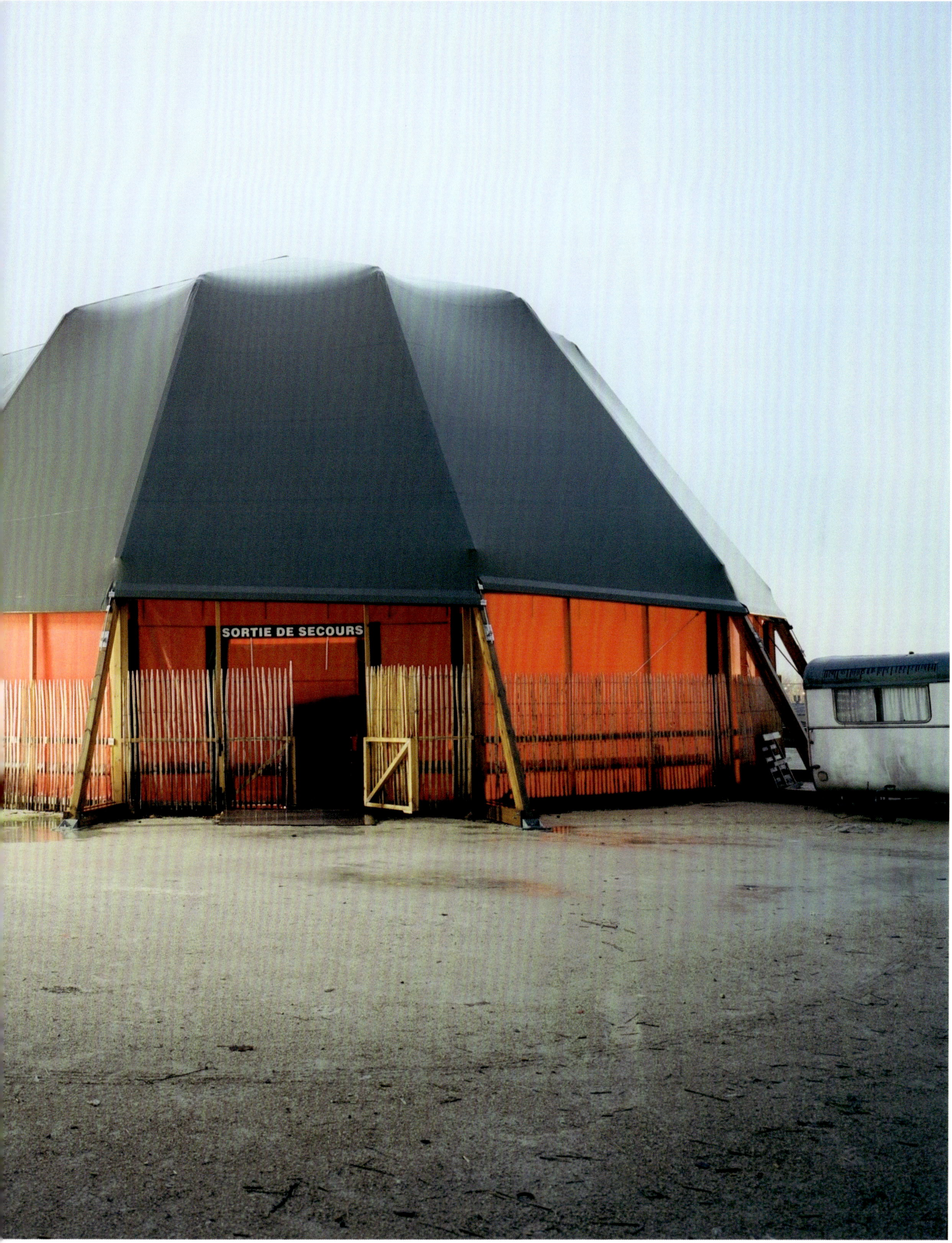
SORTIE DE SECOURS

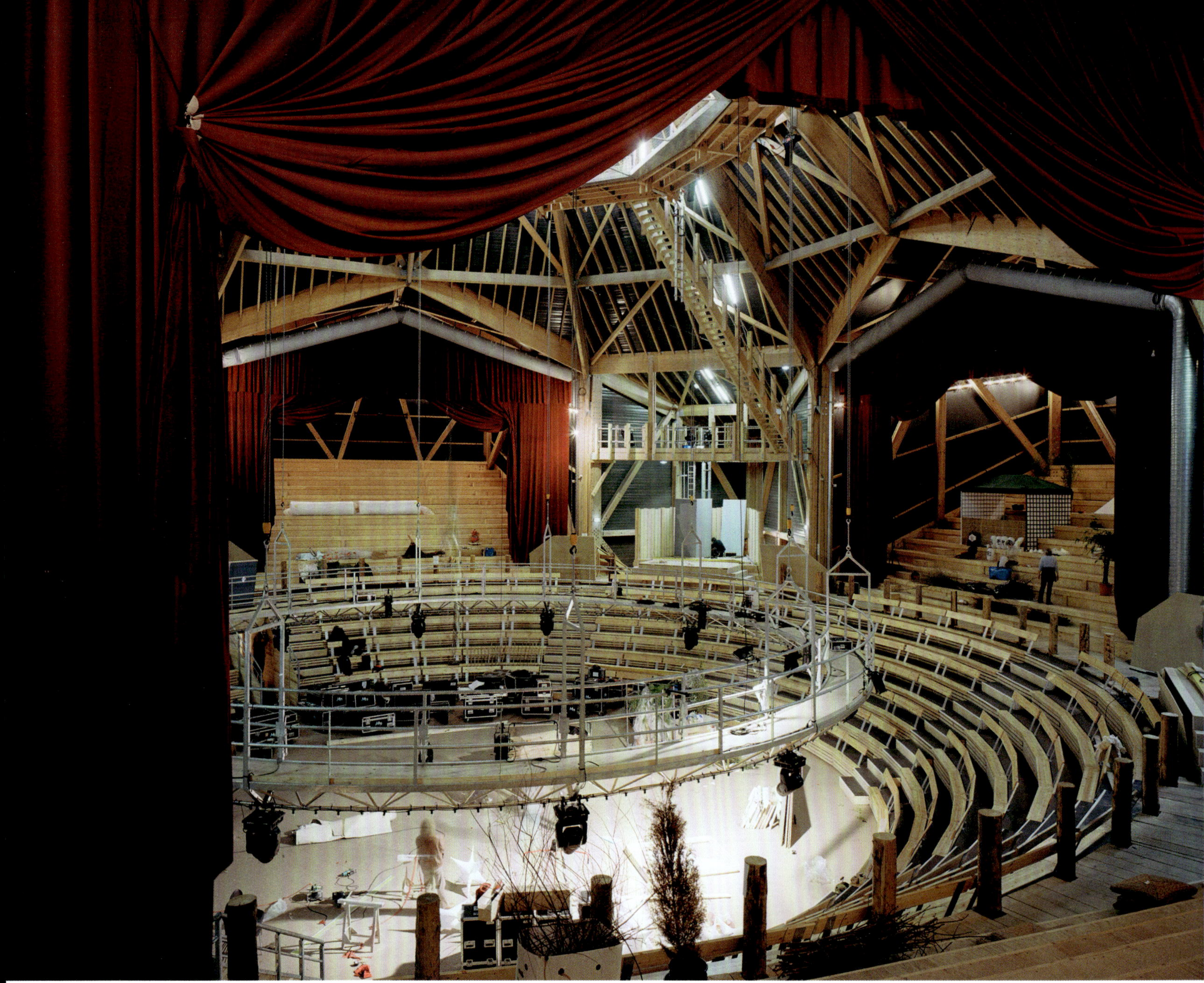

Academia Nacional Contemporânea de Artes Circenses Annie Fratellini, Escola de circo e artes performativas Saint-Denis. Arquitetura: Patrick Bouchain

Académie nationale contemporaine des arts du cirque Annie Fratellini, Saint-Denis Circus and performing art school. Architecture: Patrick Bouchain

Longe das imagens pristinas e vazias típicas da fotografia de arquitetura, Weiner procurou captar a utilização quotidiana destes espaços. Mergulhou nos seus ritmos, documentando a forma como artistas, estudantes e público os habitam e transformam. A sua objetiva tornou-se um portal para a dimensão poética destes lugares - espaços que Bouchain concebeu não como monumentos mas como ambientes vivos destinados a servir e a inspirar.

Trabalhando em médio e grande formato, muitas vezes com luz de inverno, Weiner abordou cada local com novos olhos, concentrando-se no ambiente, na utilização e na sugestão, em vez de numa representação evidente. Uma fotografia da estrutura nómada em forma de tenda da Ferme du Buisson destaca a sua entrada traseira, evitando a fachada mais formal em favor de algo mais íntimo e revelador.

Far from the pristine, empty images typical of architectural photography, Weiner sought to capture the everyday use of these spaces. He immersed himself in their rhythms, documenting how artists, students, and audiences inhabit and transform them. His lens became a portal into the poetic dimension of these places—spaces that Bouchain designs not as monuments but as living environments meant to serve and inspire.

Working with medium and large format, often in winter light, Weiner approached each site with fresh eyes, focusing on ambiance, use, and suggestion rather than overt representation. One shot of the Ferme du Buisson's nomadic tent-like structure highlights its back entrance eschewing the more formal facade in favor of something more intimate and revealing.

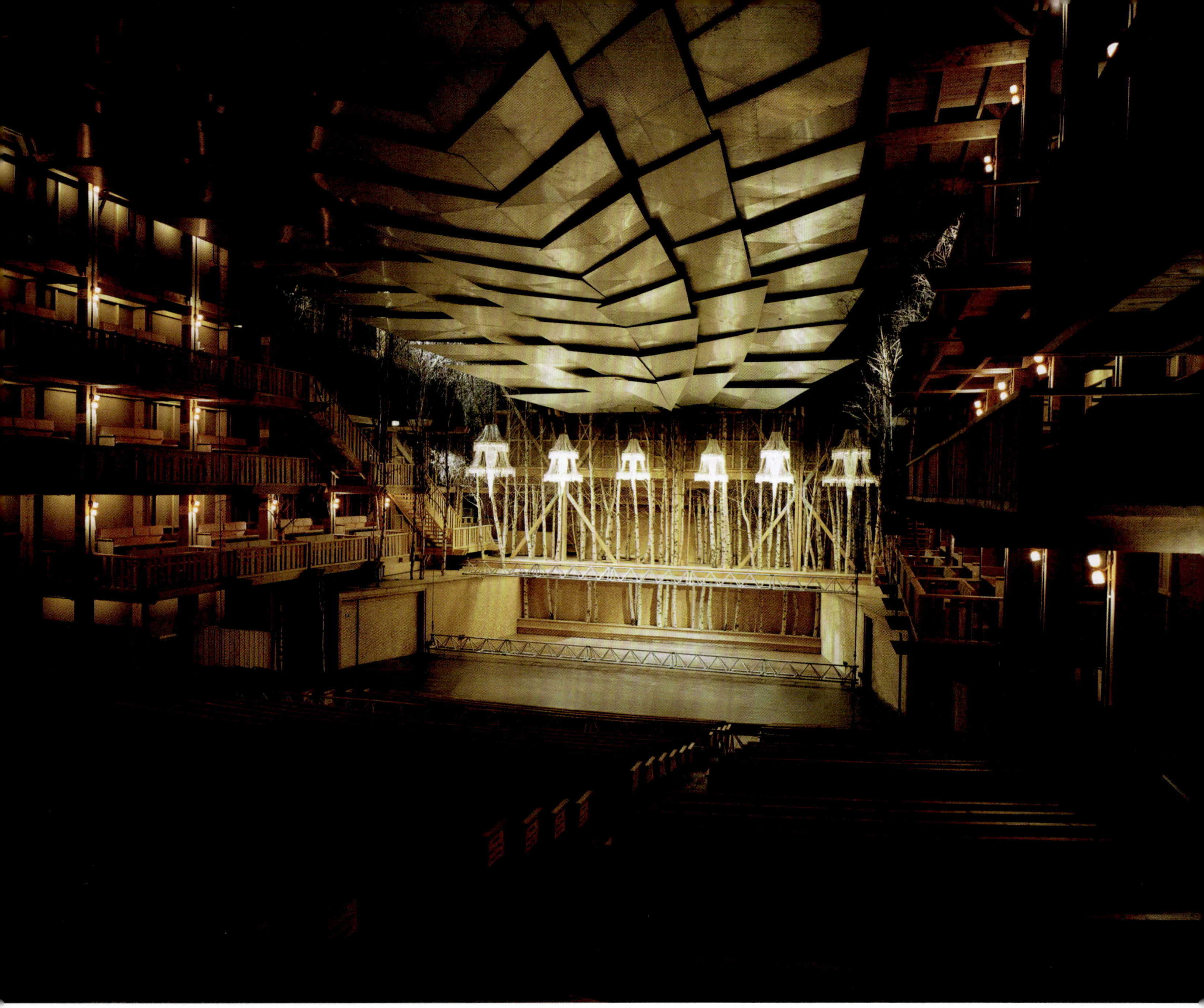

La Grange au Lac, Auditório Evian com 1200 lugares para os Encontros Musicais de Evian Matislav Rostropovitch. Arquitetura: Patrick Bouchain

La Grange au Lac, Evian Auditorium de 1200 places pour les Rencontres musicales d'Evian Matislav Rostropovitch. Architecture: Patrick Bouchain

Teatro equestre Zingaro.
Arquitetura: Patrick Bouchain

Zingaro's equestrian theater.
Architecture: Patrick Bouchain

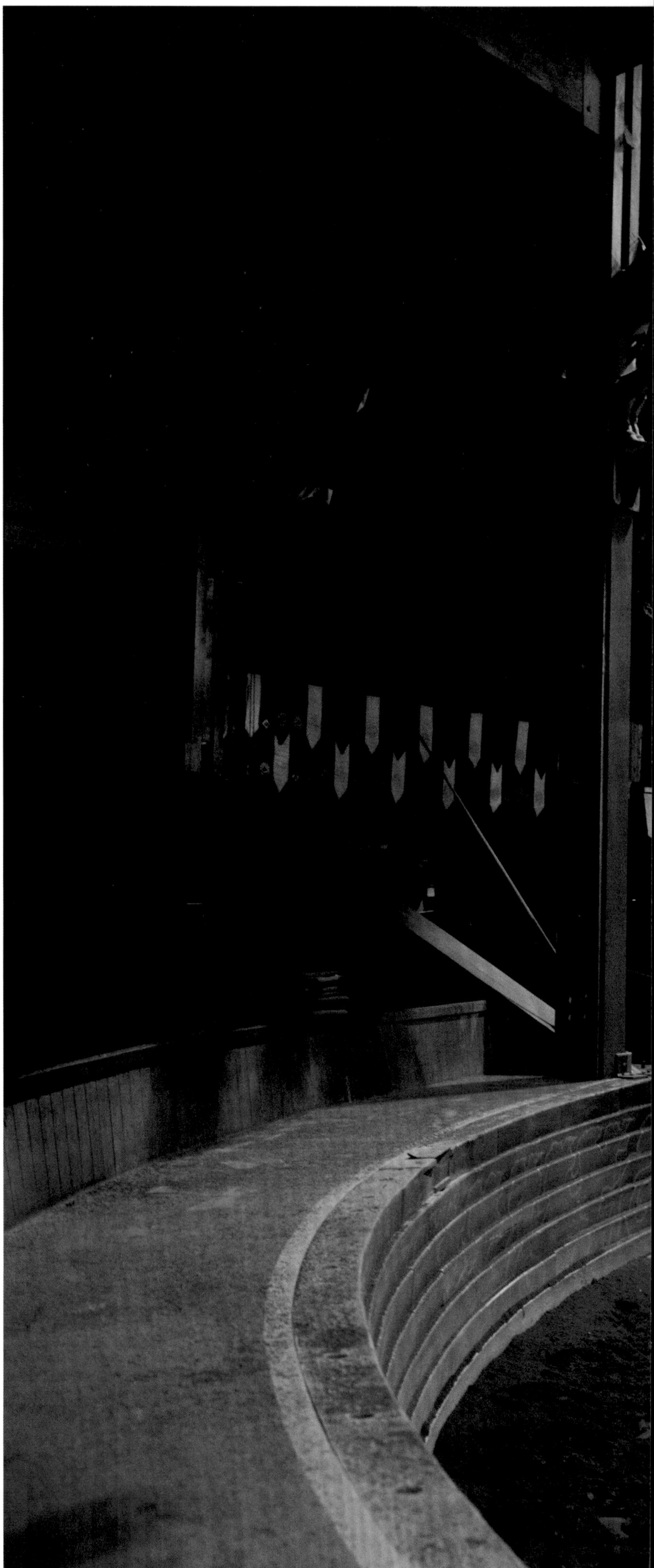

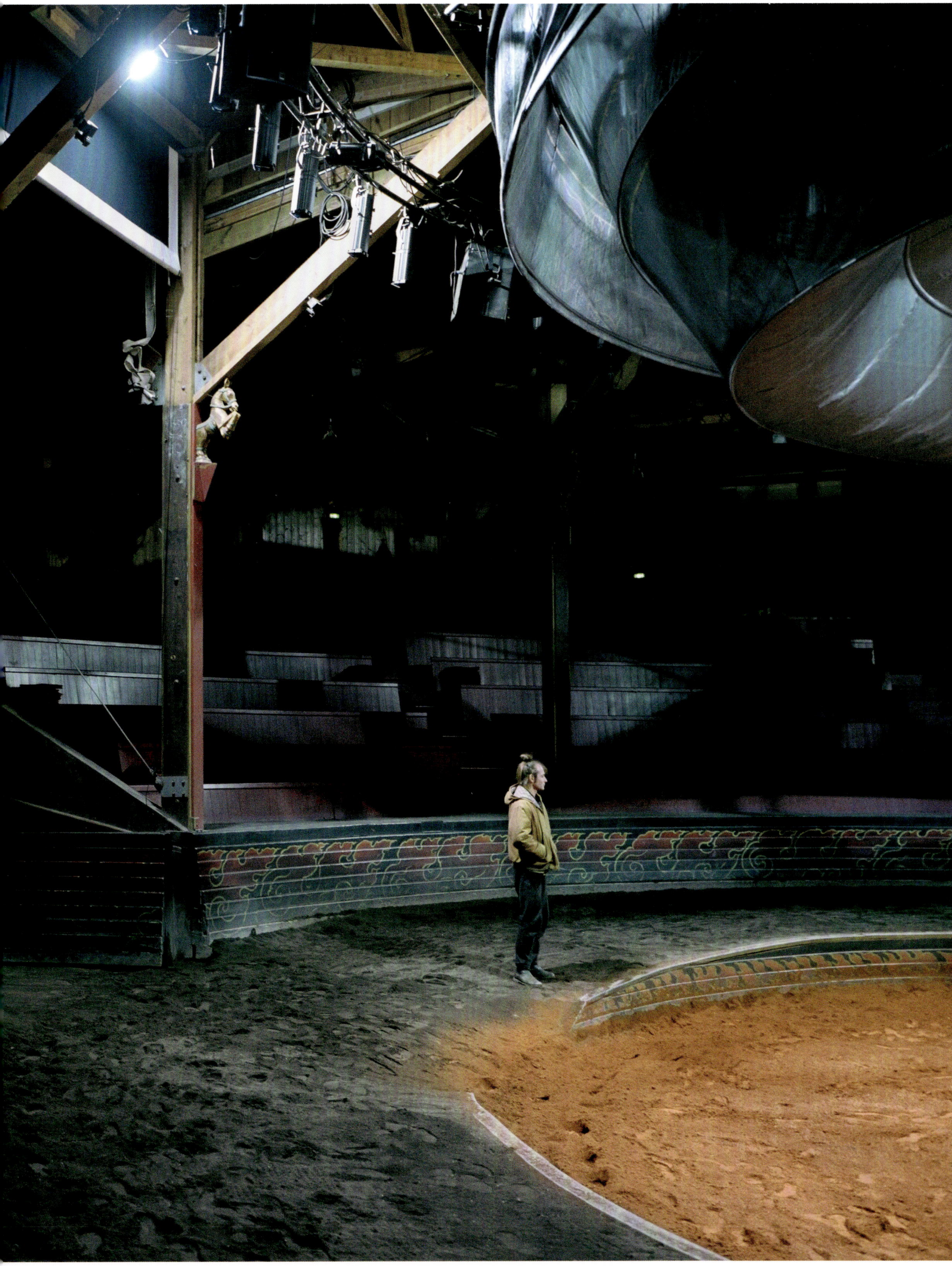

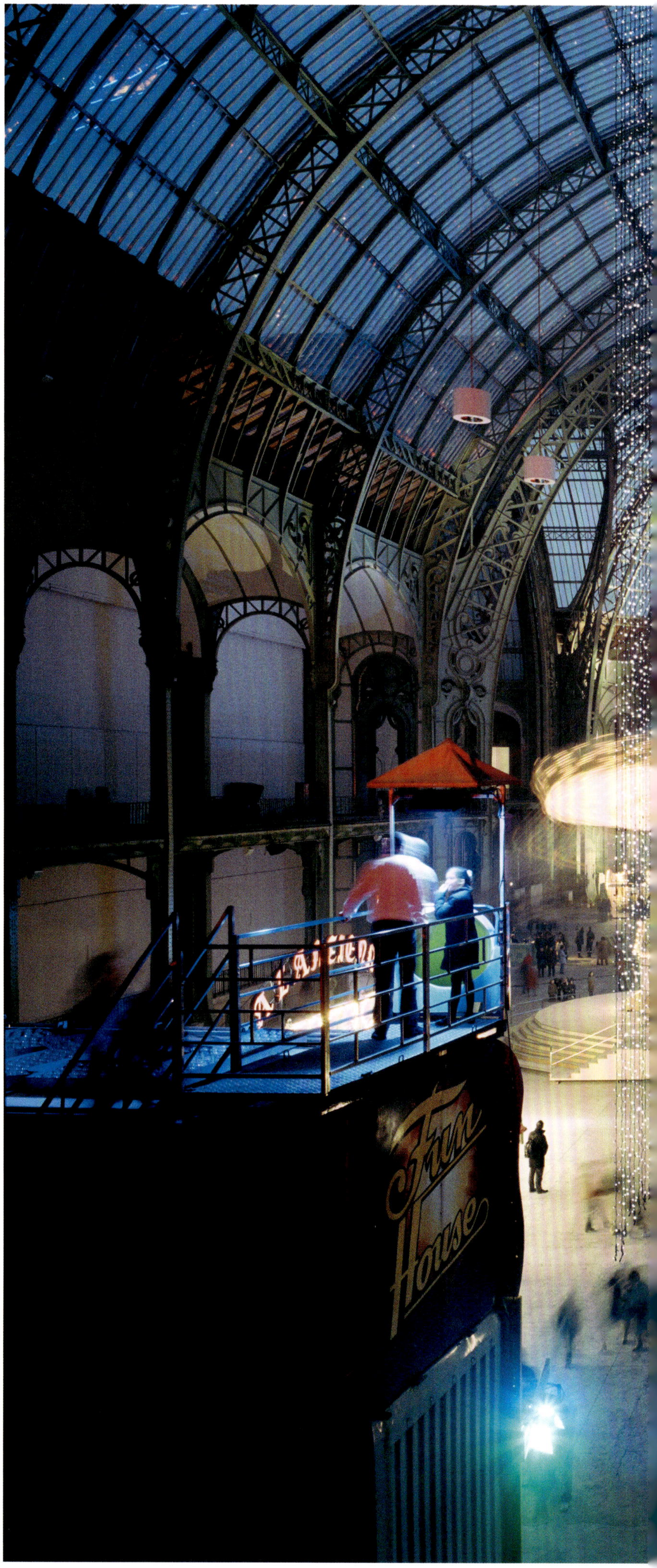

Jour de fêtes. Uma feira efêmera no Grand Palais, em Paris.
Cenografia: Patrick Bouchain.

Jour de fêtes. An ephemeral fair in the Grand Palais in Paris.
Scenography: Patrick Bouchain.

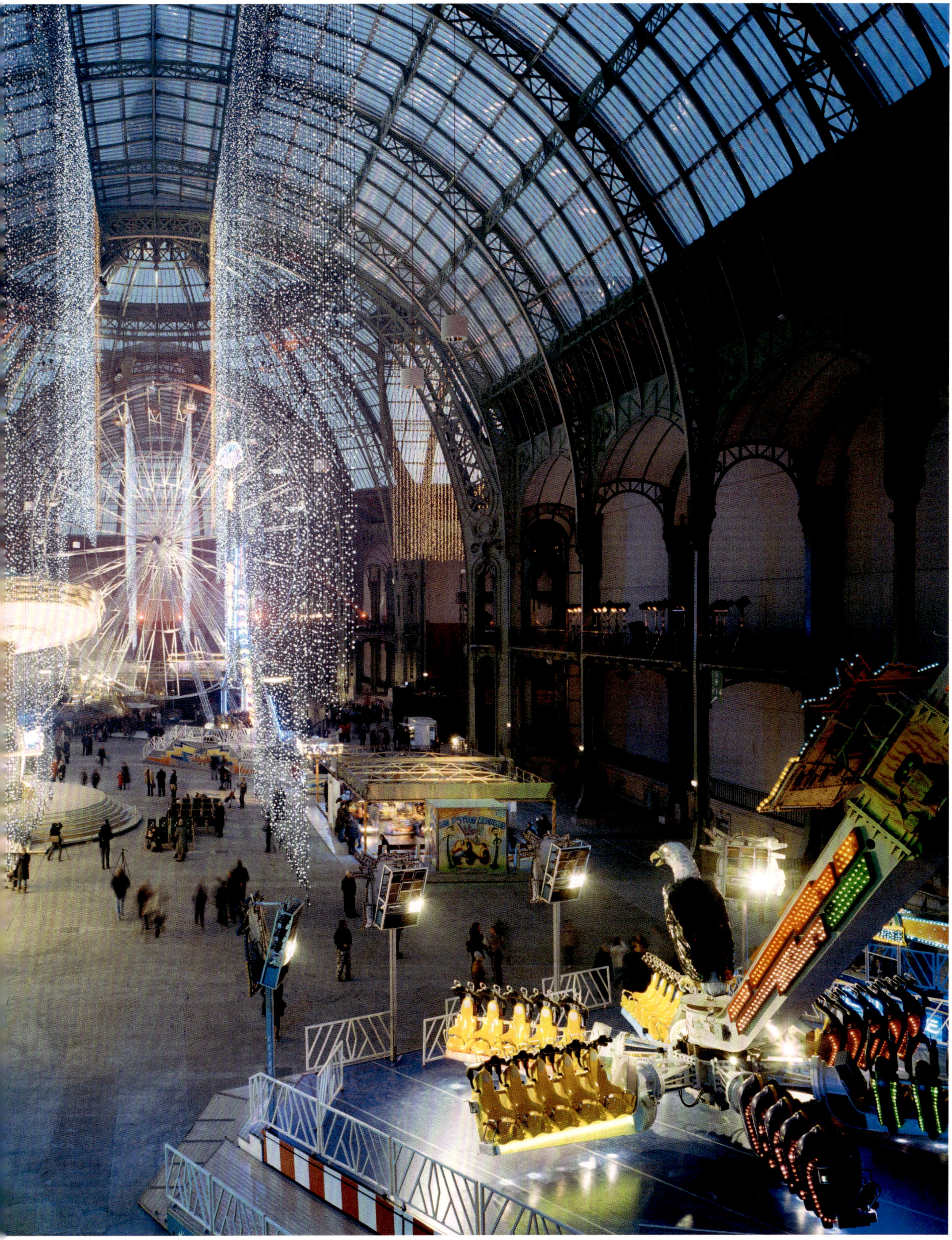

Com o tempo, a sua relação evoluiu para além da documentação. Juntos, exploraram interesses comuns - desde terrenos baldios periurbanos a instalações colaborativas - e desenvolveram um diálogo criativo que abrange a fotografia, a cenografia e a publicação.

Nas imagens de Weiner, a arquitetura é frequentemente evocada através de fragmentos, texturas e contexto. O seu trabalho convida os espectadores a completarem a imagem com a sua própria imaginação, espelhando a forma como Bouchain convida os utilizadores a completarem os seus edifícios através da experiência vivida.

O seu projeto mais emblemático? Segundo Weiner, ainda está para vir: um livro de fotografias abrangente que poderá levar a arquitetura radical, humanista e encantadora de Bouchain a um público global.

Over time, their relationship evolved beyond documentation. Together, they've explored shared interests - from peri-urban wastelands to collaborative installations - and developed a creative dialogue spanning photography, scenography, and publishing.

In Weiner's images, architecture is often evoked through fragments, textures, and context. His work invites the viewers to complete the picture with their own imagination, mirroring the way Bouchain invites users to complete his buildings through lived experience.

Their most emblematic project? According to Weiner, it is still to come: a comprehensive photography book that might bring Bouchain's radical, humanist and enchanting architecture to a global audience.

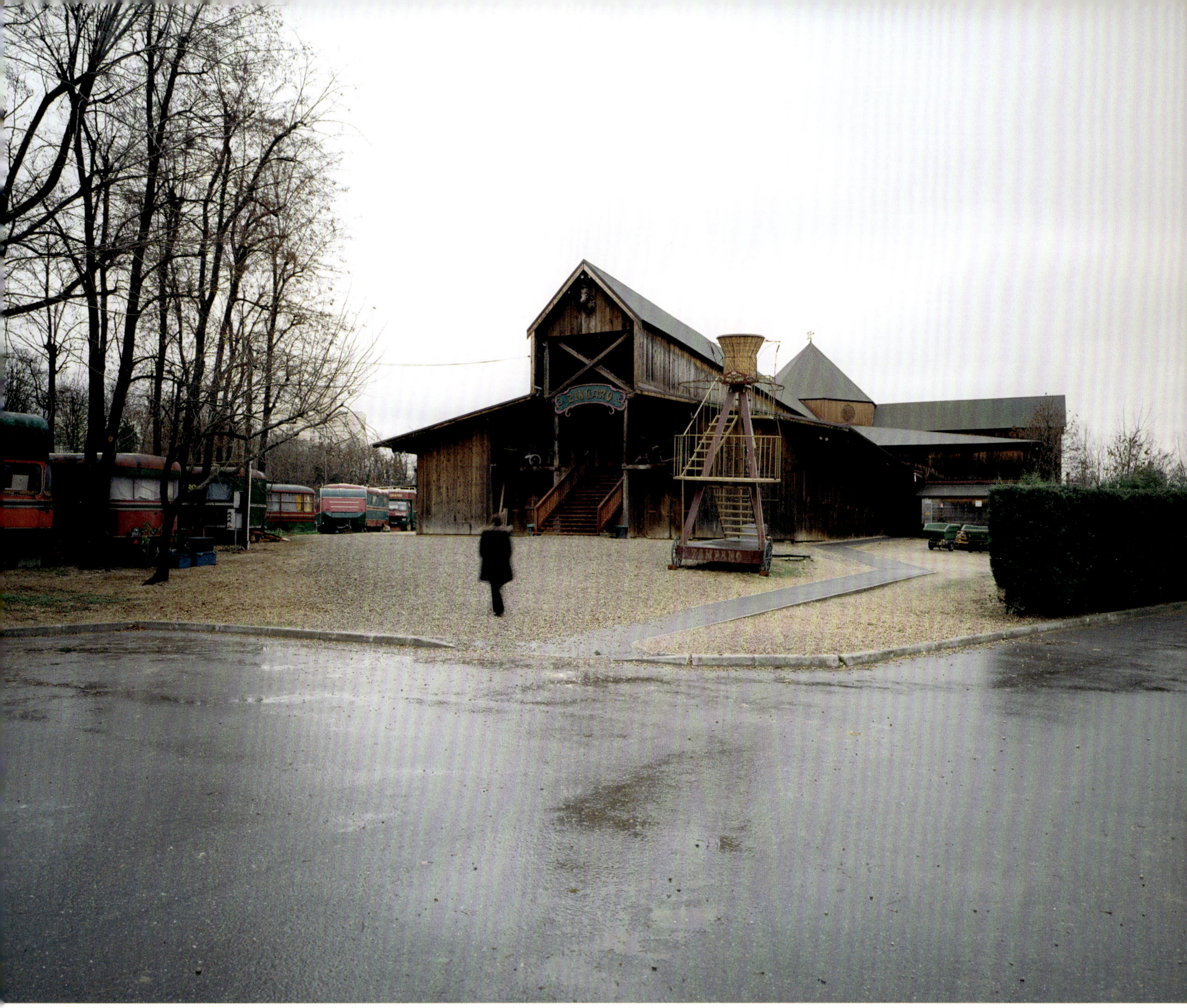

Teatro equestre Zingaro.
Arquitetura: Patrick Bouchain

Zingaro's equestrian theater.
Architecture: Patrick Bouchain

LFA 2025
AWARD

Patrocínio

Sponsor

Canon

3º Prémio
3rd Prize

Sergio Belinchón

Alemanha Germany

Nascido em 1971, Sergio Belinchón é um fotógrafo e artista de vídeo cujo trabalho explora a representação do espaço, a cidade como palco da atividade humana e a transformação da paisagem. Os seus projectos centram-se frequentemente em locais onde a realidade e a artificialidade se fundem, abordando temas como o turismo, a arquitetura e o imaginário cinematográfico. Em Ephemeral Cities (2001), critica o desenvolvimento costeiro espanhol através da ausência de presença humana. Natural History (2006) examina a artificialidade dos novos edifícios no Dubai, enquanto The Good, the Bad & the Ugly (2010) e Adiós Amigo! (2011) reflectem sobre a intersecção entre a paisagem e o cinema. As suas obras posteriores, como Venus Grotto (2018), utilizam a paisagem como metáfora para narrativas biográficas. Belinchón também trabalha com material encontrado, incluindo filmes Super 8 como Paraiso (2006) e fotografias alteradas em Álbum (2019). O seu trabalho tem sido exposto em toda a Europa, EUA, Japão e América Latina, em instituições como o Museo Reina Sofía (Madrid), Künstlerhaus Bethanien (Berlim), Centre Pompidou (Paris), Haus der Kulturen der Welt (Berlim), MOT (Tóquio) e Fischer Gallery (Los Angeles). Recebeu bolsas e residências de organizações como a Academia Espanhola em Roma, o Colegio de España em Paris, o Künstlerhaus Bethanien e a Taipei Artist Village.

Born in 1971, Sergio Belinchón is a photographer and video artist whose work explores the representation of space, the city as a stage for human activity, and the transformation of the landscape. His projects often focus on places where reality and artificiality merge, addressing themes such as tourism, architecture, and cinematic imagery. In Ephemeral Cities (2001), he critiques Spanish coastal developments through the absence of human presence. Natural History (2006) examines the artificiality of new buildings in Dubai, while The Good, the Bad & the Ugly (2010) and Adiós Amigo! (2011) reflect on the intersection of landscape and film. His later works, such as Venus Grotto (2018), use landscape as a metaphor for biographical narratives. Belinchón also works with found material, including Super 8 films like Paraíso (2006) and altered photographs in Álbum (2019). His work has been exhibited across Europe, the USA, Japan, and Latin America, in institutions such as the Museo Reina Sofía (Madrid), Künstlerhaus Bethanien (Berlin), Centre Pompidou (Paris), Haus der Kulturen der Welt (Berlin), MOT (Tokyo), and Fischer Gallery (Los Angeles). He has received grants and residencies from organisations including the Spanish Academy in Rome, the Colegio de España in Paris, Künstlerhaus Bethanien, and Taipei Artist Village.

PROVISIONAL ATLAS OF BERLIN 2021-2024

Sergio Belinchón

As demolições são a 'nova moda' em Berlim, para expulsar os antigos inquilinos e construir novos edifícios de apartamentos e escritórios de luxo.

Demolitions are the 'new trend' in Berlin in order to expel the old tenants and to build new luxury apartment and office buildings.

O ATLAS PROVISÓRIO DE BERLIN é o resultado de um trabalho exaustivo realizado ao longo de quatro anos, com saídas diárias, percorrendo a cidade uma e outra vez. É um projeto sobre a situação atual de Berlim, sobre as rápidas mudanças que ocorreram na sua identidade, sobre vários factores que estão a transformar a cidade: o turismo, a gentrificação, o aumento dos preços da habitação, etc., que transformaram a cidade dos pobres mas sexy na cidade dos ricos mas aborrecidos. Nada de novo, é o que se passa na maior parte das cidades, só que aqui o fenómeno ocorre a um ritmo acelerado e permite-me falar de uma questão global.

PROVISIONAL ATLAS OF BERLIN is the result of exhaustive work carried out over four years, with daily outings, traversing the city again and again. It is a project about the current situation of Berlin, about the rapid changes that have taken place in its identity, about various factors that are transforming the city: tourism, gentrification, the rise in housing prices, etc., which have turned the city of the poor but sexy into the rich but boring. Nothing new, this is what is happening in most cities, except that here the phenomenon is occurring at a rapid pace, and it allows me to speak about a global issue.

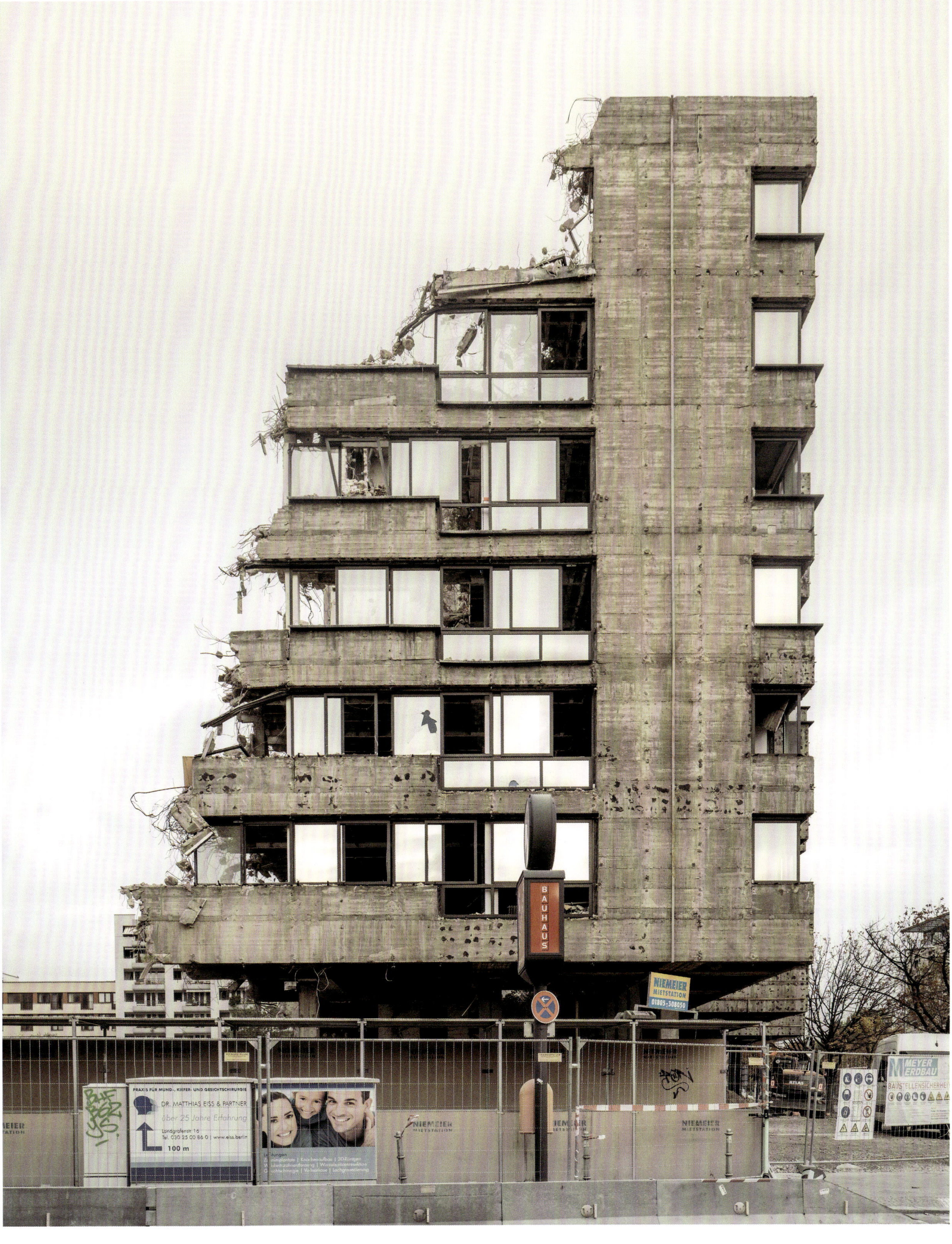
BAUHAUS
NIEMEIER
MIETSTATION
01805-308050
DR. MATTHIAS EISS & PARTNER
über 25 Jahre Erfahrung
100 m
NIEMEIER
MIETSTATION
MEYER
ERDBAU

Os andaimes estão presentes por toda a cidade. As renovações e as novas construções são o novo normal. Retratei um andaime dando forma a uma simples casa que surge como figura simbólica.

Scaffoldings are present everywhere in the city. Renovations and new construction sites are the new normal. Here I show this scaffolding with a simple house form as a symbolic figure.

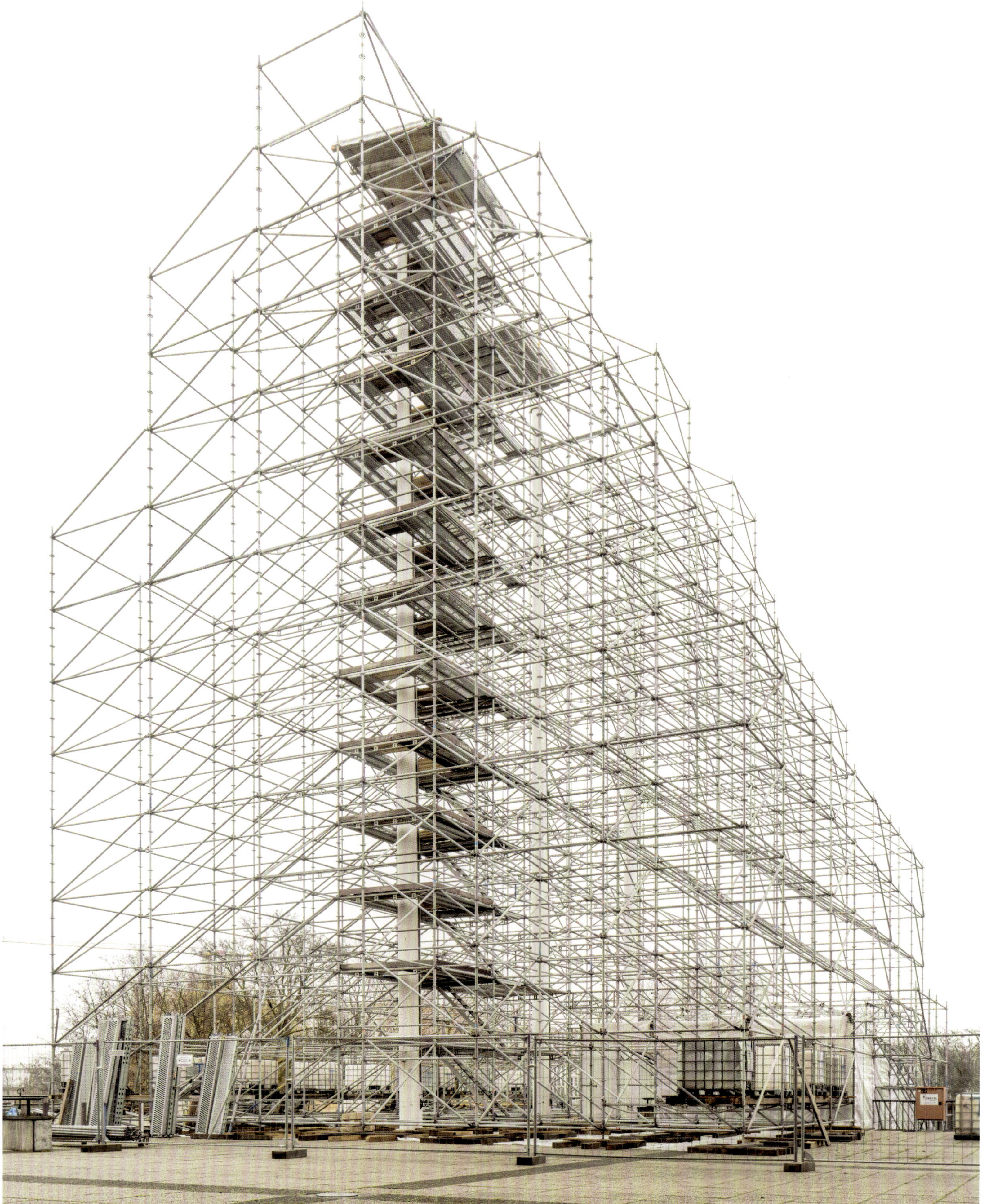

Os novos edifícios estão a ser construídos nas zonas onde Berlim era reconhecível, as cicatrizes da guerra e o Muro criaram uma imagem e um sentimento únicos do local, que agora desapareceram com a febre da construção.

New buildings are builtin the areas where Berlin was recognizable, the scars of the war and the Wall created a unique image and feeling of the place, now gone with the construction fever.

A habitação é um problema em todo o lado, especialmente em Berlim, onde os preços dispararam e a procura aumentou desde que as empresas tecnológicas para lá se mudaram.

Housing is a problem everywhere, specially in Berlin, where prices skyrocketed and the demand rised since tech companies moved to Berlin.

A cidade das feridas de guerra, a cidade do muro, que tornava Berlim única, especial e diferente, já quase não é visível. O novo muro, o que separa as pessoas atualmente, é sobretudo o acesso à habitação. As demolições estão a substituir os edifícios antigos por apartamentos modernos e luxuosos e edifícios de escritórios. Cada centímetro quadrado livre da cidade está a ser construído, ou o espaço existente está a ser libertado através do despejo dos seus antigos inquilinos. A paisagem social está a mudar a um ritmo acelerado, com as suas consequentes repercussões: a deslocação do centro para a periferia da população, o desaparecimento do tecido do bairro, a homogeneização do centro urbano...

The city of war wounds, the city of the wall, which made Berlin unique, special, and different, is almost no longer visible. The new wall, what separates people now, is mainly access to housing. Demolitions are replacing old buildings with modern, luxurious apartments and office buildings. Every free square inch of the city is being built, or the existing space is being freed up by evicting its former tenants. The social landscape is changing at a rapid pace, with its consequent repercussions: the shift from the center to the periphery of the population, the disappearance of the neighborhood fabric, the homogenization of the urban center...

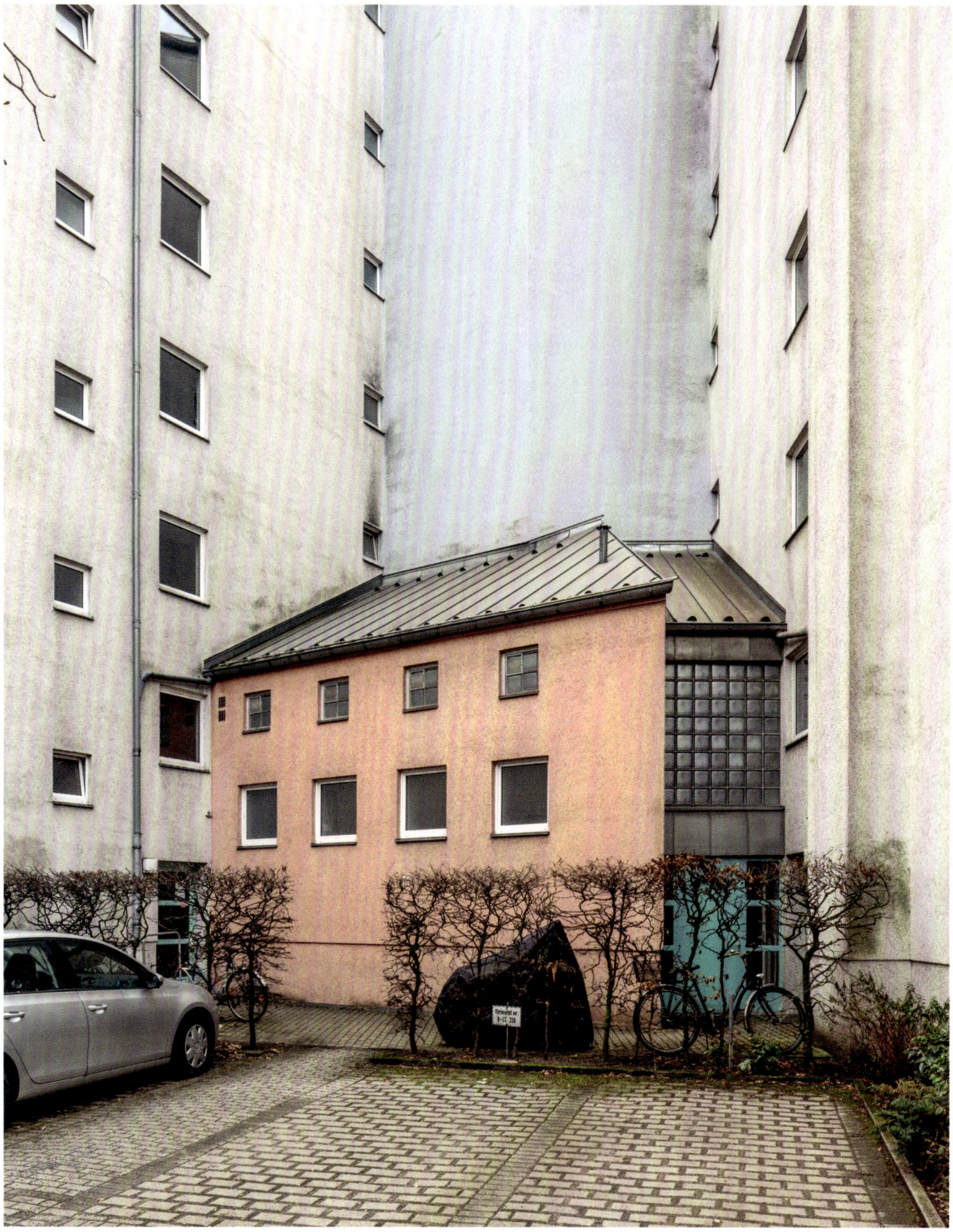

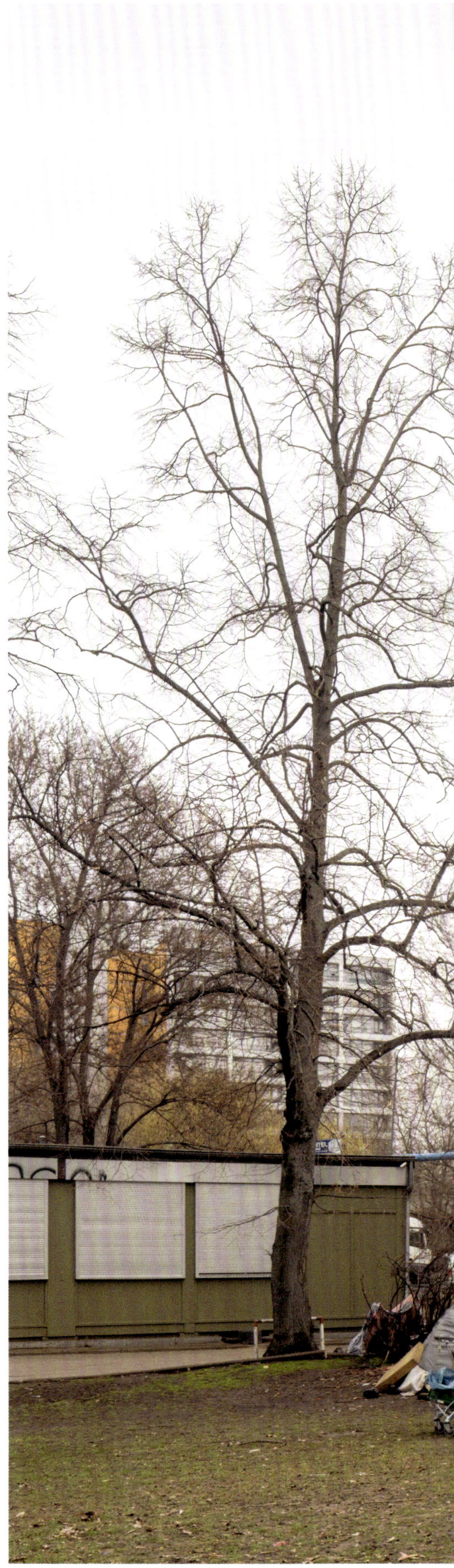

O contraste económico é um novo problema visível em toda a cidade de Berlim. A falta de espaços para viver está a criar uma nova paisagem urbana.

The economic contrast is a new visible issue everywhere in Berlin. Lack of affording living spaces are creating a new city landscape.

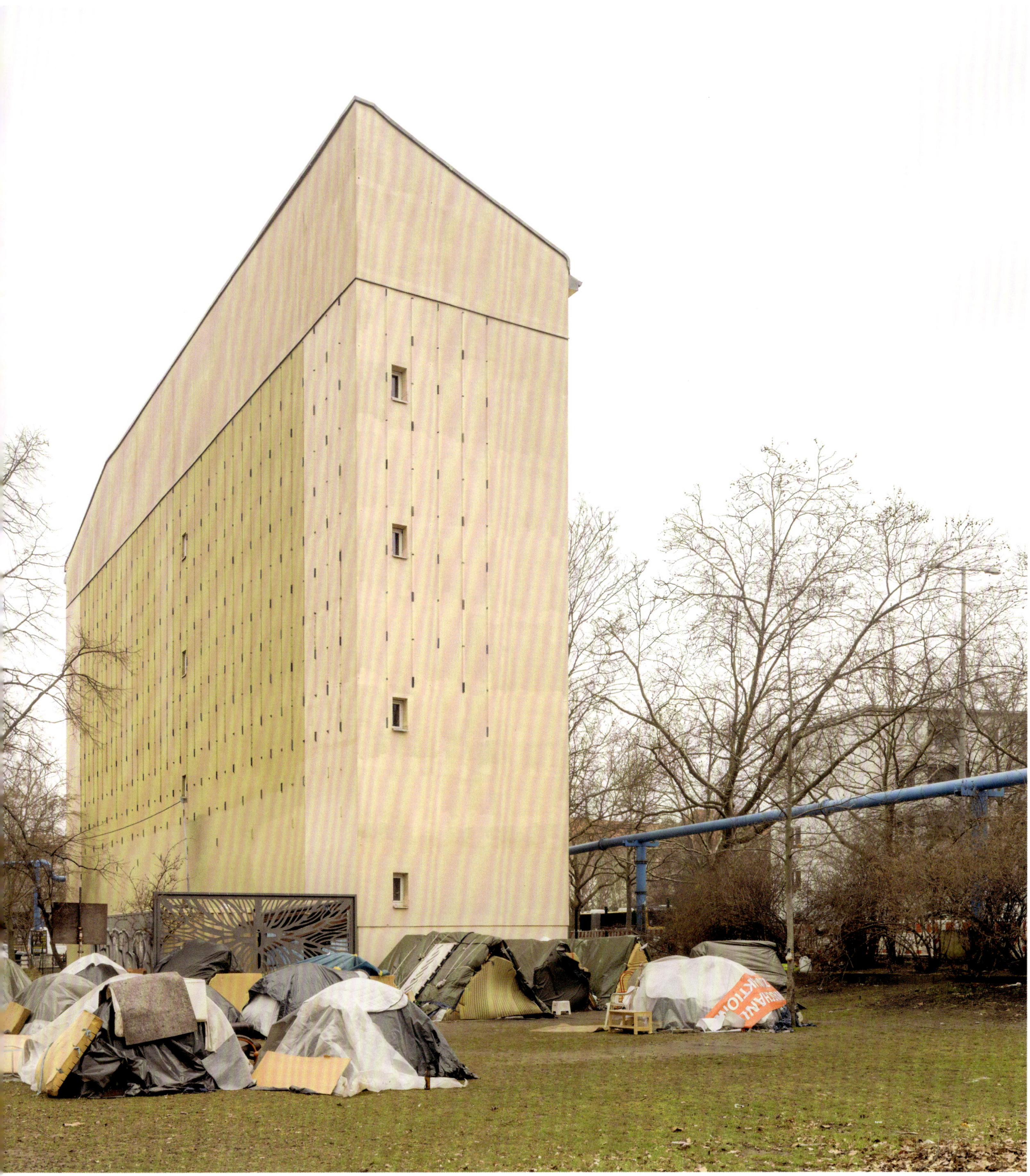

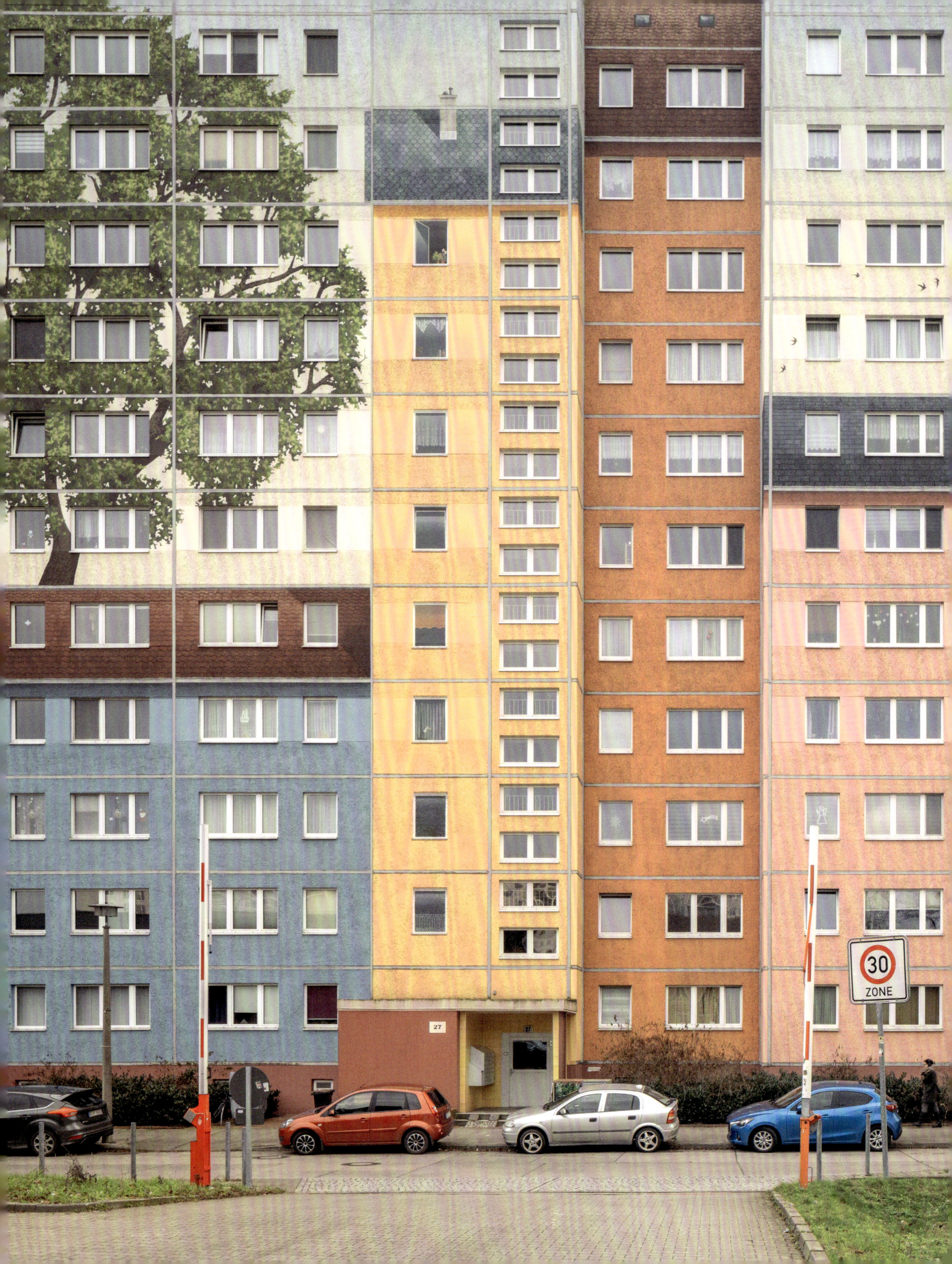
30
ZONE
27

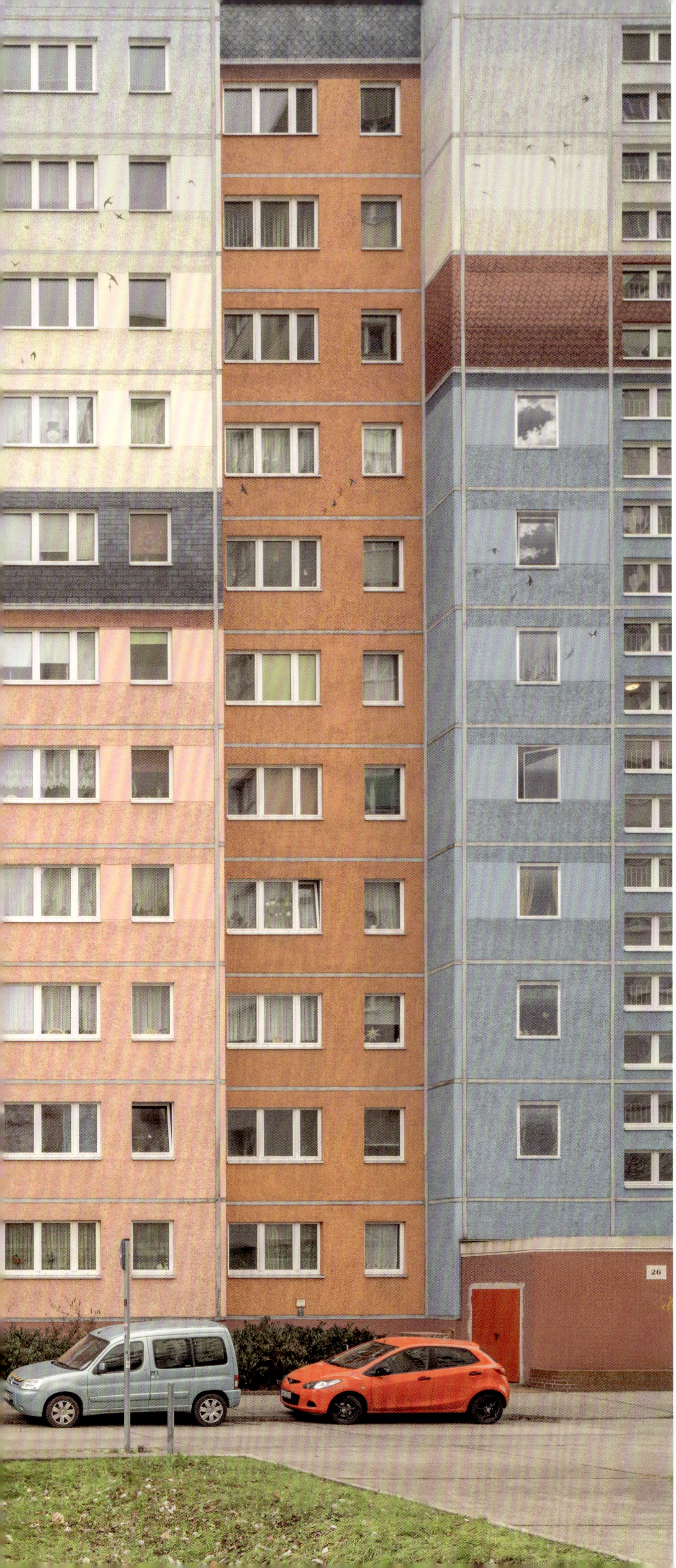

A imagem da cidade. Os antigos 'Plattenbau' ou quarteirões orientais são remodelados para dar uma aparência mais agradável, sem propor melhorias reais aos bairros e edifícios.

The image of the city. Old 'Plattenbau' or eastern blocks are made up to give a more pleasant appearance, without proposing real improvements to the neighborhoods and buildings.

Novos edifícios estão a colonizar os terrenos vazios que durante muito tempo configuravam a identidade da cidade.

New buildings are colonizing the empty lots that made the city's identity for long time.

É importante documentar e aprofundar o tempo em que vivemos, uma mudança drástica de paradigma que merece ser relatada. Ao mesmo tempo, pretendo também oferecer uma perspetiva artística, onde a fotografia se relaciona com o pictórico, trazendo o puro documento para a criação artística. Algumas imagens formam uma espécie de quadros, com relações entre espaço e sujeitos que geram narrativas. Outras imagens relacionam-se diretamente com diferentes disciplinas pictóricas ou mesmo escultóricas, ou com outras referências fotográficas que me são importantes, sem nunca descurar a documentação do quotidiano da cidade atual.

It is important to document and delve into the times we live in, a drastic paradigm shift that deserves to be chronicled. At the same time, I also aim to offer an artistic perspective, where photography relates to the pictorial, bringing the pure document to artistic creation. Some images form a kind of tableaux, with relationships between space and subjects that generate narratives. Other images relate directly to different pictorial or even sculptural disciplines, or to other photographic references that are important to me, without ever neglecting the documentation of daily life in today's city.

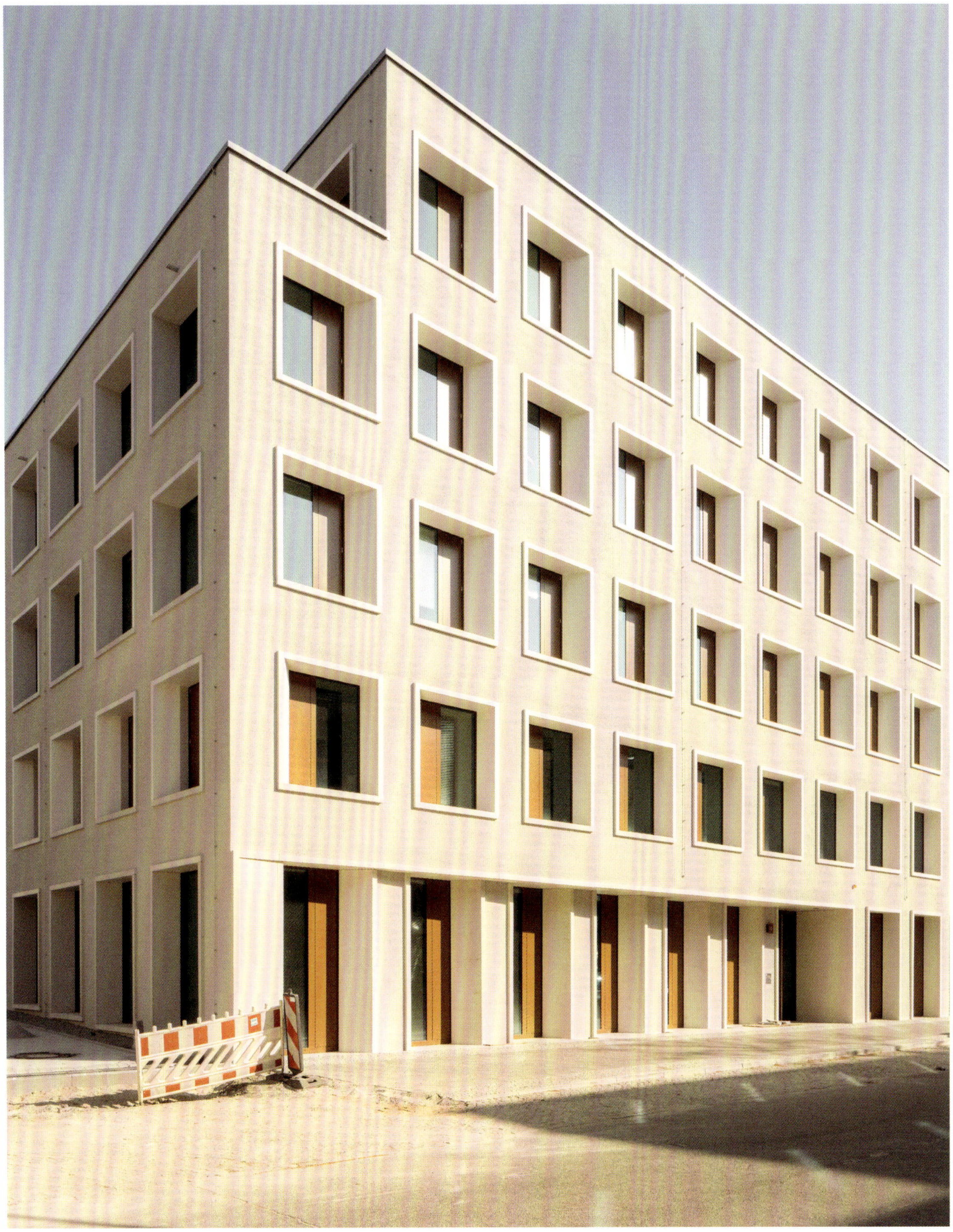

LFA 2025
AWARD

Finalistas
Finalists

James Smith
Kris Scholz
Seunggu Kim
Ricardo Nunes
Marco Yat Chun Chan
Nuno Serrão
Vincenzo Pagliuca

Temporal Dislocation 2011-2012

James Smith

Reino Unido
United Kingdom

A dialética apresentada neste corpo de trabalho oscila entre a destruição e a renovação da nossa relação contemporânea e histórica com a paisagem, e as nuances de atividade que são manifestadas por edifícios e construções no seu interior. Estas formas deslocadas de quase 'escultura' são sinais evidentes de poder, classe e trabalho posicionados na paisagem inglesa.

O trabalho explora o ponto de viragem precário entre estabilidade e impermanência e a natureza inexoravelmente cíclica do ambiente físico após a intervenção humana. Um dos principais objectivos do trabalho é expor o modo como a forma segue a função, a fim de revelar a estética e as ressonâncias inerentes contidas nos gestos aparentemente sem esforço do 'encontrado'. As formas oferecem um ciclo contínuo da sua evolução funcional; a exposição pragmática da beleza da banalidade utilitária fornece uma retórica estrutural através da verificação, confirmação e comparação.

The dialectic presented in this body of work oscillates between the destruction and renewal of our contemporary and historical relationship with landscape, and the nuances of activity that are made manifest by edifices and constructions within it. These dislocated forms of quasi 'sculpture' are evidential signs of power, class and labour positioned in the English landscape.

The work explores the precarious tipping point between stability and impermanence, and the inexorably cyclical nature of the physical environment after human intervention. A primary intent of the work is to expose how form follows function in order to reveal the inherent aesthetics and resonances contained within the seemingly effortless gestures of 'the found'. The forms offer a continual loop of their functional evolution; pragmatically laying bare the beauty of utilitarian banality provides a structural rhetoric through verification, confirmation and comparison.

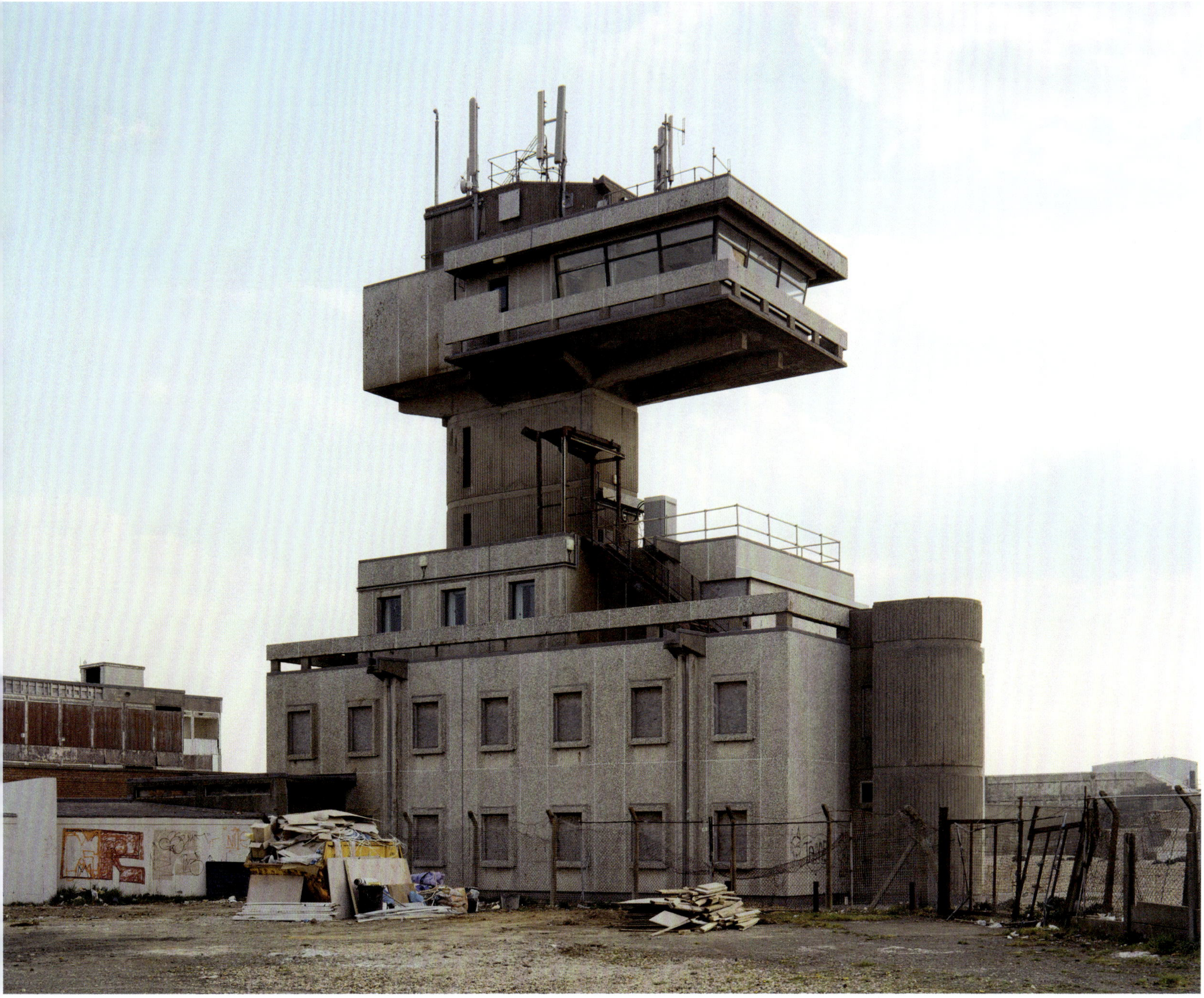

Torre de Vigia	Watchtower

A fotografia torna-se uma linguagem discreta com o objetivo de levar o espetador a reexaminar o que é facilmente considerado banal ou omnipresente.

Ao optar por fotografar num ângulo que oferece duas faces de uma determinada forma, o espetador é alertado para uma distorção e é convidado a envolver-se com o trabalho, vendo 'à volta' do objeto e para além do seu 'valor facial'. Este trabalho tem como objetivo seduzir e provocar uma experiência reflexiva de recordações ou lógicas não reconhecidas.

The photograph becomes an understated language aiming to lure the viewer into re-examining what is too readily dismissed as banal or ubiquitous.

By choosing to shoot at an angle that offers two faces of a given form, the viewer is made aware of a distortion and is invited to engage with the work by viewing 'around' the subject and beyond its 'face value'. This work aims to allure and provoke a reflective experience of unrecognised recollections or logic.

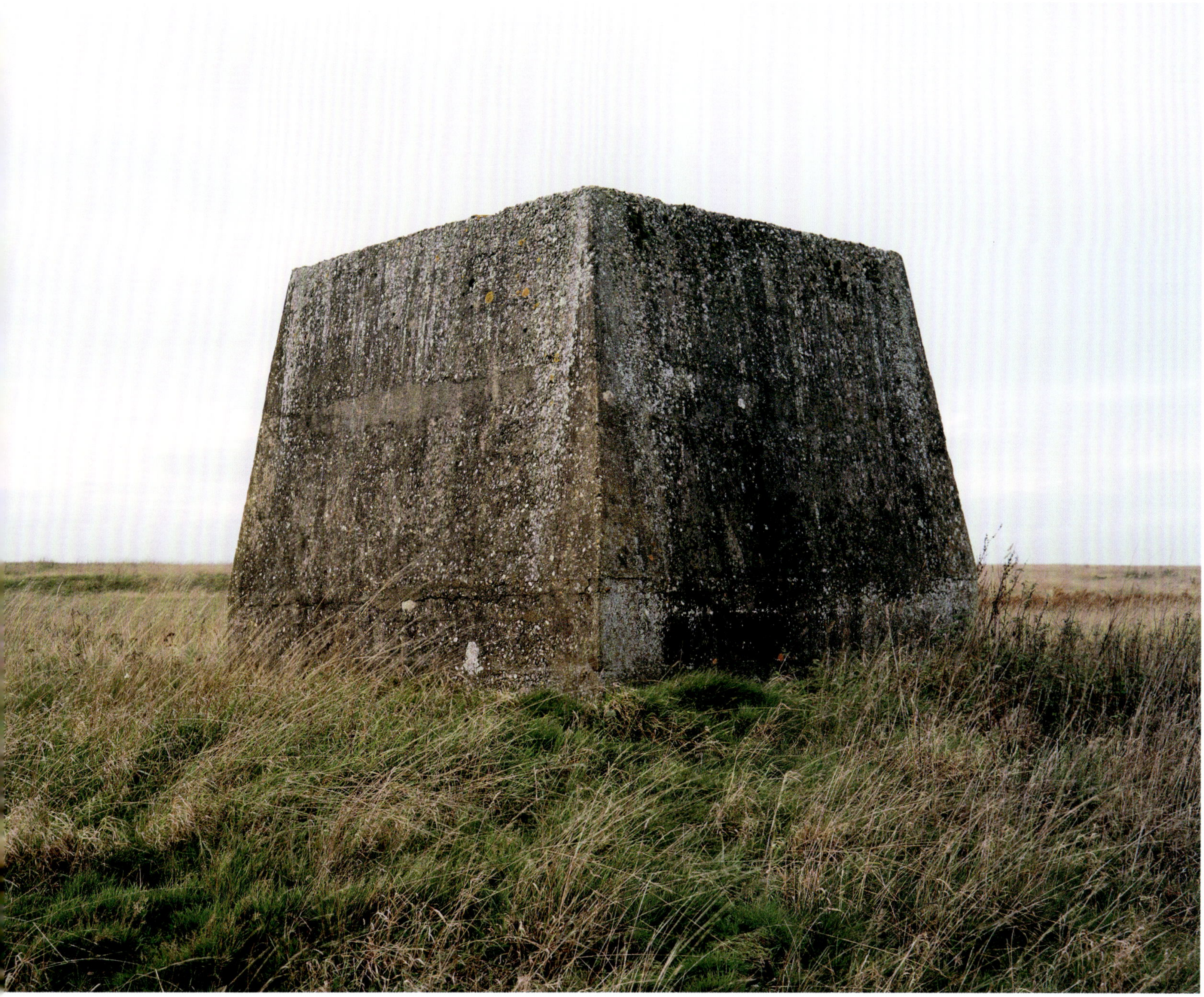

Fundação em Betão Concrete Foundation

Estrutura em Espiral

Spiral Structure

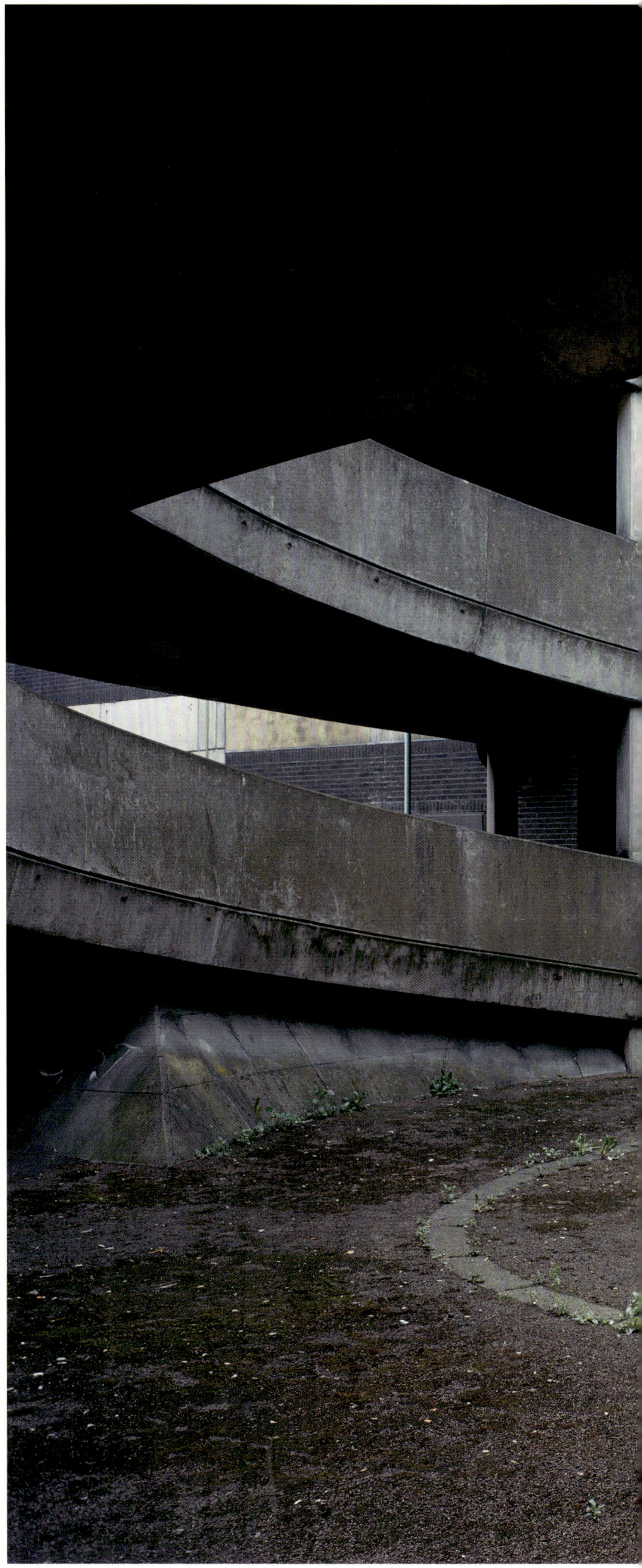

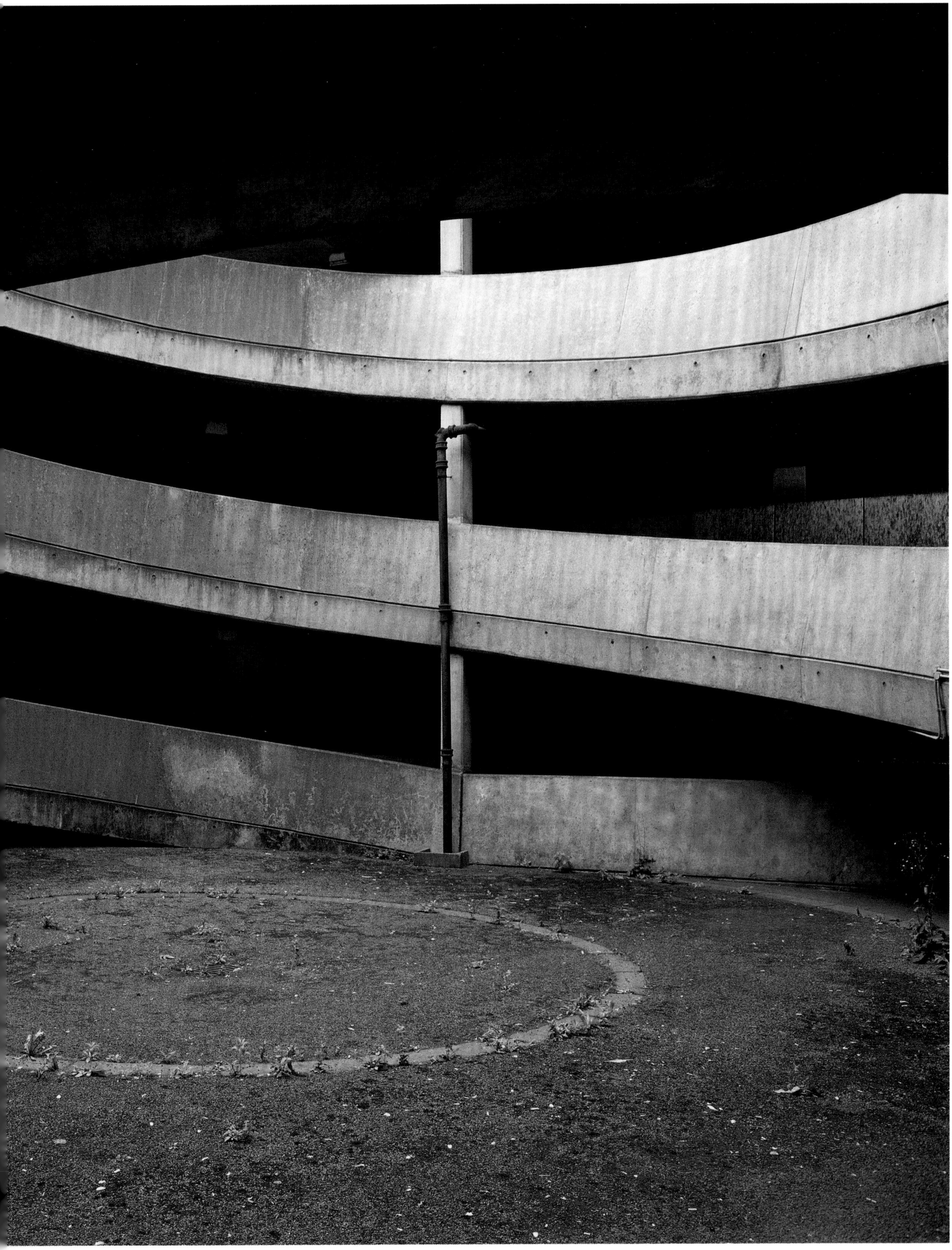

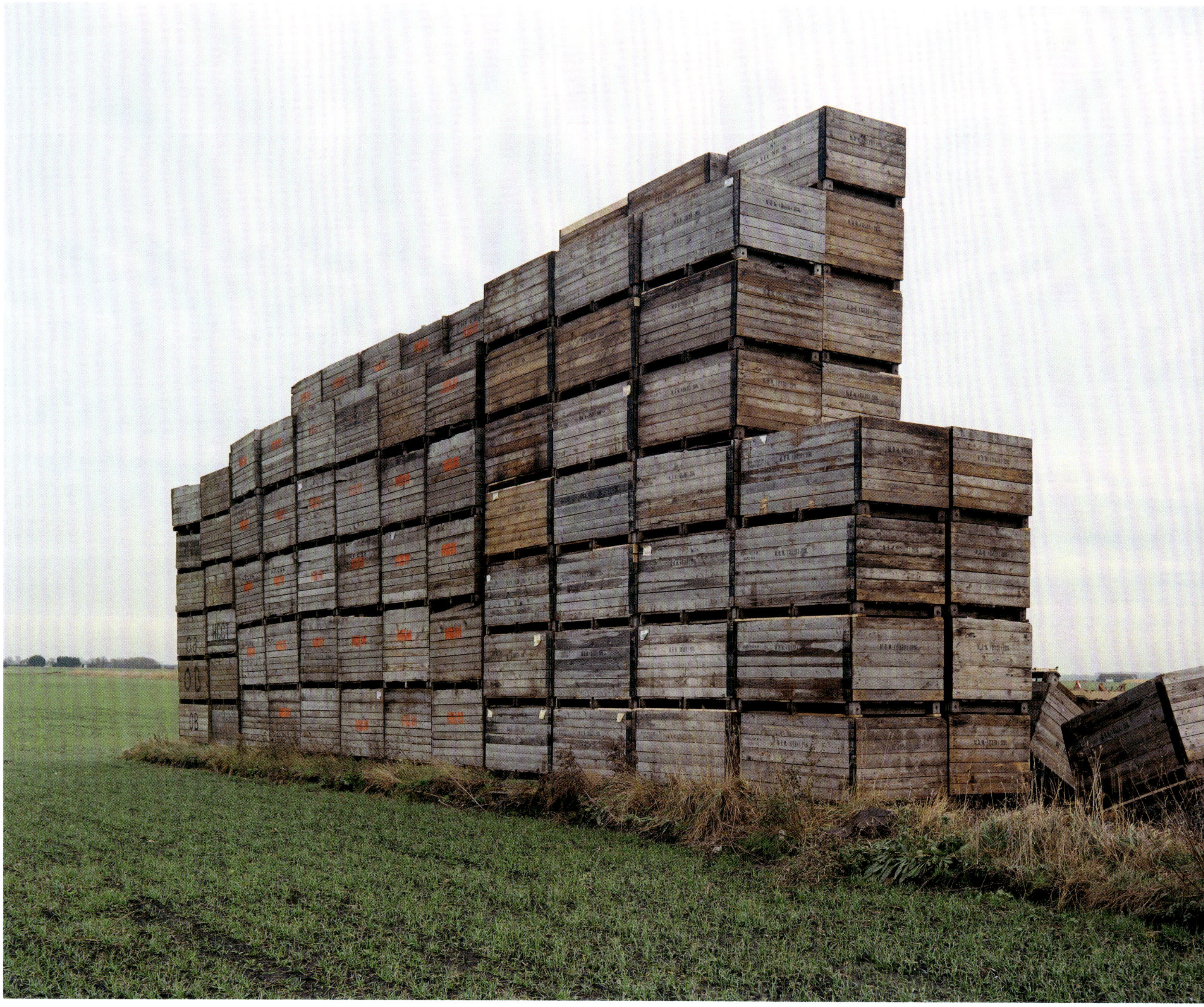

Caixas de Madeira | Wooden Crates

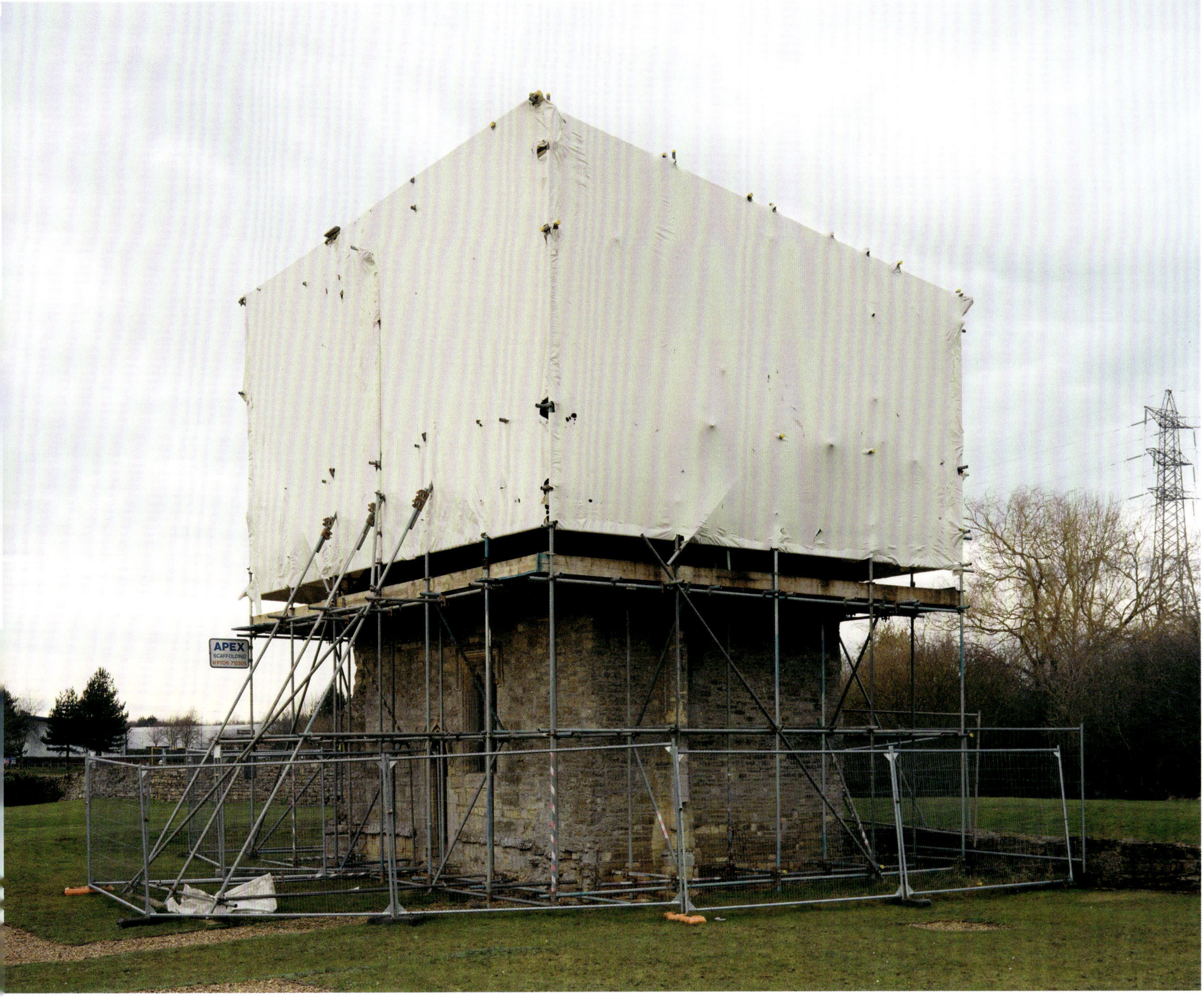

Andaime Scaffoldind

A metodologia deste corpo de trabalho testa as nuances entre facto literal e objetividade, no processo de referenciar e testar uma abordagem mais científica. A exploração deliberada de ângulos intrínsecos ao trabalho também oferece um exame específico do assunto, recorrendo à linguagem do inquérito.

Este corpo de trabalho é informado pelos dados empíricos do próprio fotógrafo relacionados com as teorias do brutalismo e uma interpretação contínua das respostas humanas ao ambiente utilitário através dos seus ciclos, narrativas e evoluções.

The methodology of this body of work tests the nuances between literal fact and objectivity, in the process referencing and testing a more scientific approach. The deliberate exploitation of angles intrinsic in the work also offers a specific examination of the subject, drawing on the language of the survey.

This body of work is informed by the photographer's own empirical data relating to theories of brutalism and an ongoing interpretation of human responses to the utilitarian environment through its cycles, narratives and evolutions.

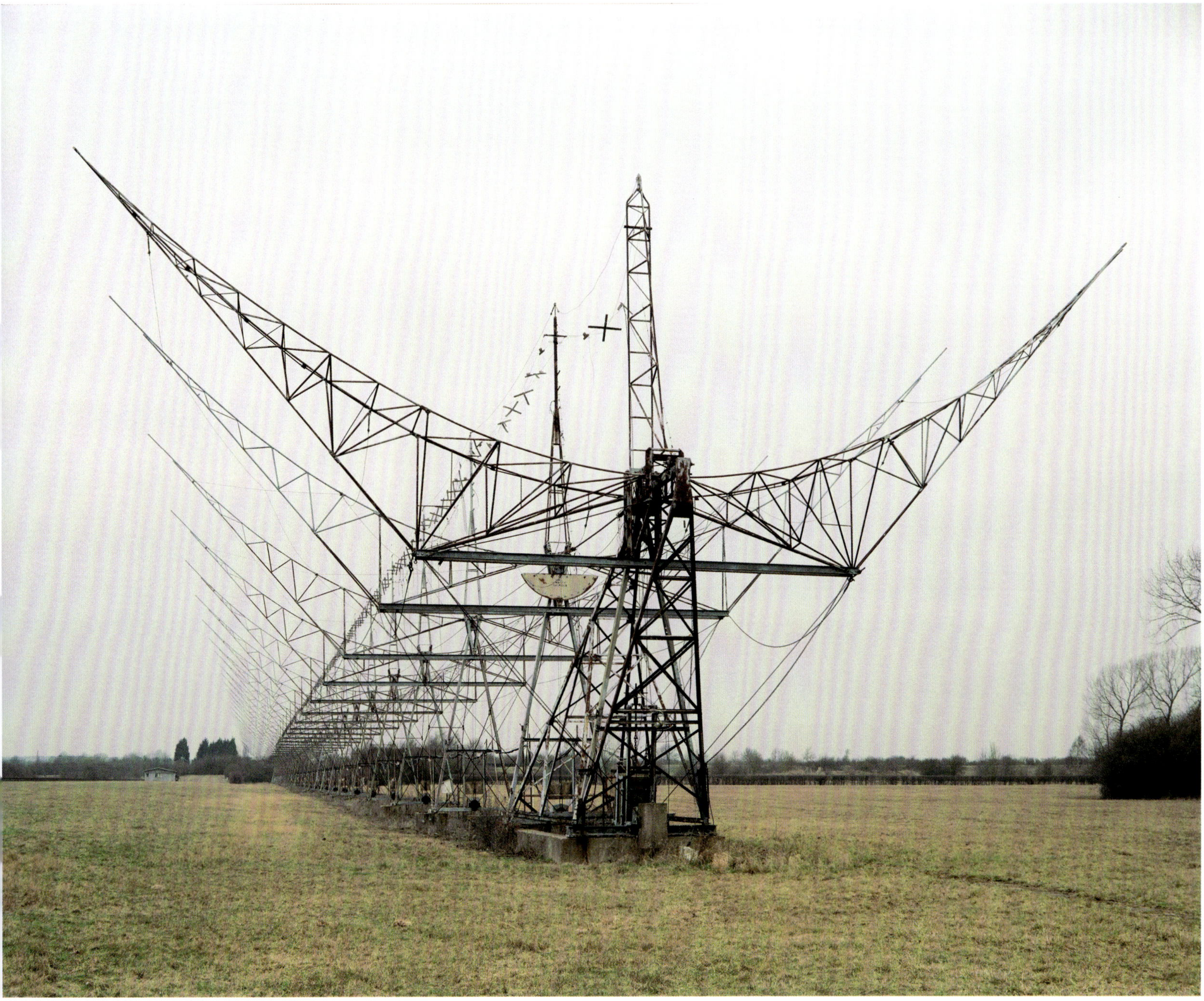

Antena Antenna

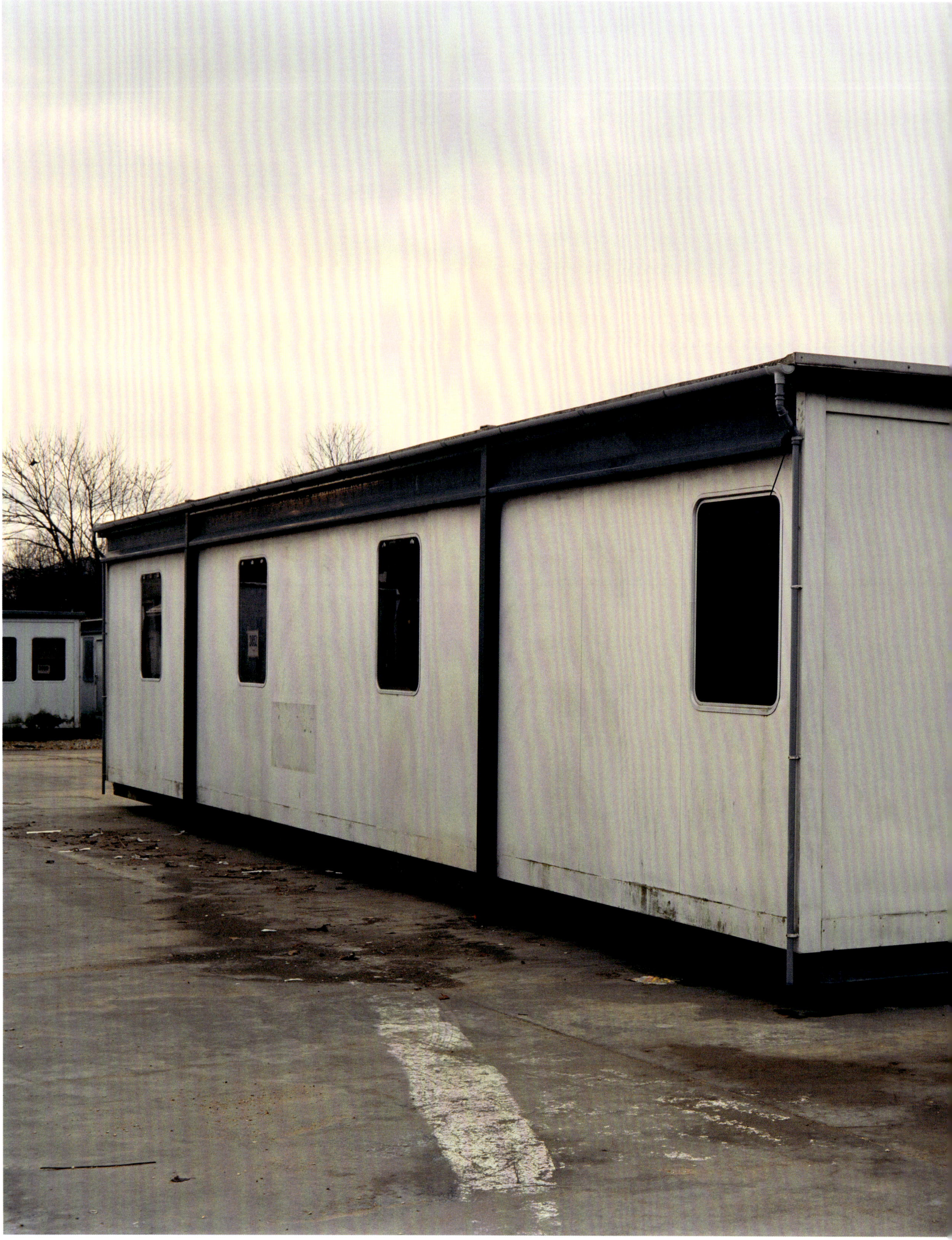

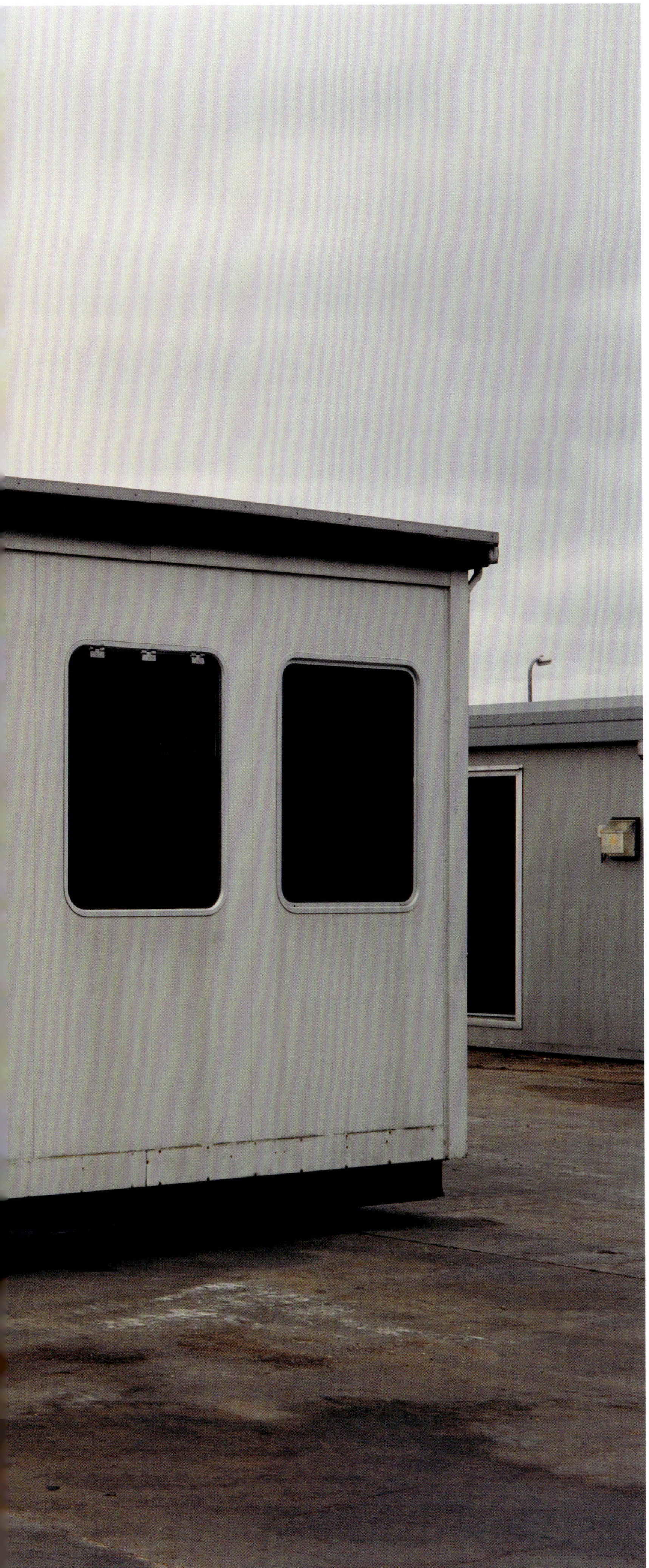

Contentor Porta-Cabin

the silent view 2013-2024

Kris Scholz

Alemanha
Germany

Na cave de uma casa antiga, encontrei uma máquina fotográfica de grande formato da década de 1930. Estava rigidamente montada numa estrutura de aço. Numa feira da ladra encontrei uma objetiva de 21 polegadas, que é o tamanho normal para um negativo de 30 x 40 cm. Não tinha obturador, mas os intervalos de abertura iam de 9 a 128. Após várias alterações, reduzi o peso de 52 kg para 35 kg, o que tornou a câmara um pouco mais prática. Infelizmente não se produzia película em formato europeu de 30 x 40 cm. Assim, utilizei negativos em papel, colocando papel de fibra nos suportes de filme em madeira de mogno.

Como o papel Baryta tem um hiato de sensibilidade ao vermelho e ao verde, estes raios não afectam o papel. Apenas os raios azuis do espetro luminoso provocam as reproduções a preto e cinzento-branco destes arranjos arquitectónicos, industriais e paisagísticos únicos.

In the basement of an old house, I found a large format camera from the 1930th. It was rigidly mounted to a steel framework. On a flea market I found a 21 inch lens, which is the normal size for a 30 x 40 cm negative format. It had no shutter, but the aperture range went from 9 to 128. After several alterations I reduced its weight from 52 kg to 35kg what made the camera a little bit handier. Unfortunately there was no film produced in 30 x 40 cm Europe wide. Therefore I used paper negatives, by placing fibre paper in the wooden mahogany film holders.

As Baryta Paper has a red and green sensibility gap, these rays do not affect the paper. Only the blue rays of the light spectrum cause the black and grey-white reproductions of these unique architectural, industrial and landscape arrangements.

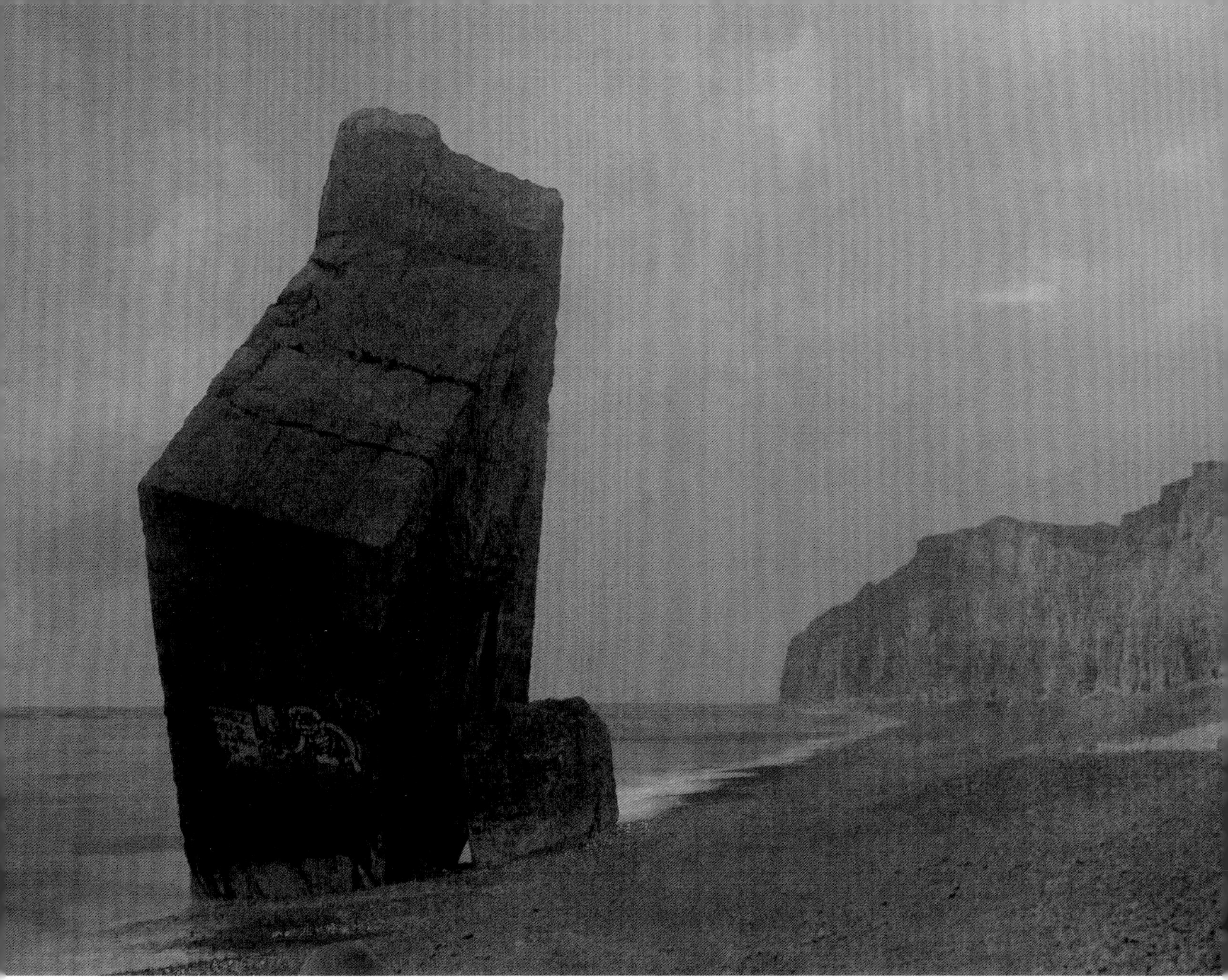

Bunker	Bunker
Normandia	Normandie
França	France

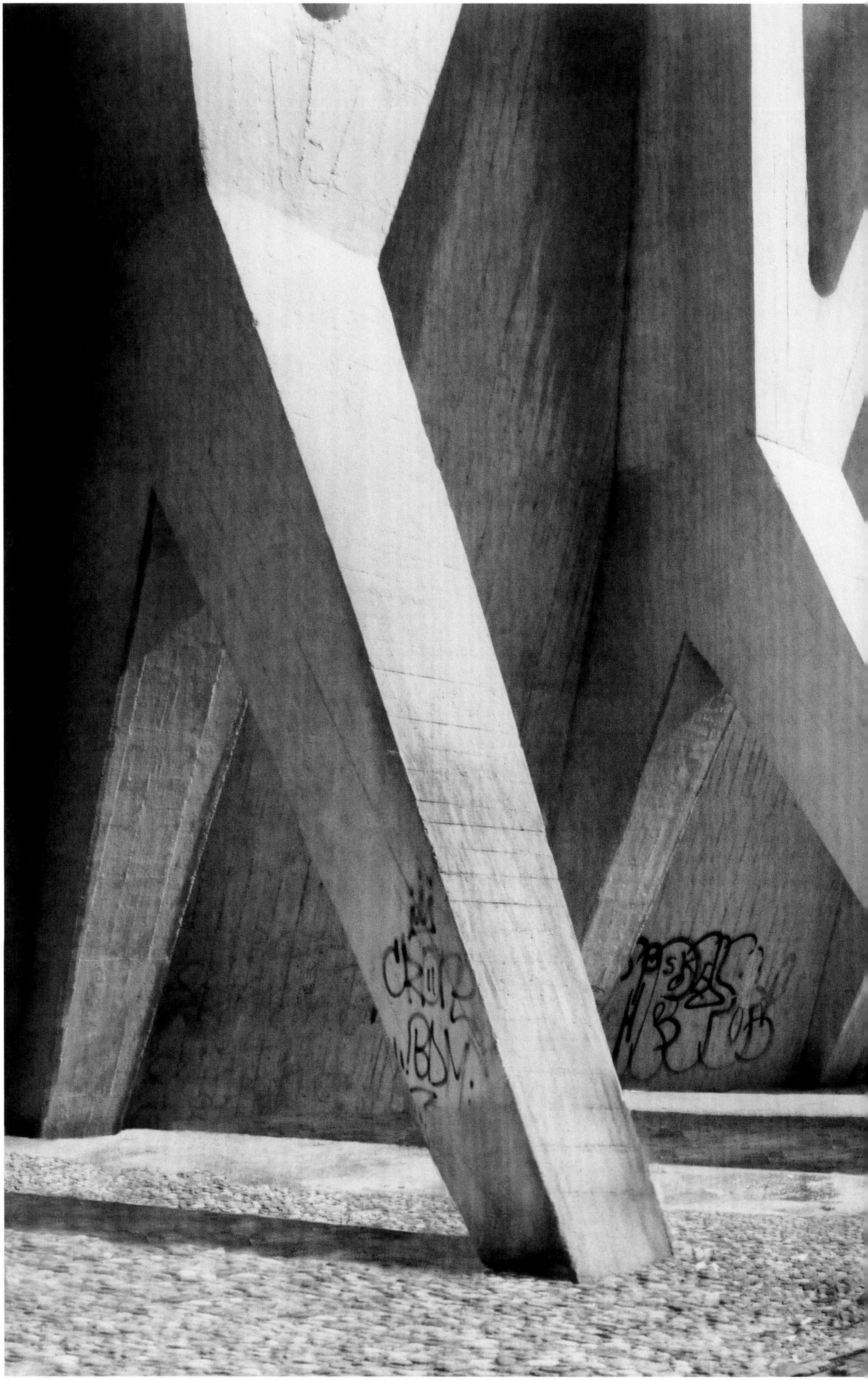

Centro de Exposições
Zagreb
Croácia

German Fair Hall
Zagreb
Croacia

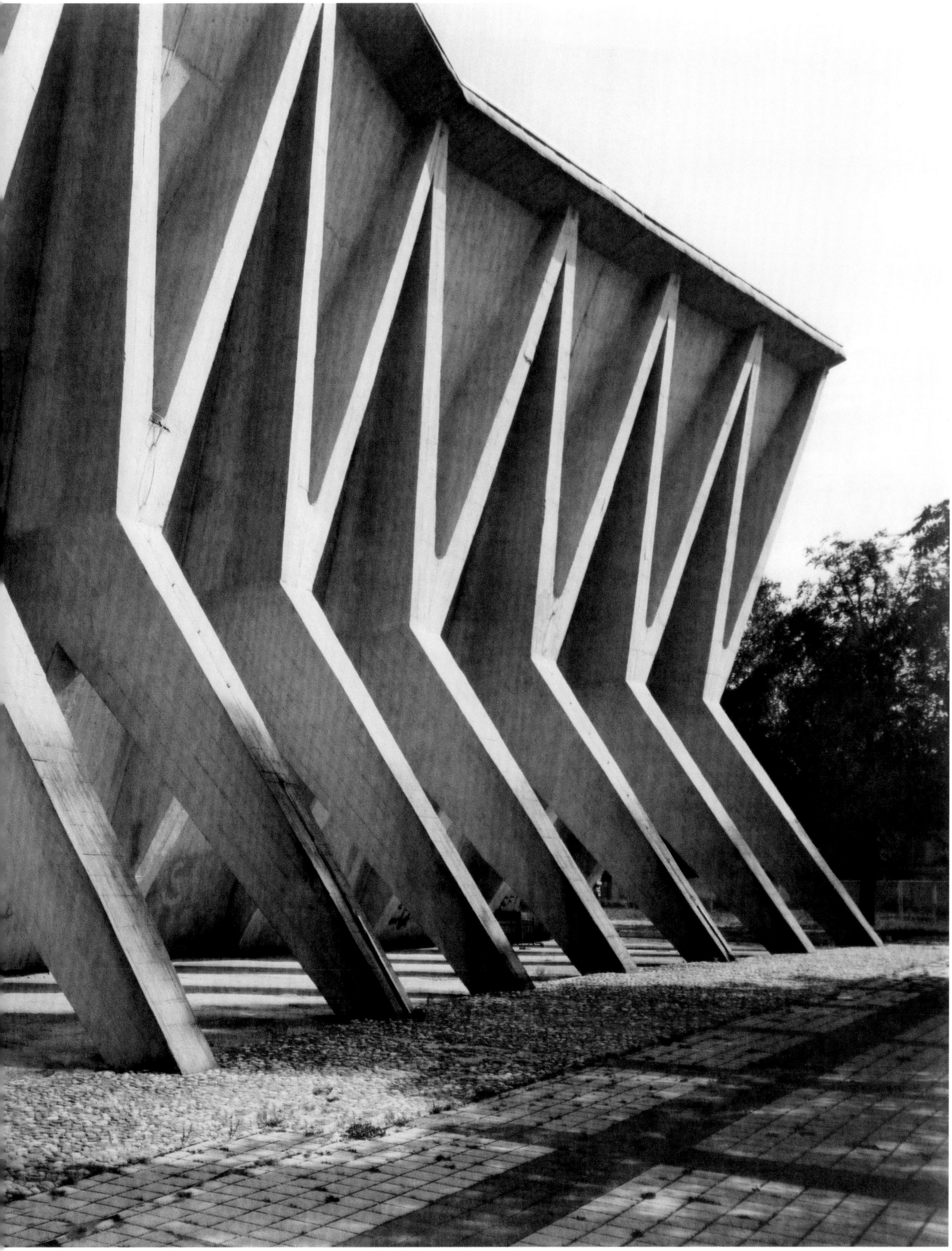

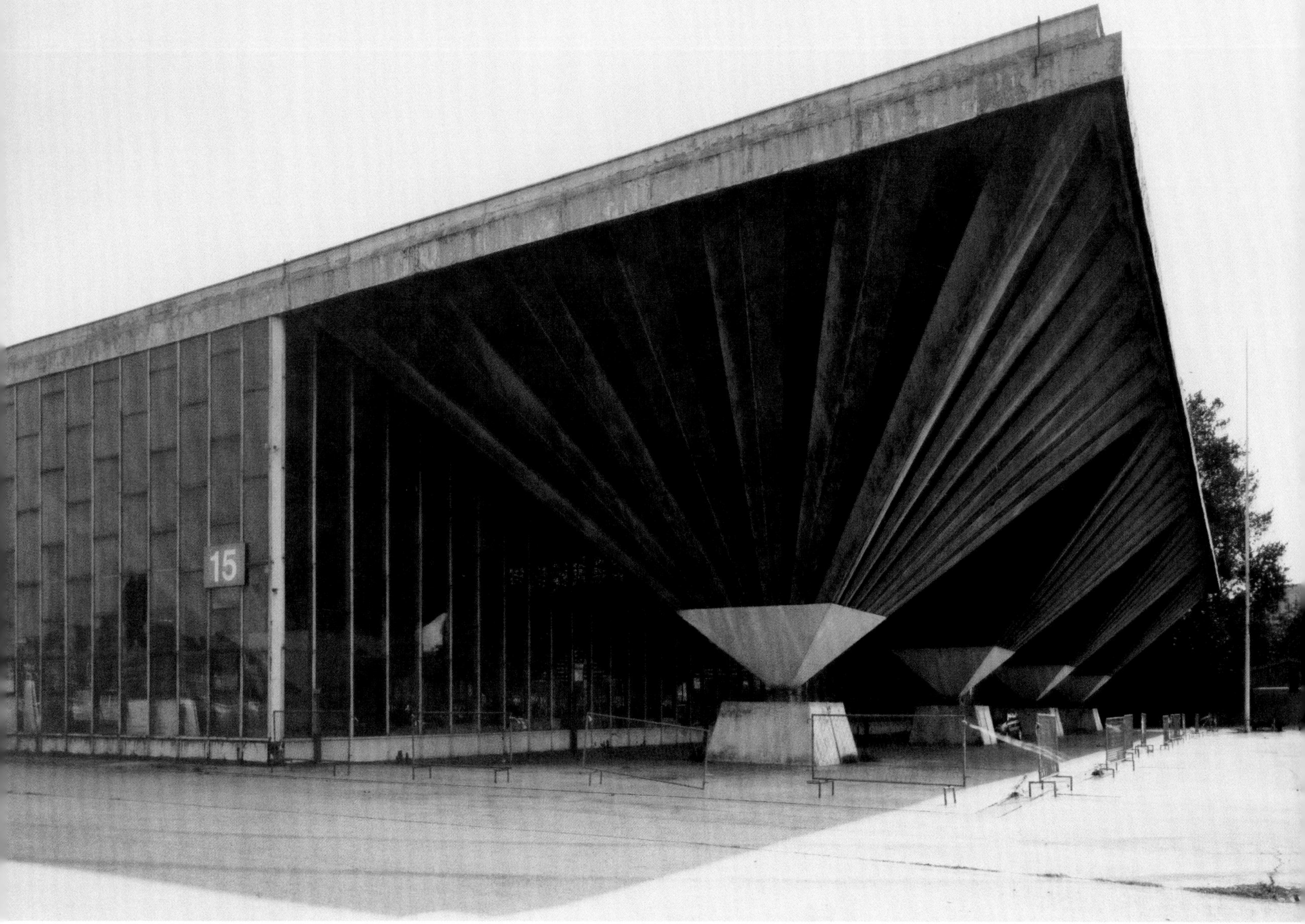

Pavilhão Italiano 25

Zagreb

Croácia

Italian Pavillion 25

Zagreb

Croacia

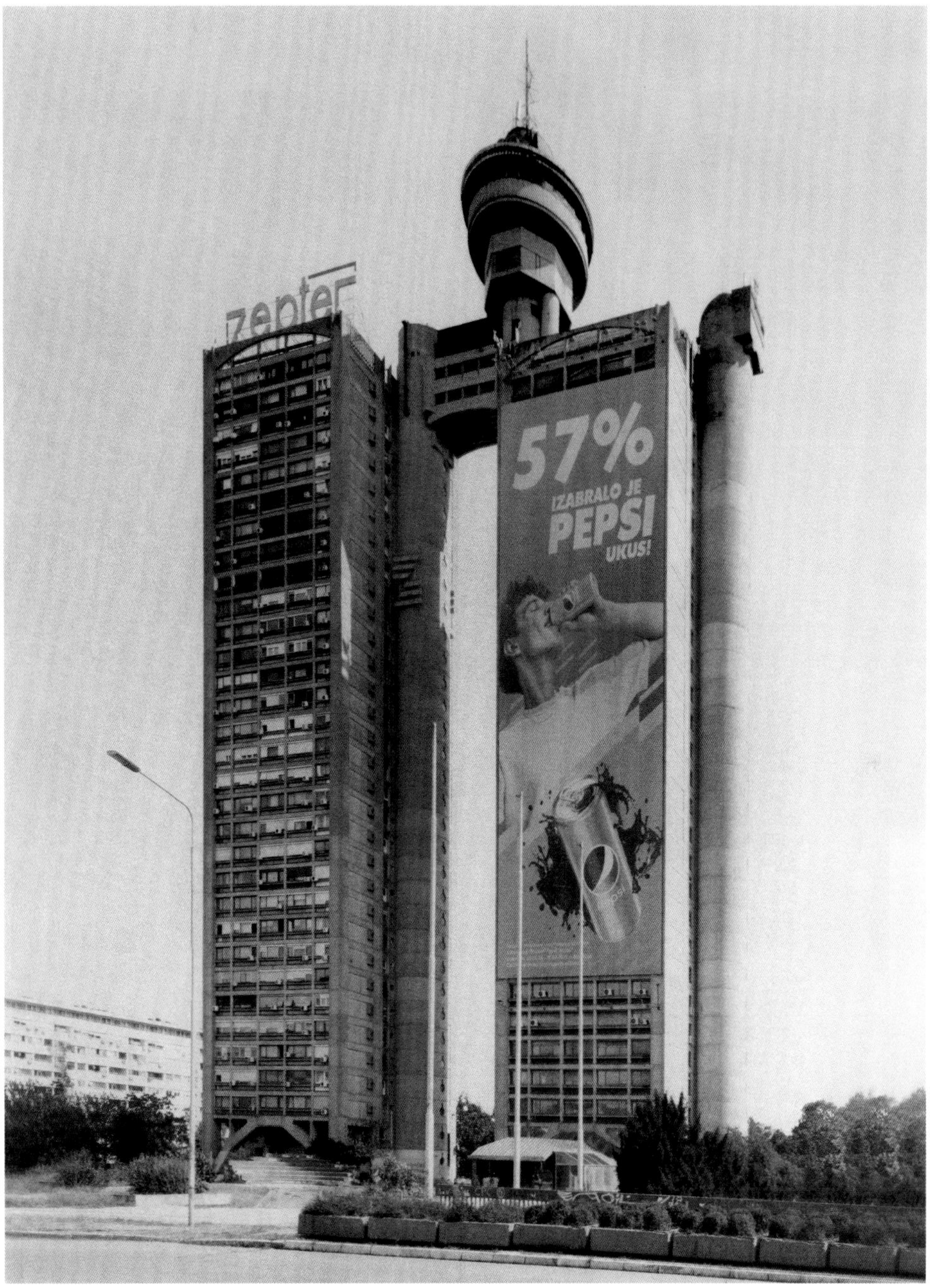

Edifício Zepter

Belgrado

Sérvia

Zepter Building

Belgrade

Serbia

As imagens desta série mostram algo que não podemos ver com os nossos olhos. O material, que é sensível a diferentes raios do espetro luminoso como o olho humano, mostra imagens a preto e branco de aspeto dramático que escapam à perceção humana. Embora as imagens mostrem um céu cinzento e desfocado, é possível notar sombras fortes, que denunciam o sol brilhante quando a fotografia foi tirada.

Durante 20 anos, levei a máquina fotográfica nas minhas viagens pela Europa, Ásia e África. Ao redor do maciço de Annapurna, numa viagem de três semanas pelo Thorong La, um desfiladeiro de montanha, a câmara foi transportada pelo nosso sherpa, quase sempre de chinelos.

The pictures of this series show something what we can not see with our eyes. The material, which is sensible for different rays out of the light spectrum as the human eye, show black and white pictures of dramatic appearance that escape human perception. Although the images show a grey blurry sky you can notice strong shadows, which prove that there was bright sunshine when the photo was taken.

Over 20 years I took the camera on my travels to Europe, Asia and Africa. Around the Annapurna massif on a three week tour over the Thorong La, a mountain pass, the camera was carried by our sherpa, mostly in flip flops.

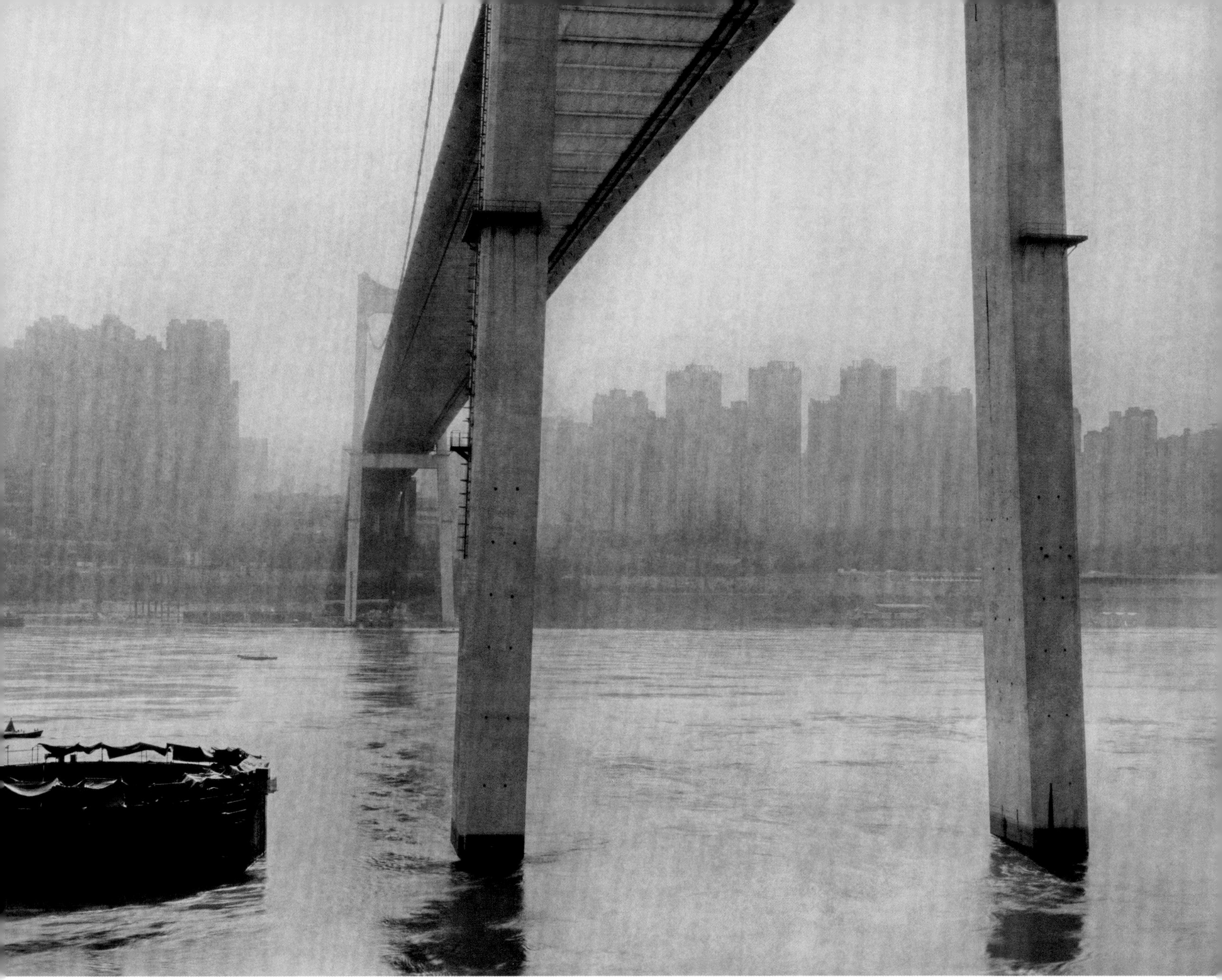

Yangtzé

Chongqing

China

Yangtze

Chongqing

China

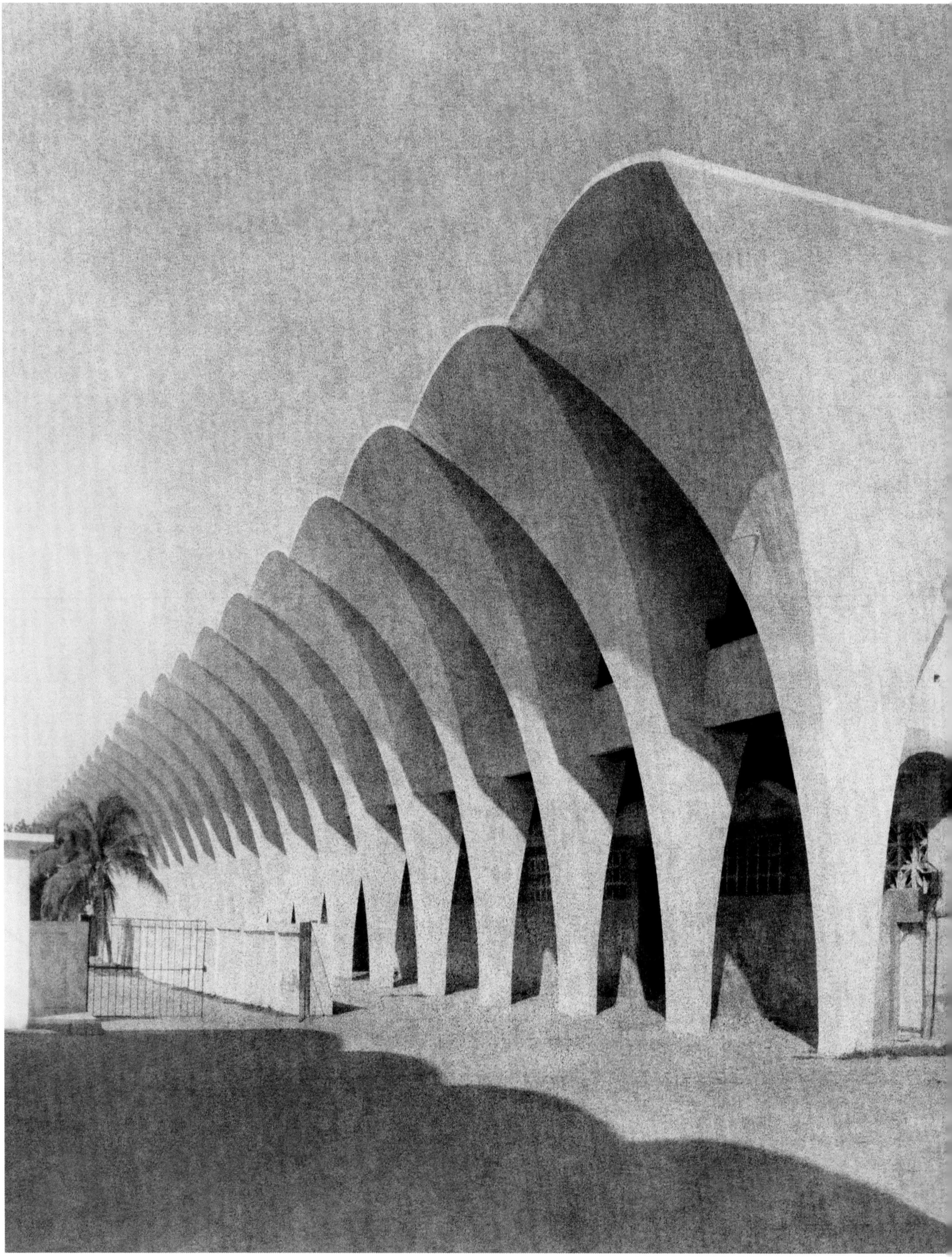

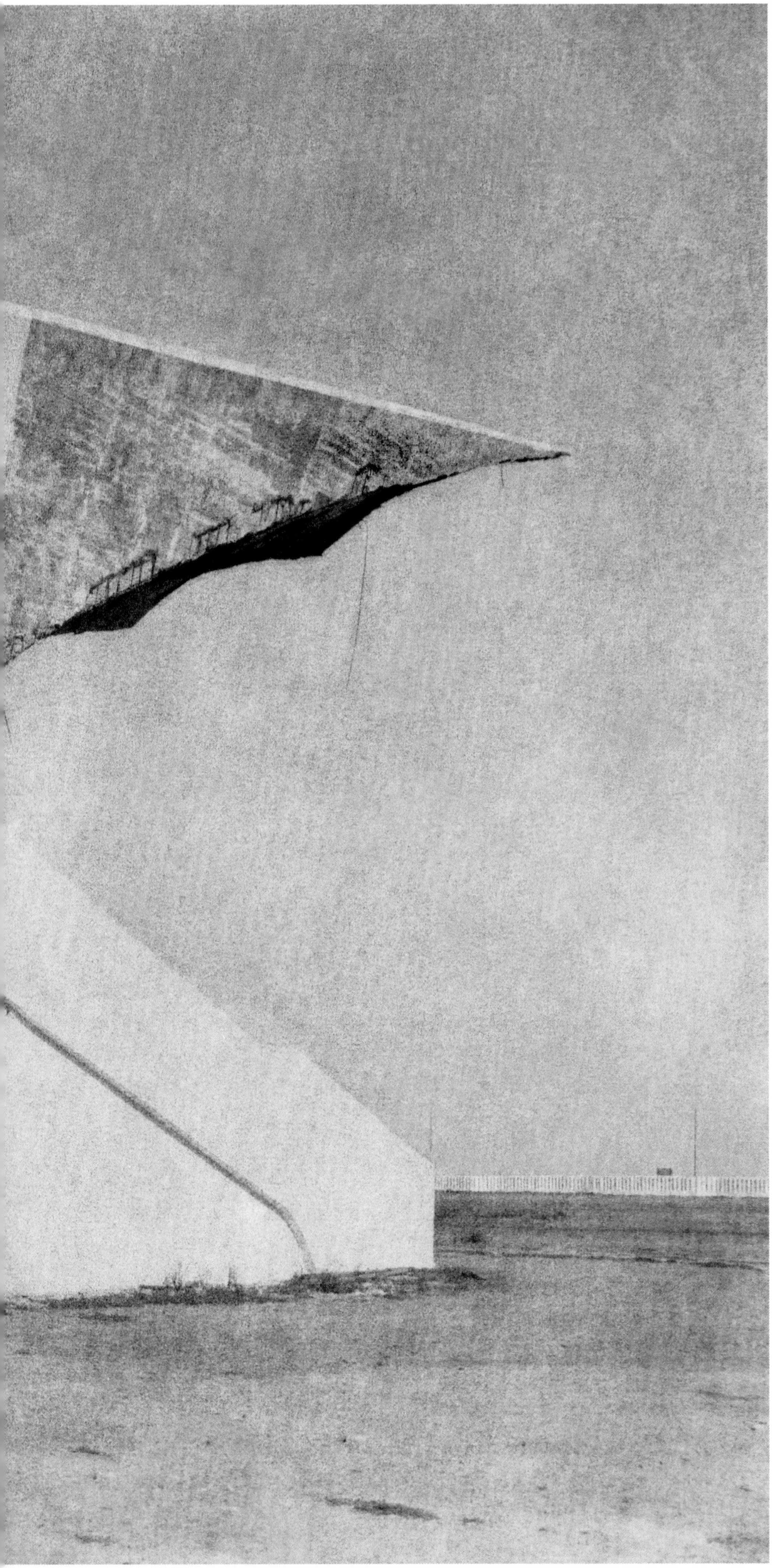

Estádio José Marti
Havana
Cuba

José Marti Stadium
Havana
Cuba

Como a câmara de madeira se tornou demasiado pesada, utilizo agora a minha câmara de grande formato Sinar Norma 5x7 (13x18cm) quando viajo para África, China ou Croácia.

Mesmo depois de muitos anos, continuo entusiasmado porque nunca sei exatamente como serão as fotografias deste procedimento, se veremos as montanhas ao fundo, se o mar e o céu se separarão no horizonte ou se o lado oposto do rio parecerá claro.

Because the wooden camera became too heavy, I now use my 5x7 (13x18cm) Sinar Norma large format camera when travelling to Africa, China or Croatia.

Even after many years I'm still exited because I never know exactly how the pictures in this procedure will look like, if we will see the mountains in the background, if the sea and the sky will separate at the horizon or if the opposite side of the river will appear clear.

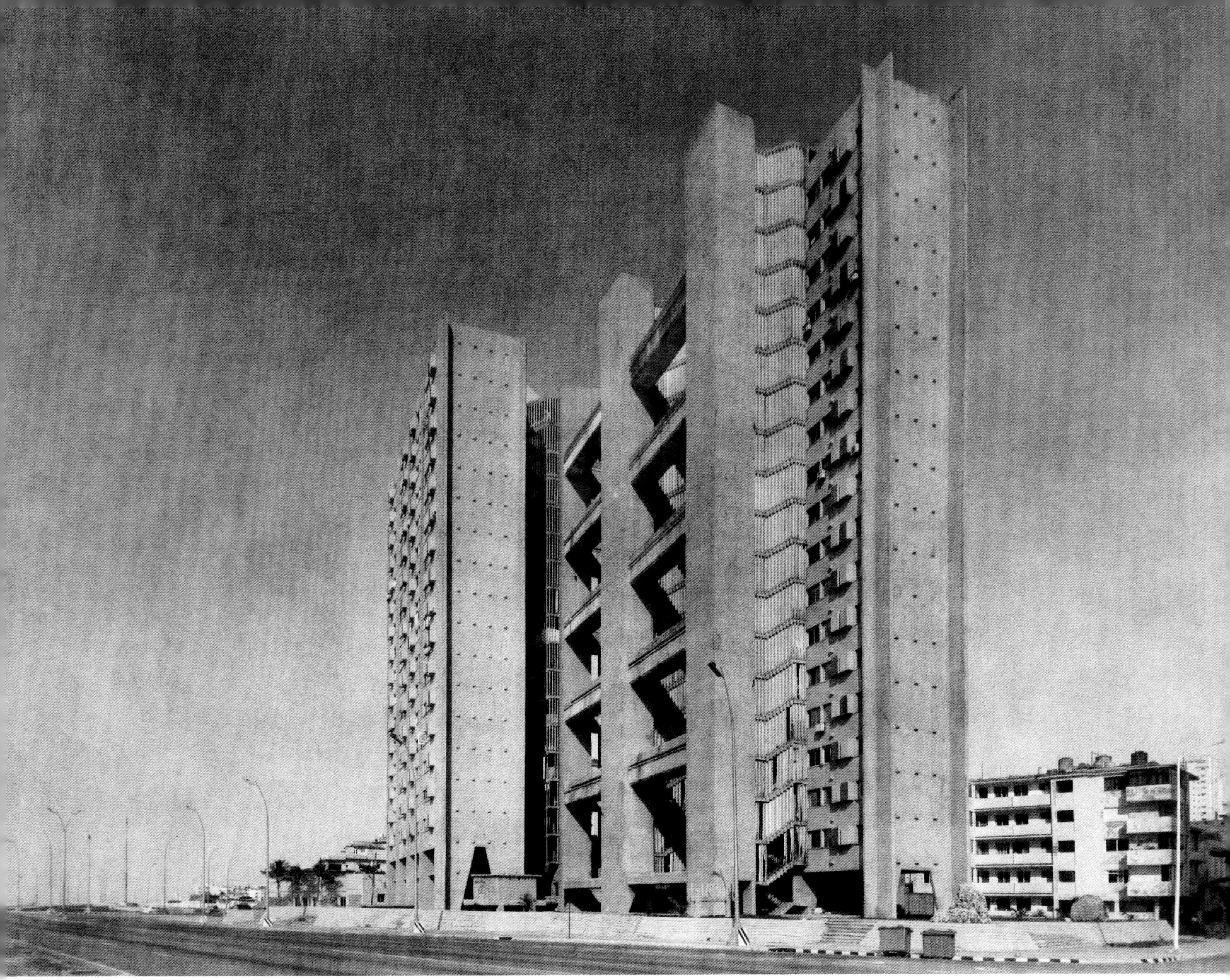

Edifício Giron

Havana

Cuba

Giron Building

Havana

Cuba

Better Days 2017-2023

Seunggu Kim

Coreia do Sul
South Korea

A Coreia desenvolveu-se rapidamente ao longo de 40 anos, o que provocou uma série de consequências sociais. Uma delas são os longos horários de trabalho com um período de descanso muito curto. Durante as férias, os coreanos dão o seu melhor para as gozar, mas devido à falta de tempo para viajar, passam o tempo sobretudo na cidade. Dou um passo atrás e observo vários espaços de lazer e pessoas, enquadro-os lentamente e espero que as situações complexas se equilibrem. O 'estilo de vida acelerado' e a 'confiança baseada na comunidade' revelados neste trabalho mostram que os coreanos se adaptam a qualquer situação, divertem-se em conjunto e lutam pela 'coexistência'.

Korea has developed rapidly over 40 years, which caused a lot of social consequences. One of which is long working hours with a very short period of break. During holidays, Koreans try their best to enjoy it, but due to lack of time to travel, they spend time mostly around the city. I take a step back and observe various leisure spaces and people, slowly frame them, and wait for complex situations to balance. Koreans 'fast pace lifestyle', and 'community-based trust', revealed in this work show Koreans adapting to any situation, enjoying themselves together, and striving for 'coexistence'.

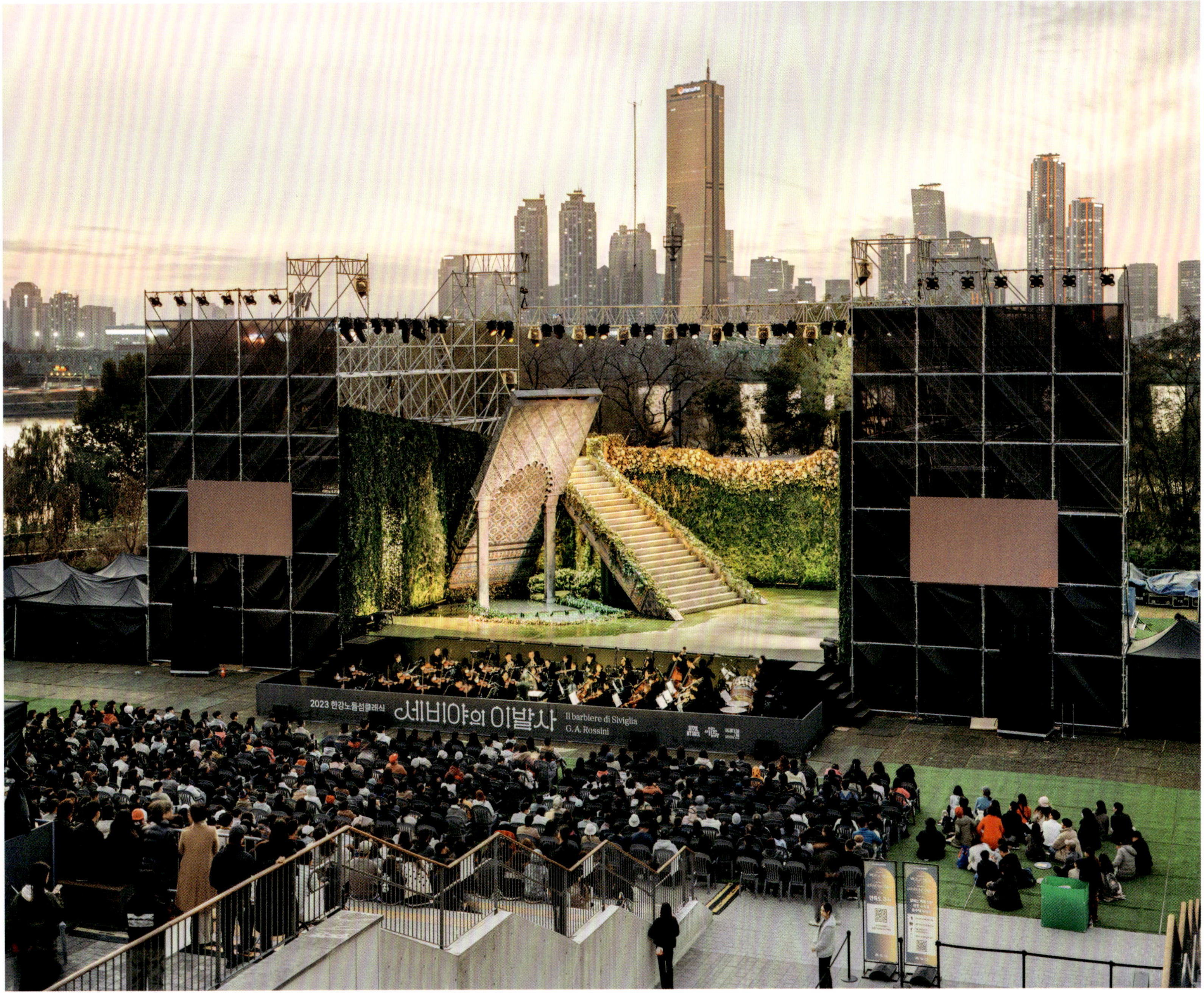

O Barbeiro de Sevilha - Seul

O palco relvado da ilha de Noddle acolhe todos os anos uma variedade de espectáculos. No outono de 2023, realizou-se um espetáculo de O Barbeiro de Sevilha, um clássico da ópera cómica, sob o tema 'clássicos intemporais', e eu instalei uma câmara em frente ao miradouro e filmei de um escadote durante muito tempo, antes de me virar e receber muitos olhares da multidão.

The Barber of Seville - Seoul

The lawn stage on Noddle Island hosts a variety of performances each year. In autumn 2023, a performance of The Barber of Seville, a comic opera classic, was held under the theme of 'timeless classics', and I set up a camera in front of the observation deck and filmed from a ladder for a long time before turning around and receiving a lot of glares from the crowd.

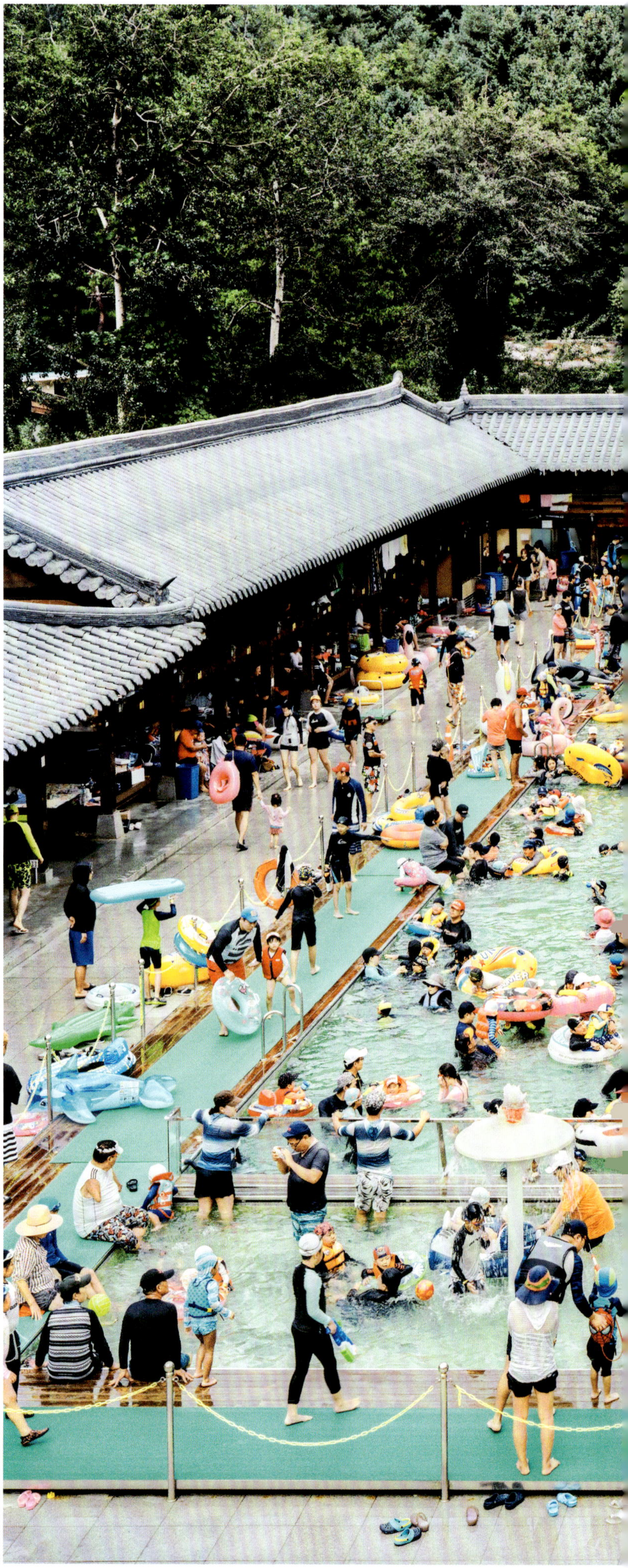

Piscina Hanok - Yangju

Esta piscina, com um pavimento de pedra de jade e água do mar mineral ecológica para manter uma elevada qualidade da água, faz parte de uma estância de 15 000 metros quadrados com a temática hanok tradicional coreana. Os visitantes vêm aqui para relaxar e desfrutar da liberdade do espaço pitoresco, que se assemelha a uma floresta tranquila.

Hanok Swimming Pool - Yangju

This pool, with a jade stone floor and eco-friendly mineral seawater to maintain a high water quality, is part of a 15,000-square-metre traditional Korean hanok-themed resort. Visitors come here to relax and enjoy the freedom of the quaint space, which resembles a tranquil forest.

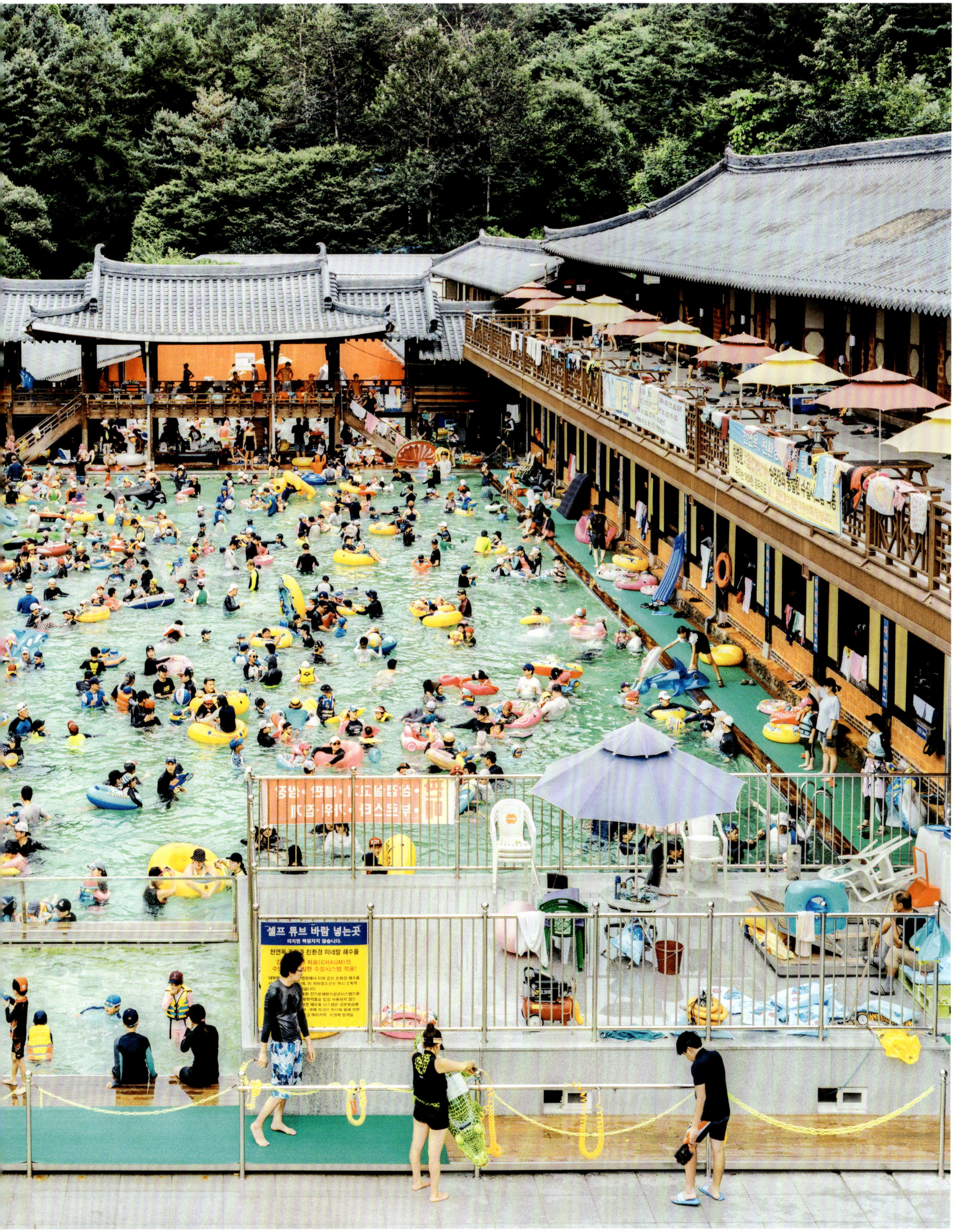
"셀프 튜브 바람 넣는곳
터지면 책임지지 않습니다.

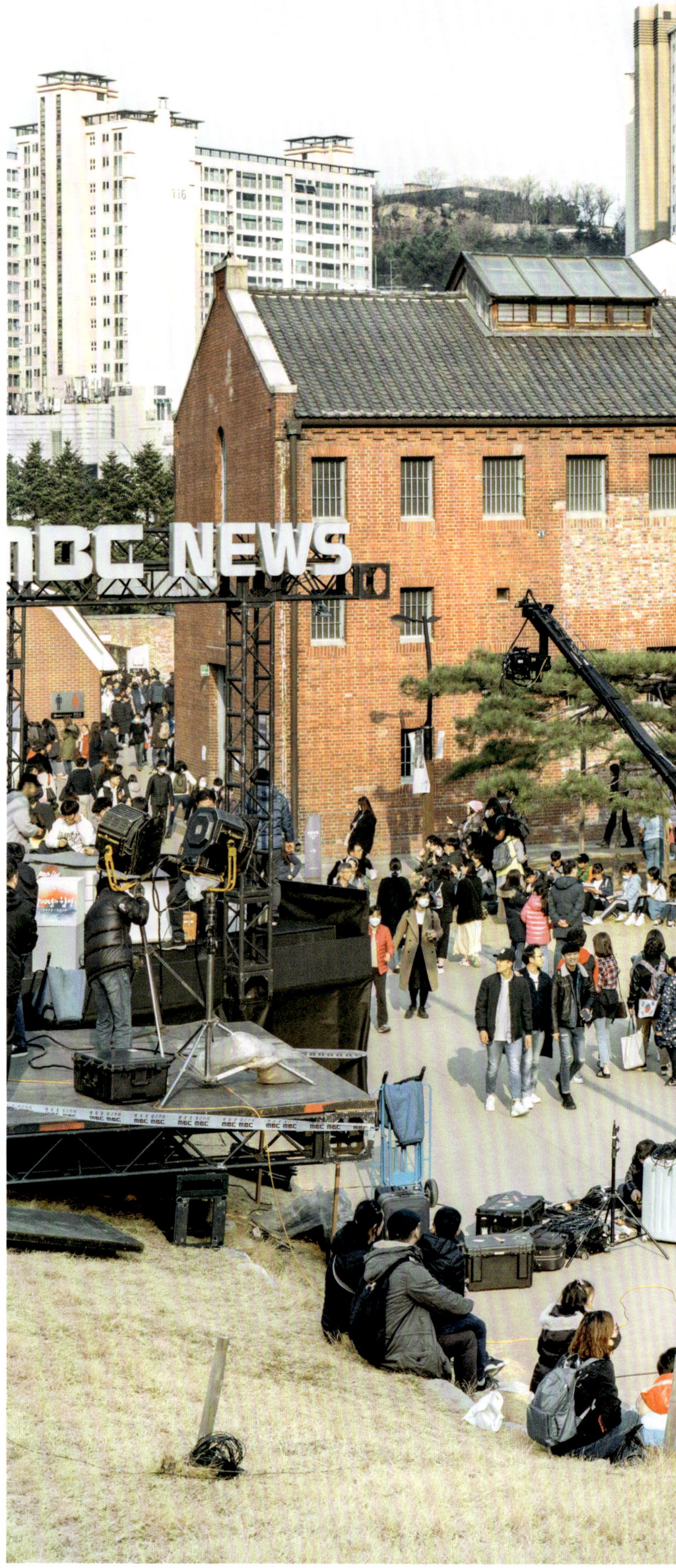

A Prisão de Seodaemun 2 - Seul

O dia 1 de março é um feriado nacional que comemora o dia em que o povo coreano se rebelou contra o domínio colonial japonês e anunciou as suas intenções de independência ao mundo, emitindo a Declaração de Independência. Em 2019, o 100.º aniversário do evento atraiu grandes multidões à prisão de Seodaemun, onde os activistas da independência foram encarcerados. Mesmo depois de todos esses anos, ainda é assustador ver a câmara da morte.

Seodaemun Prison 2- Seoul

March 1st is a national holiday commemorating the day when the Korean people rebelled against Japanese colonial rule and announced their intentions of independence to the world by issuing the Declaration of Independence. In 2019, the 100th anniversary of the event drew large crowds to Seodaemun Prison, where the independence activists were imprisoned. Even after all these years, it's still haunting to see the death chamber.

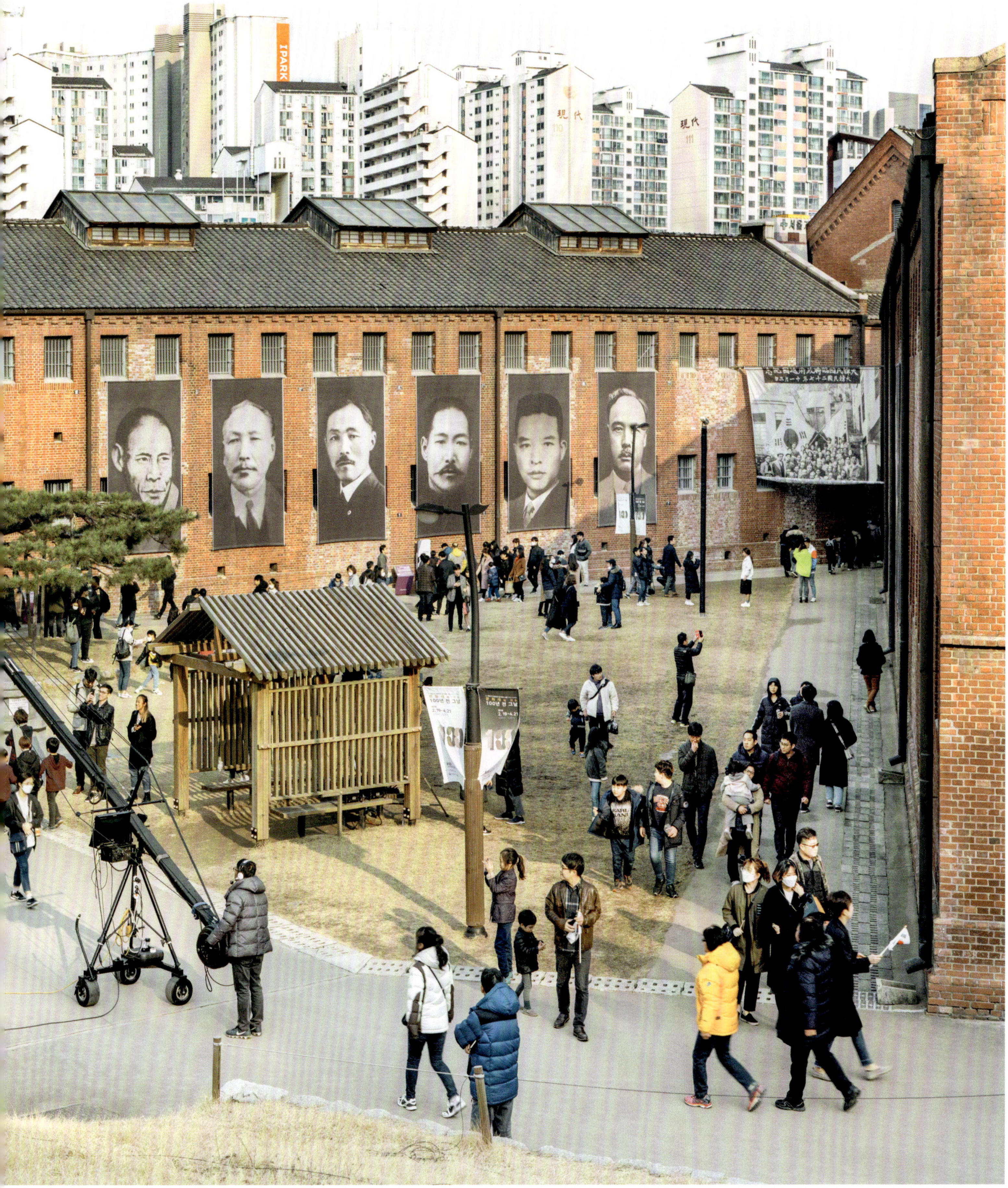
IPARK
現代
現代

Festival Festival da Azálea Real - Gunpo

Um pequeno palco montado no recinto do festival acolheu várias actuações. Estas incluíram coros e orquestras infantis, actores de teatro musical e cantores famosos, a equipa vencedora do Concurso Mundial de B-boying e rappers adolescentes. Para além dos espectáculos, houve vários programas lúdicos, stands de experiências e bancas de comida.

Royal Azalea Festival - Gunpo

A small stage set up on the festival grounds hosted various performances. These included children's choirs and orchestras, musical theatre actors and famous singers, the winning team of the World B-boying Competition, and teenage rappers. In addition to the performances, there were various play programs, experience booths, and food stalls.

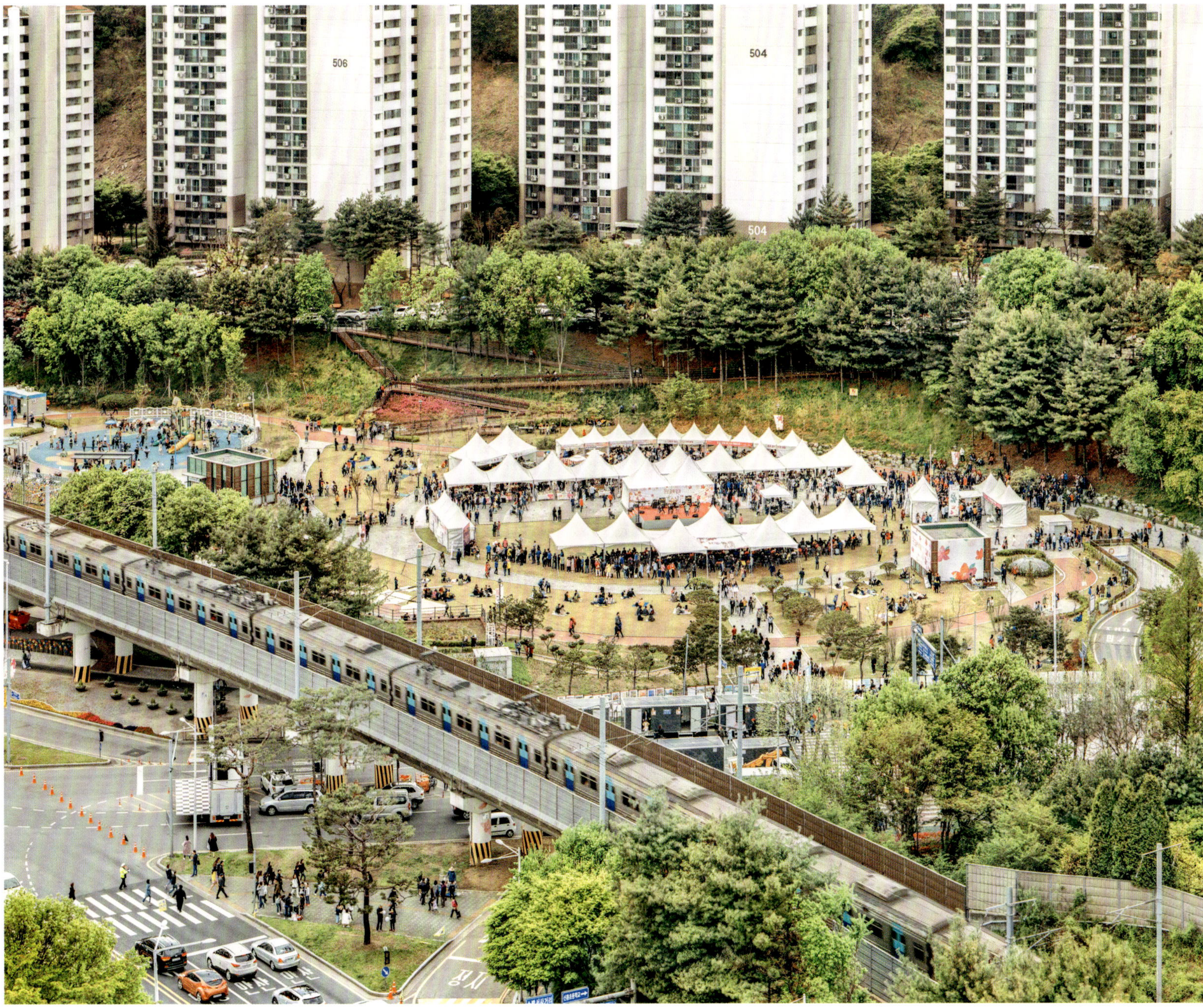
506
504
504

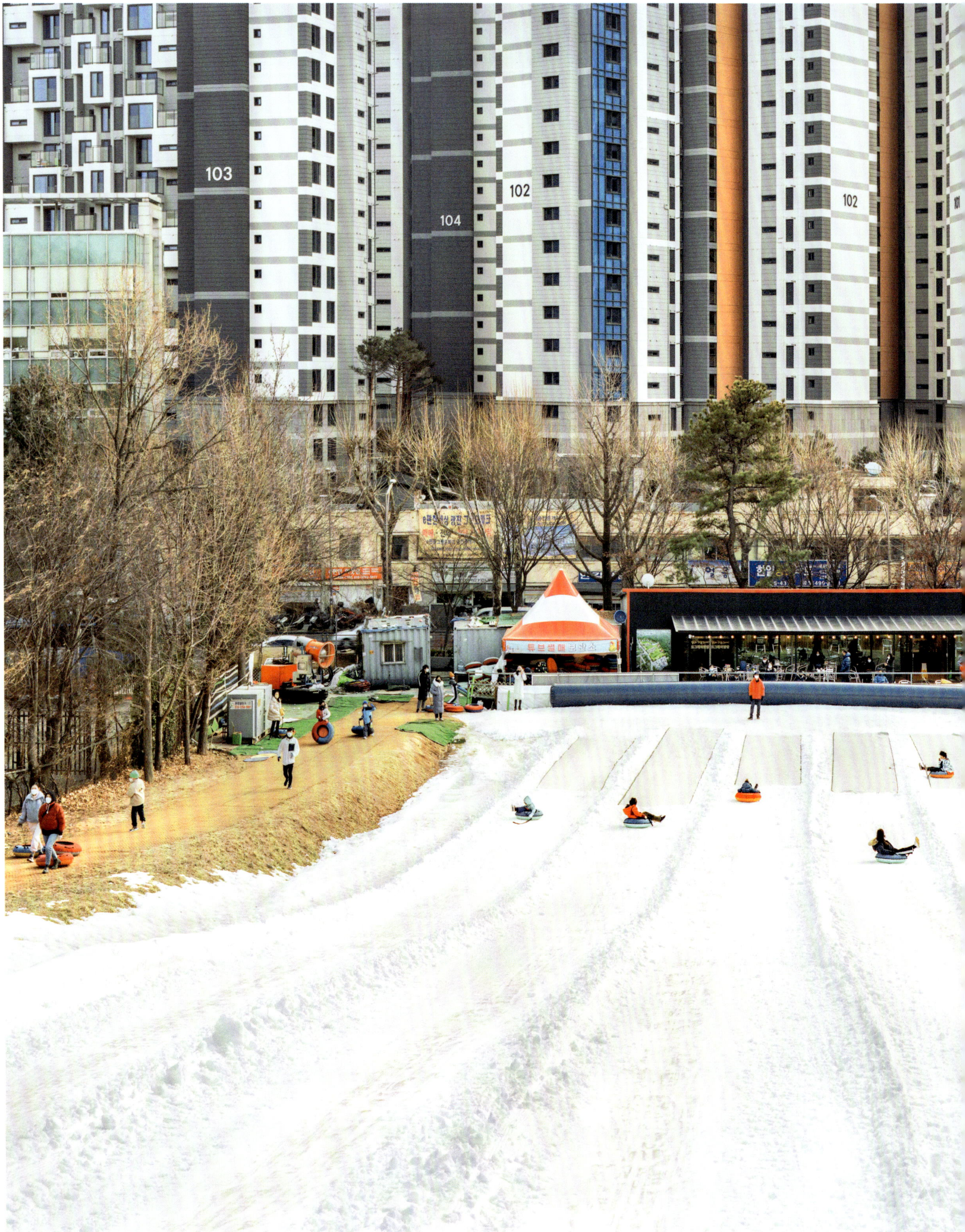
103
104
102
102

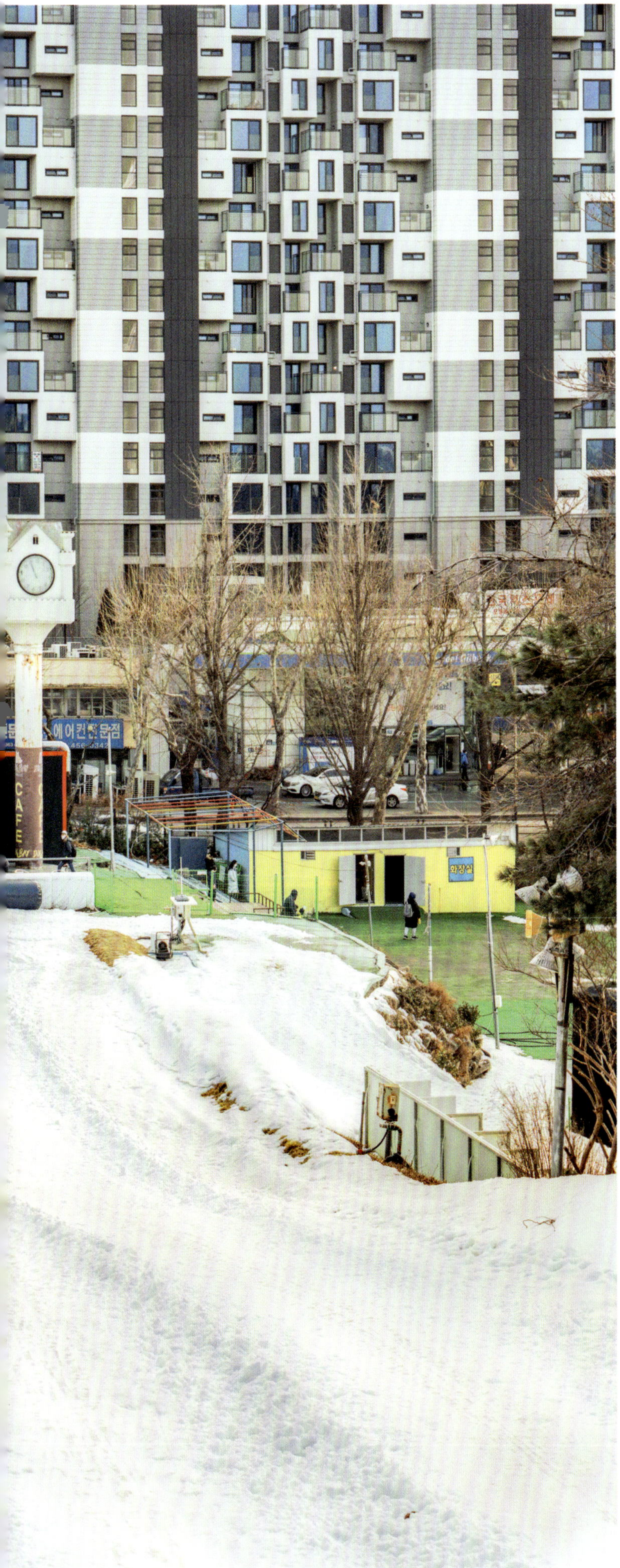

Centro Infantil - Seul

O Centro Infantil foi criado em Namsan na década de 1950 e mudou-se para Active em 1974. A colina de trenós está ativa todos os Invernos, mas a piscina exterior está desactualizada e foi reutilizada como piscina para cães desde 2020. As antigas instalações contrastam com o novo complexo de apartamentos.

Children's Center - Seoul

The Children's Centre was established in Namsan in the 1950s and moved to Active in 1974. The sledding hill is active every winter, but the outdoor swimming pool is outdated and has been repurposed as a dog pool since 2020. The old facilities contrast with the new apartment complex.

For Sale 2021-2024

Ricardo Nunes

Alemanha
Germany

Consideremos estes factos: Portugal construiu uma média de 80.000 casas por ano entre 1986 e 2007, o que equivale a uma casa em cada cinco minutos. Depois de Espanha, Portugal é o país com mais casas vazias na Europa. Atualmente, Portugal, que tem 10 milhões de habitantes, tem dois milhões de casas a mais, das quais 730 mil estão completamente vazias (em 2011) e as restantes são segundas habitações.

O boom imobiliário começou nos anos 2000, altura em que se assistiu a uma espécie de 'corrida ao ouro'. O país parece preparar-se para um crescimento inesperado, mas enorme, da população. Lotes de terreno e casas foram comprados, vendidos ou trocados como num frenesim, ou como o meu pai gosta de dizer: "Costumava-se livrar de tudo".

Consider these facts: Portugal has built an average of 80,000 houses a year between 1986 and 2007, which is equivalent to one house every five minutes. After Spain, Portugal is the country with the most vacant houses in Europe. Today, Portugal, which has a population of 10 million, has two million houses too many, of which 730,000 homes are completely empty (as of 2011), the rest are second homes.

The real estate boom began in the 2000s, during which time there was a kind of 'gold rush'. The country seems to prepare for an unexpected, but enormous population growth. Plots of land and houses were bought, sold or exchanged as if in a frenzy, or as my father likes to say: "You used to get rid of everything."

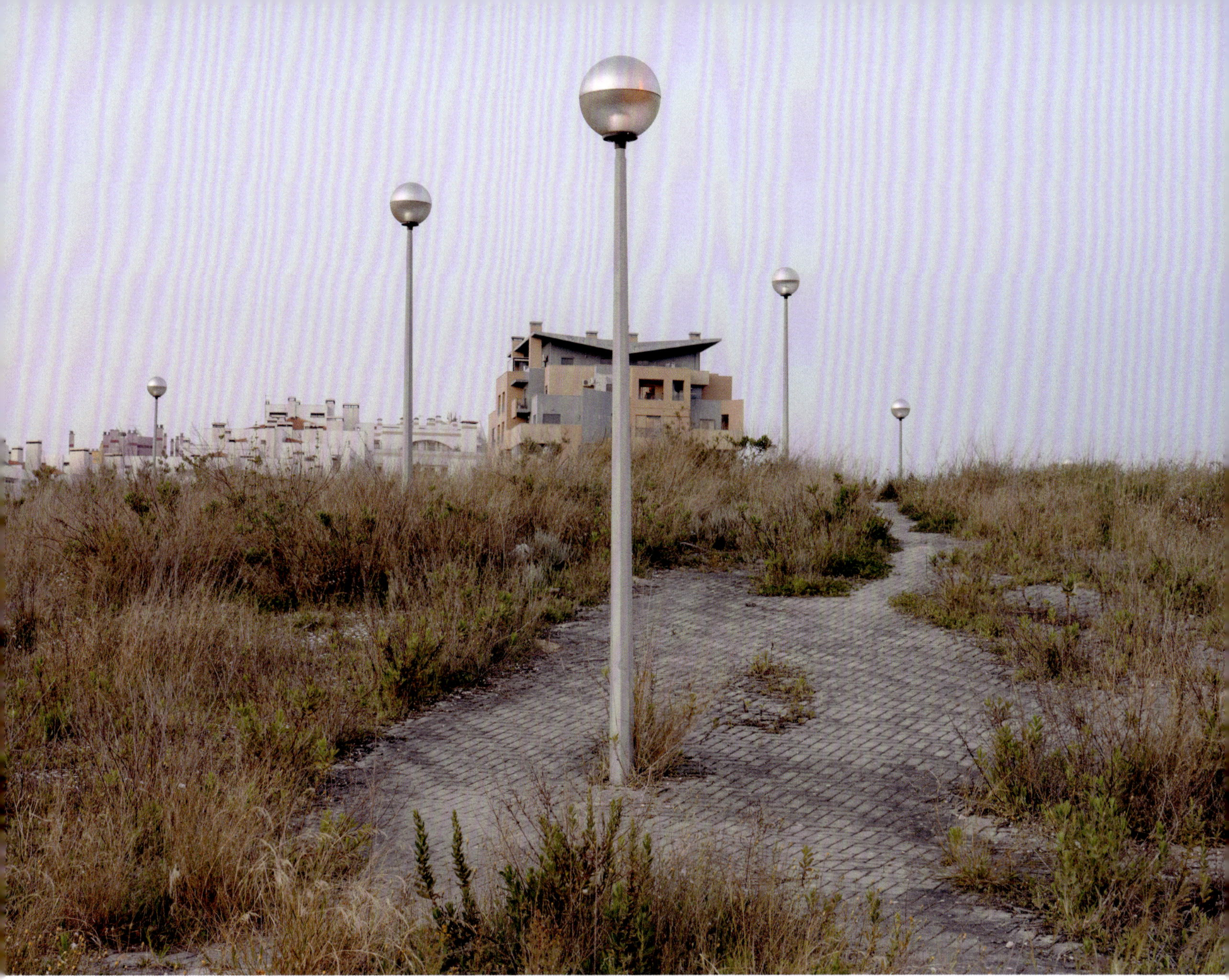

Santarém, Portugal

Bairros inteiros foram planeados e implementados com antecedência, paisagens de ruas com parques de estacionamento, sinalização e lanternas foram plantadas como árvores. A crise financeira mundial de 2008 fez com que tudo parasse de um momento para o outro e revelou o imenso excesso de produção de casas. Estes bairros planeados, muitas vezes construídos à volta das cidades, ainda estão frequentemente ligados à rede pública de água e eletricidade e estão à venda mesmo agora. Os comerciantes imobiliários que anunciam estes lotes de terreno com uma fotografia pessoal são os primeiros e os últimos habitantes destes bairros que nunca foram bairros planeados.

Entire neighbourhoods were planned and implemented in advance, streetscapes with car parks, signage and lanterns were planted like trees. The global financial crisis in 2008 brought everything to a standstill from one moment to the next and revealed the immense overproduction of homes. These planned neighbourhoods, often constructed around the cities, are often still connected to the public water and electricity grid and are for sale even now. The real estate marketeers who advertise these plots of land with a personal picture, are the first and last inhabitants of these settlements that were never planned settlements.

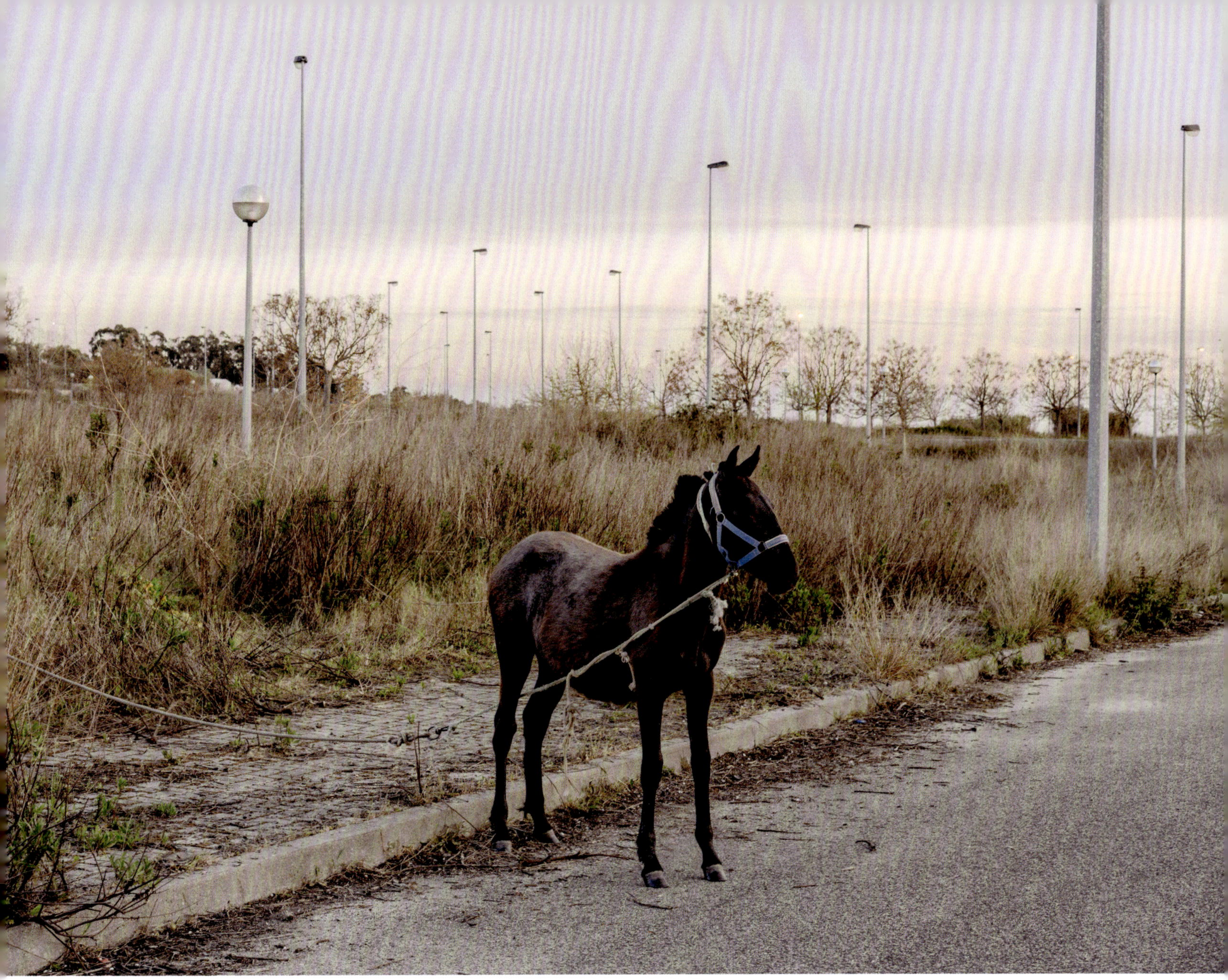

Entroncamento, Portugal

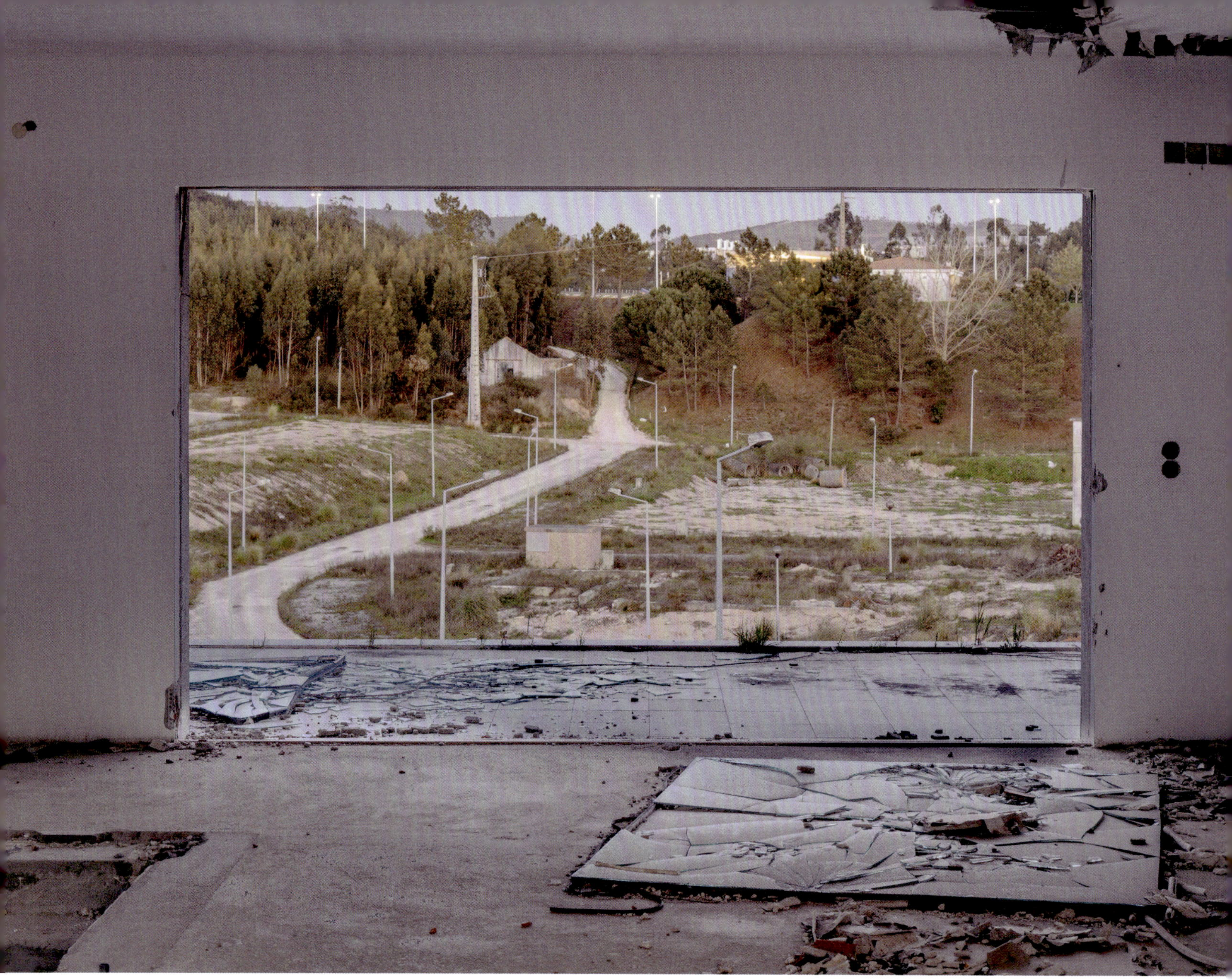

Torres Vedras, Portugal

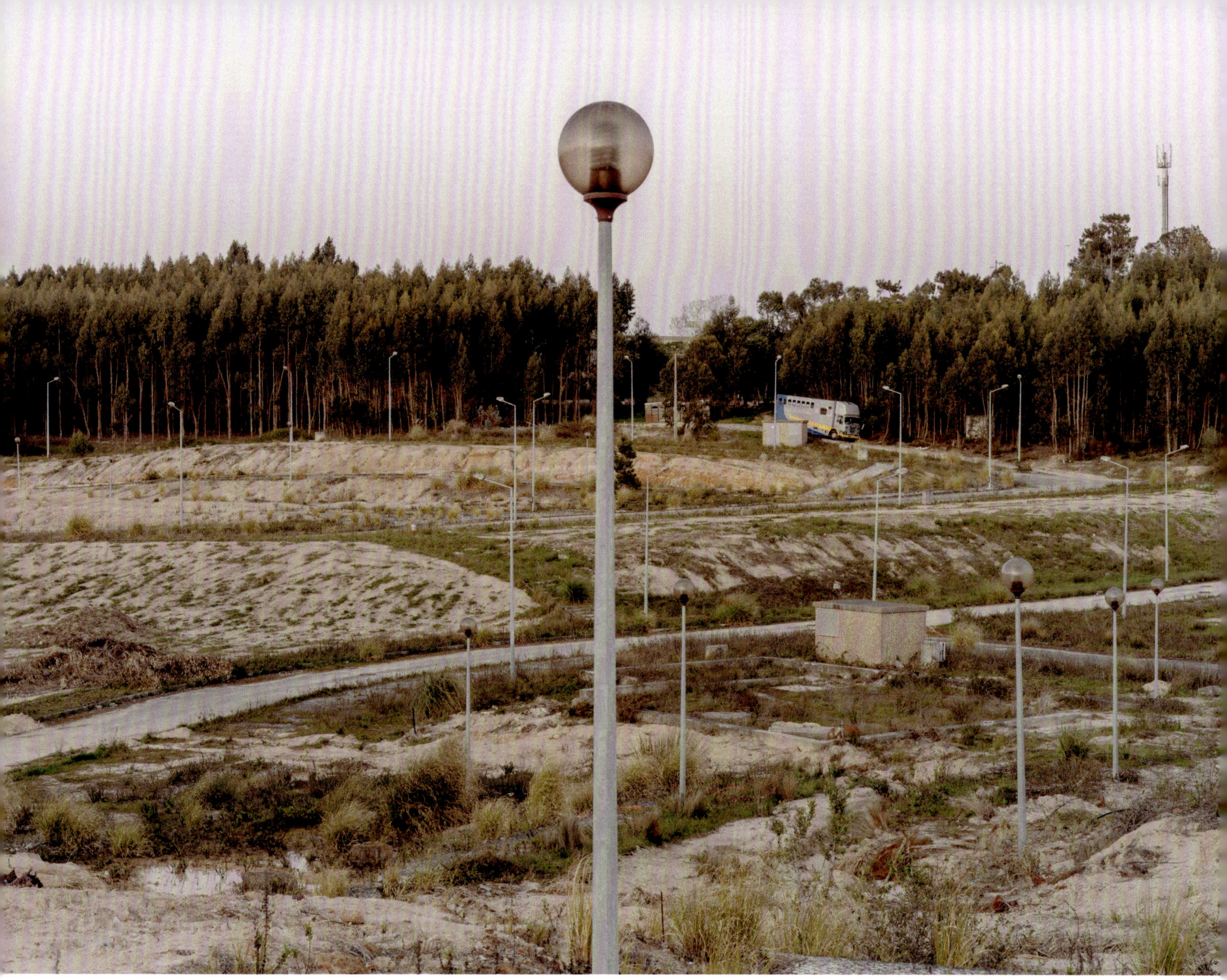

Torres Vedras, Portugal

Portugal está repleto de bairros assim, que se transformaram em parques urbanos selvagens. Estas casas nunca foram concebidas para servir de habitação aos seus habitantes, mas sim como meros objetos de investimento.

Portugal is littered with such neighbourhoods, which have become wild urban parklands. These unbuilt houses were never meant to be a home for its inhabitants but were from the beginning purely investment objects.

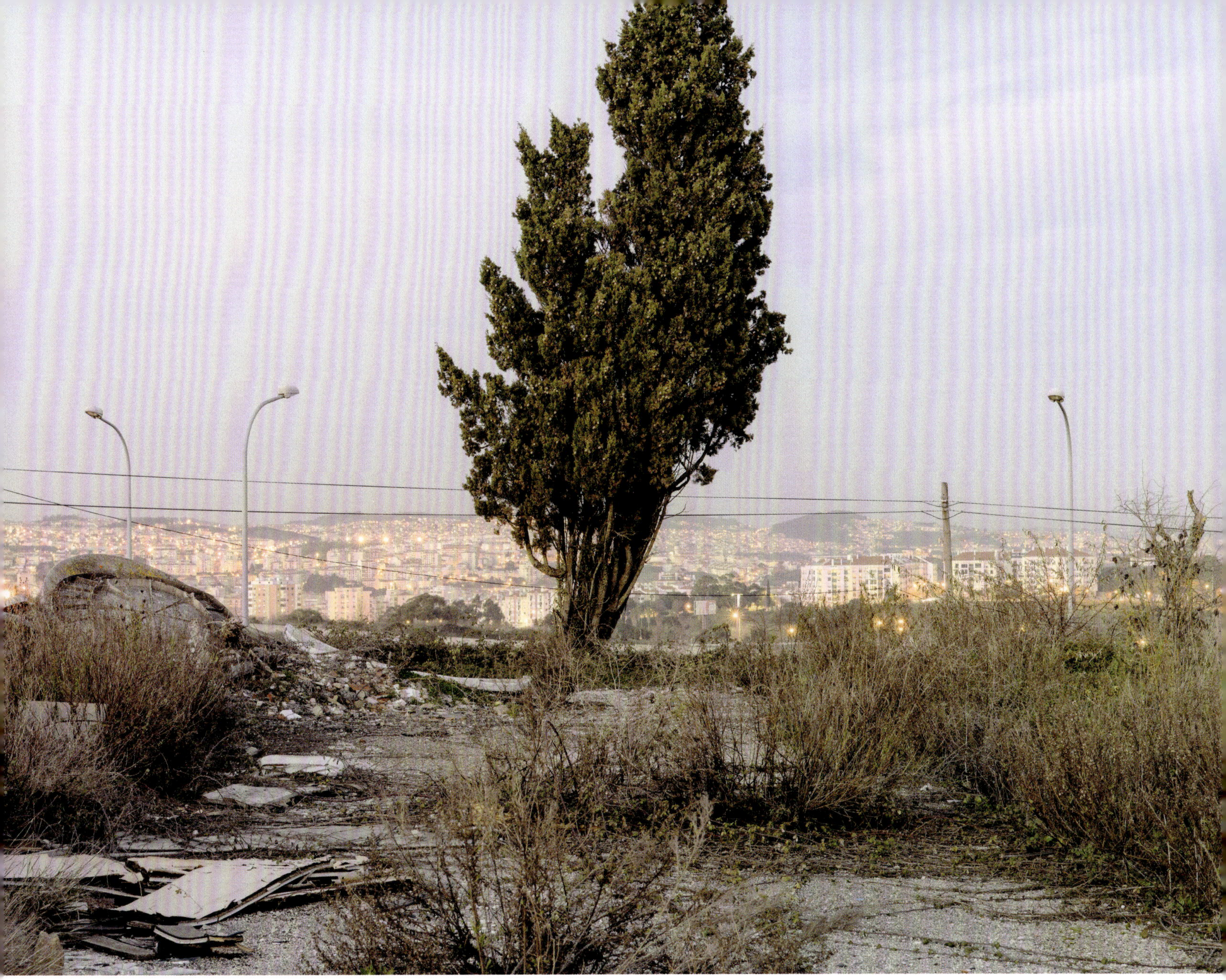

Amadora, Portugal

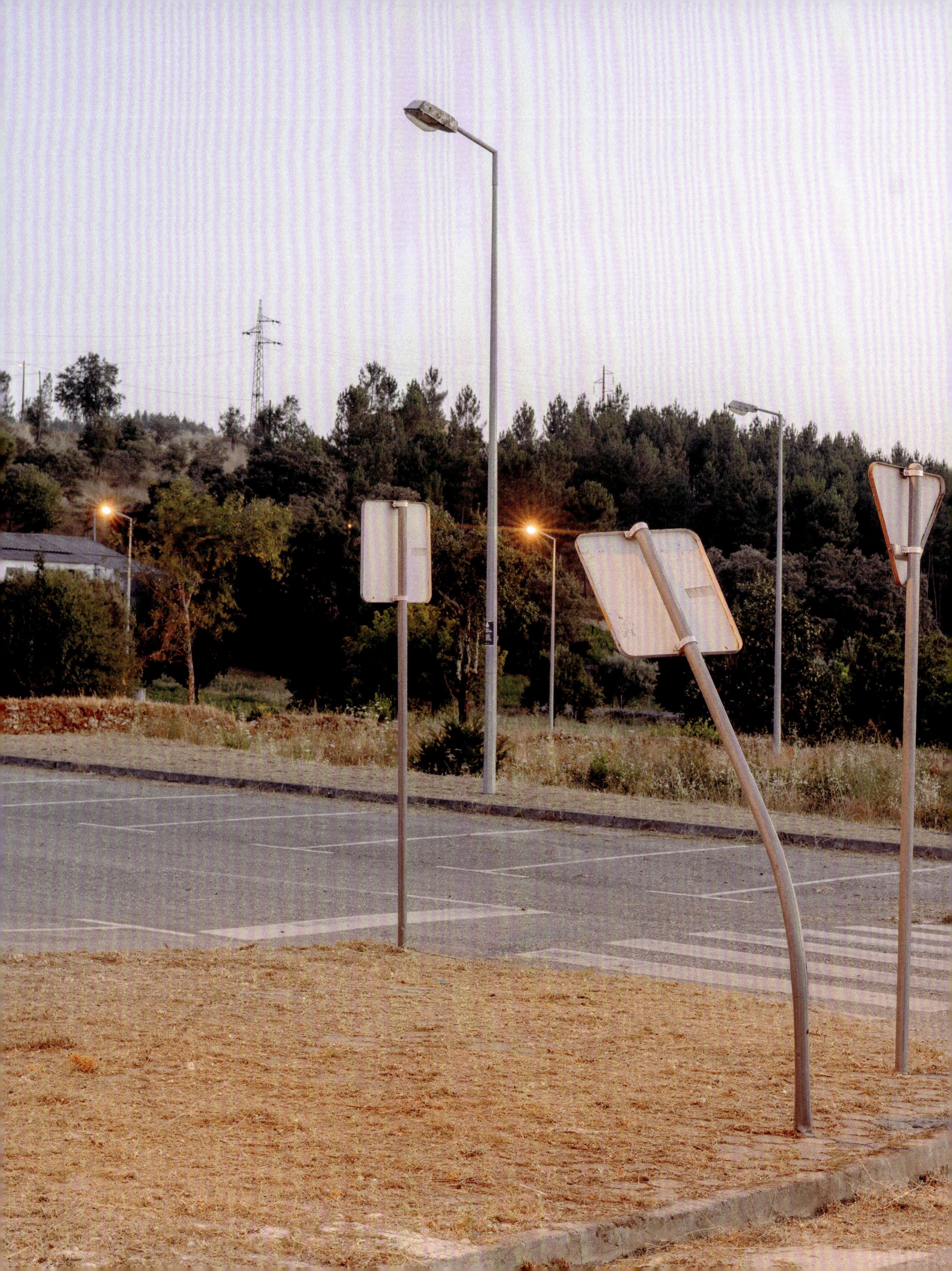

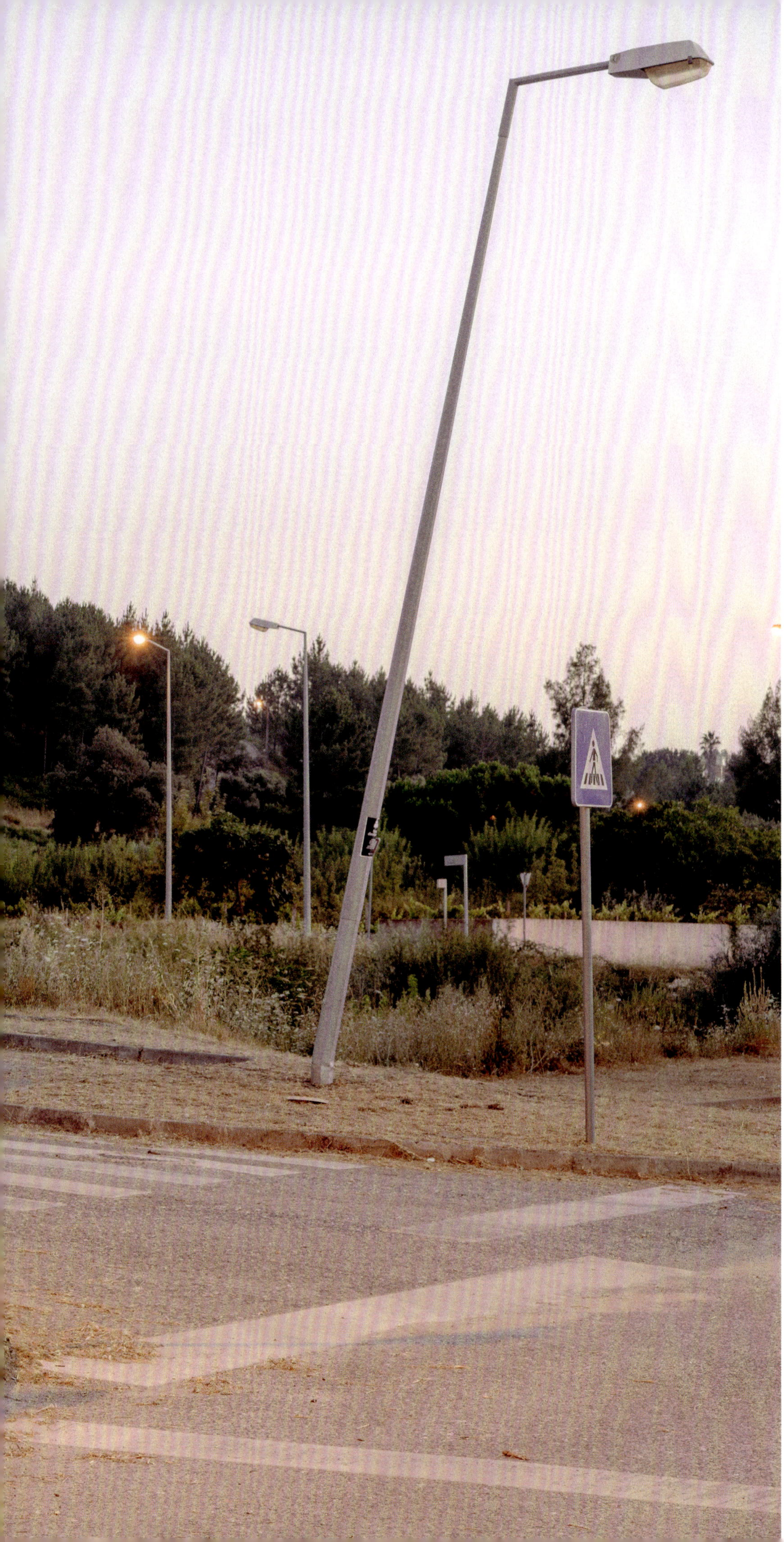

Sertã, Portugal

Concrete and Soil 2023

Marco Yat Chun Chan

Estados Unidos da América
United States of America

A rápida ascensão de Hong Kong, de uma aldeia piscatória a um centro global, fez com que apenas 25% do seu território fosse urbanizado, sendo o restante reservado como áreas naturais. Este equilíbrio cria um contraste notável entre o pulsar vibrante da vida citadina e a quietude da natureza, incorporando um aspeto central do carácter de Hong Kong. Entre os arranha-céus, o trânsito e a construção constante, a resiliência da natureza aparece sob a forma de árvores que rompem os passeios, plantas que crescem em telhados negligenciados e raízes que se entrelaçam com as estruturas. Através de "Concrete and Soil", quero celebrar esta relação simbiótica. Cada fotografia da série destaca os elementos naturais que, de forma subtil, mas persistente, têm impacto no ambiente urbano.

Hong Kong's rapid rise from a fishing village to a global hub from only 25% of its land developed, with the rest reserved as natural areas. This balance creates a striking contrast between the vibrant pulse of city life and the stillness of nature, embodying a core aspect of Hong Kong's character. Amid high-rise buildings, traffic, and constant construction, nature's resilience shows up in the form of trees breaking through sidewalks, plants growing on neglected rooftops, and roots intertwining with structures. Through "Concrete and Soil", I want to celebrate this symbiotic relationship. Each photo in the series highlights the natural elements that subtly, yet persistently, impact the urban environment.

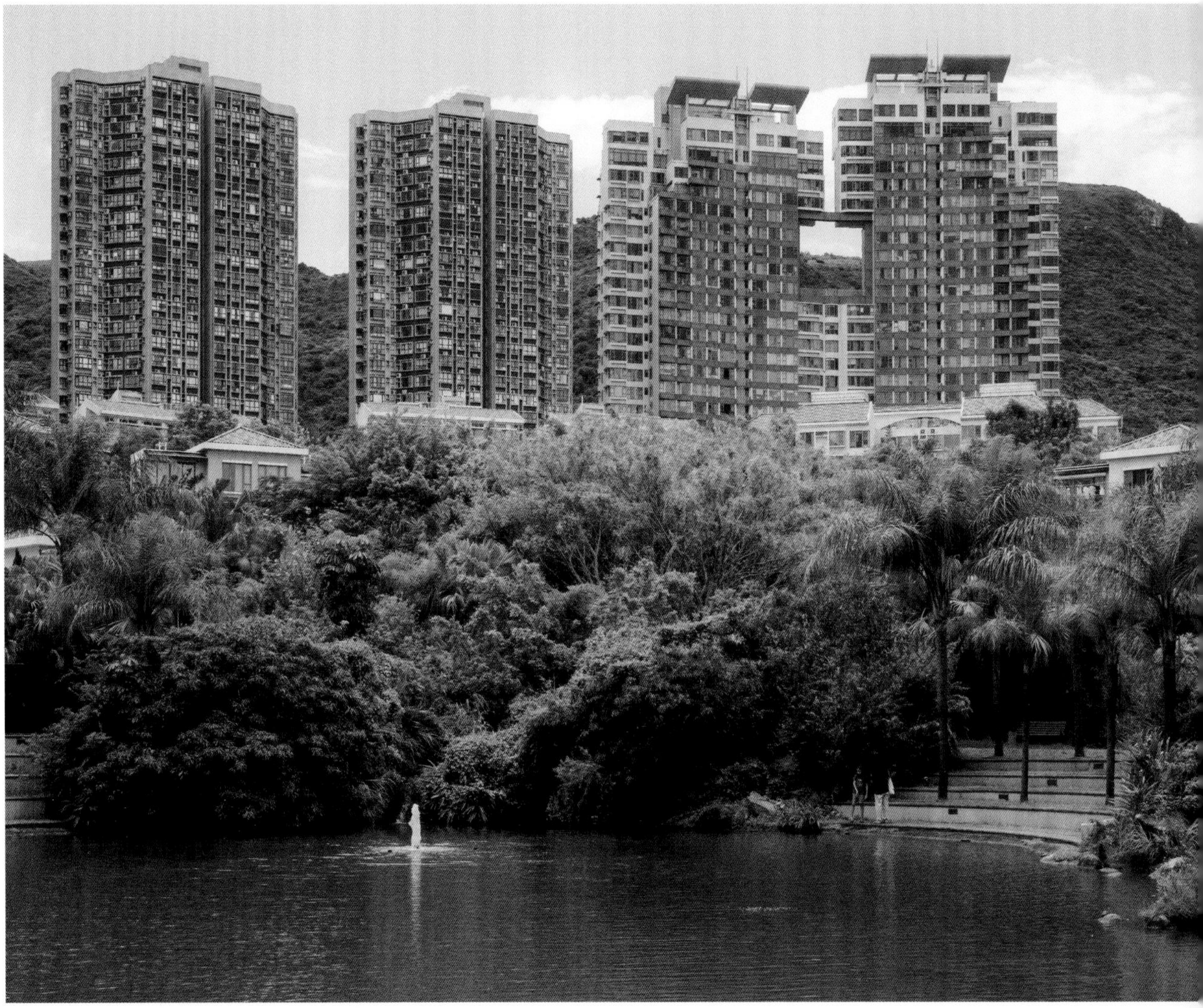

Discovery Bay, Hong Kong, China

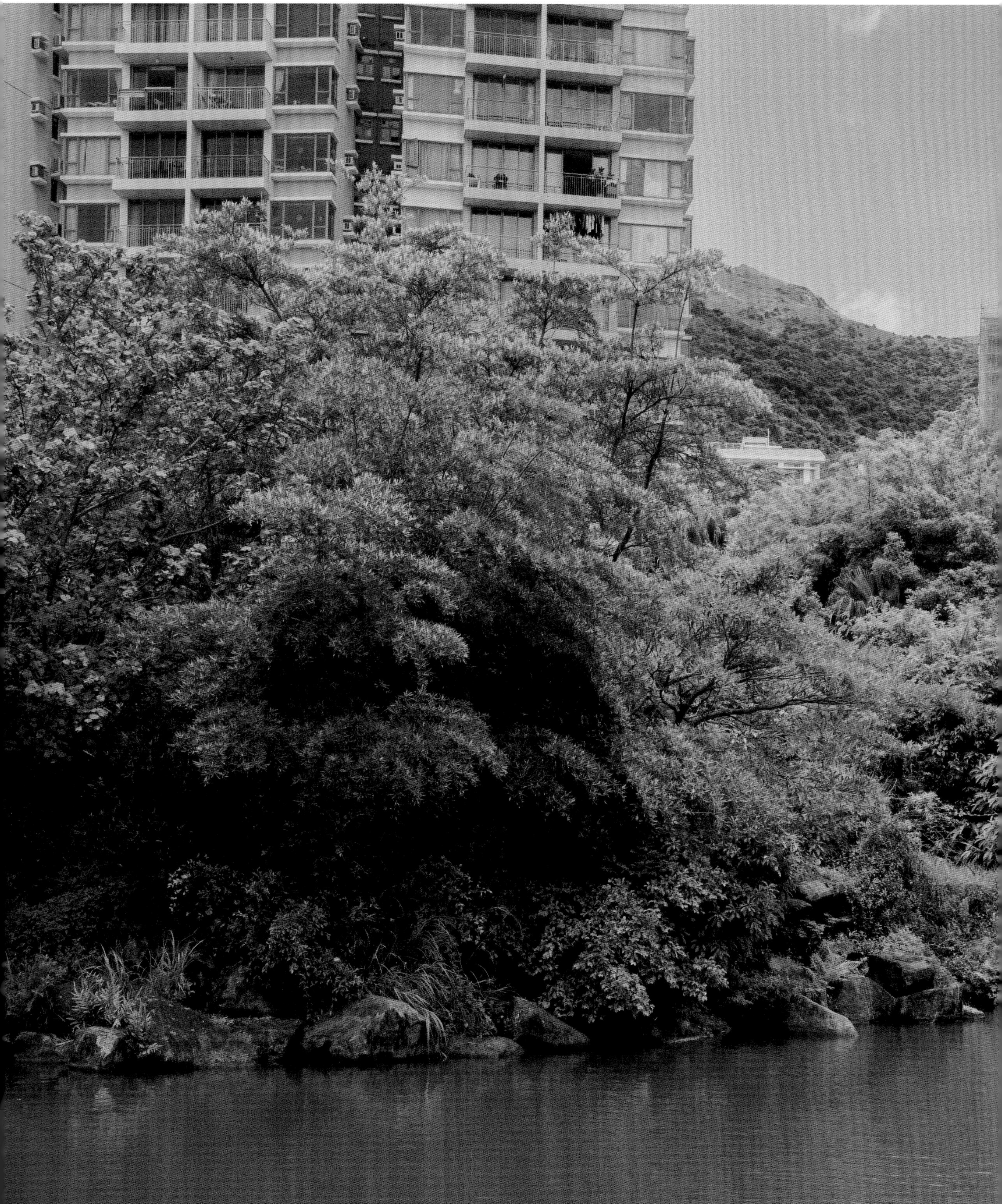

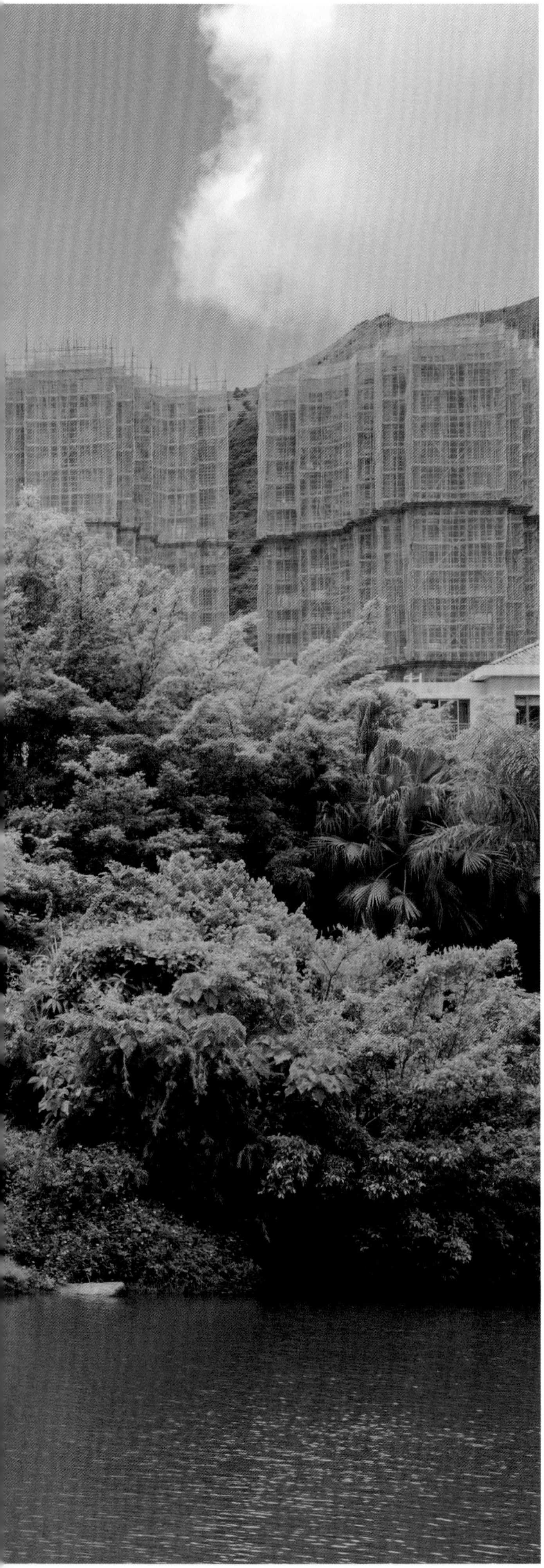

Discovery Bay, Hong Kong, China

Trata-se simultaneamente de uma documentação e de uma reflexão. É um tributo ao Lion Rock Spirit de Hong Kong - a perseverança partilhada pelo seu povo e pela natureza que o rodeia. "Concrete and Soil" procura incentivar os espectadores a reconhecerem a presença do mundo natural no seu quotidiano, criando força e consolo a partir da sua resiliência. Ao estabelecer uma ponte entre o urbano e o natural, o passado e o presente, espero oferecer uma perspetiva que inspire tanto o orgulho no crescimento de Hong Kong como o respeito pelos espaços naturais que o suportam.

This is both a documentation and a reflection. It is a tribute to Hong Kong's Lion Rock Spirit—the perseverance shared by its people and the nature that surrounds them. "Concrete and Soil" seeks to encourage viewers to acknowledge the presence of the natural world within their everyday lives, drawing strength and solace from its resilience. By bridging urban and natural, past and present, I hope to offer a perspective that inspires both pride in Hong Kong's growth and respect for the natural spaces that support it.

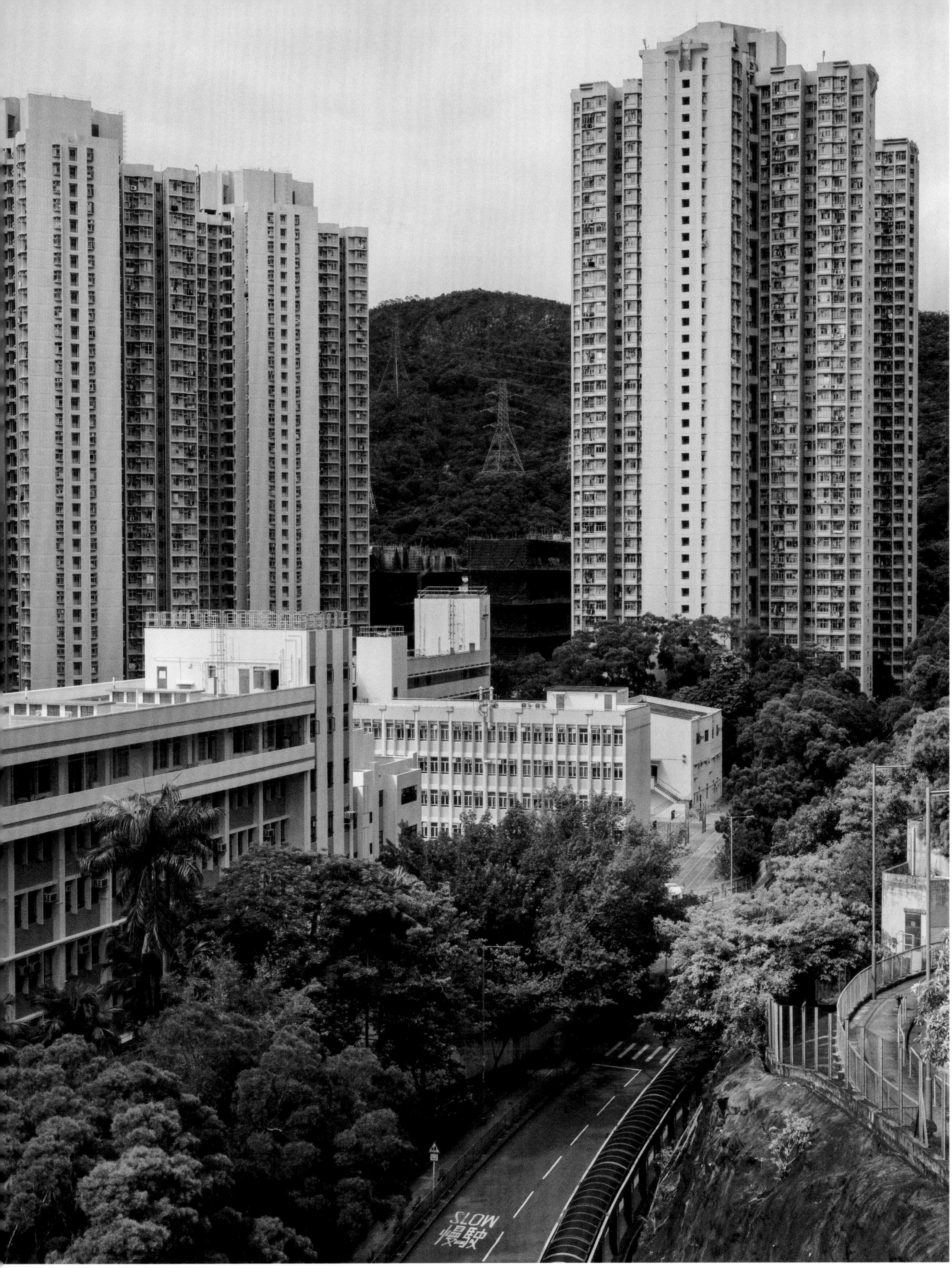

Shek Lei, Hong Kong, China

Lee Cheung Uk, Hong Kong, China

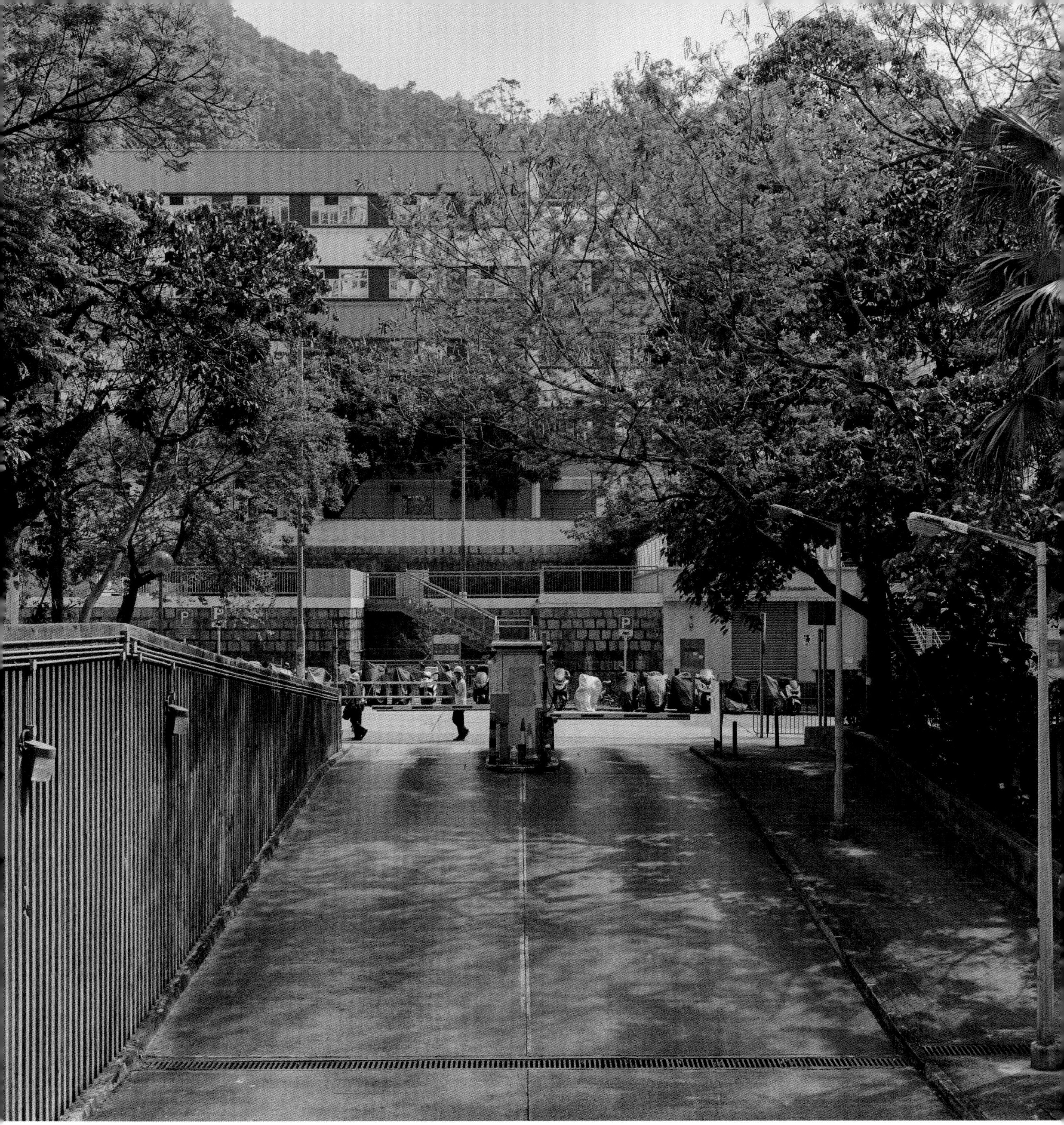

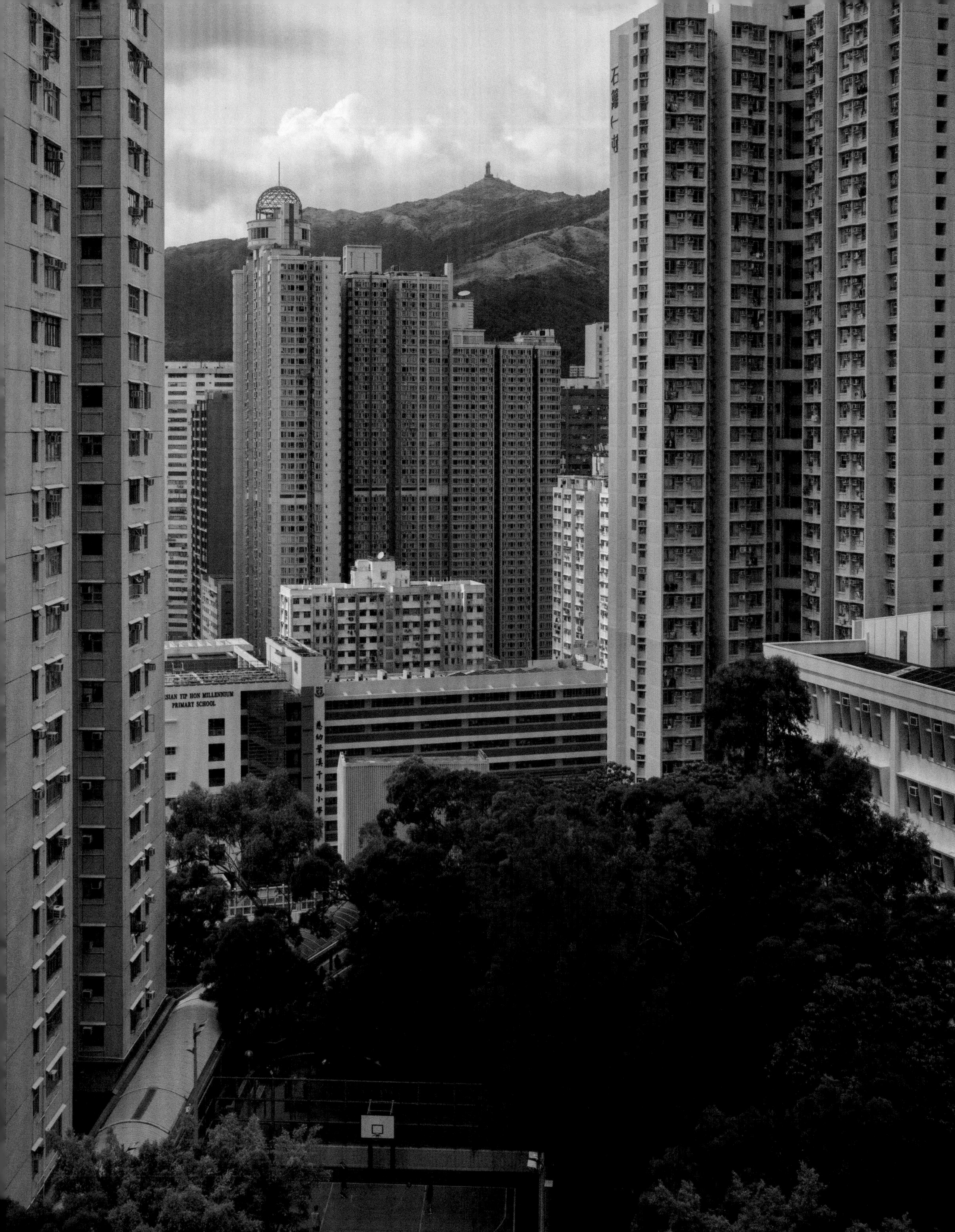

Shek Lei, Hong Kong, China

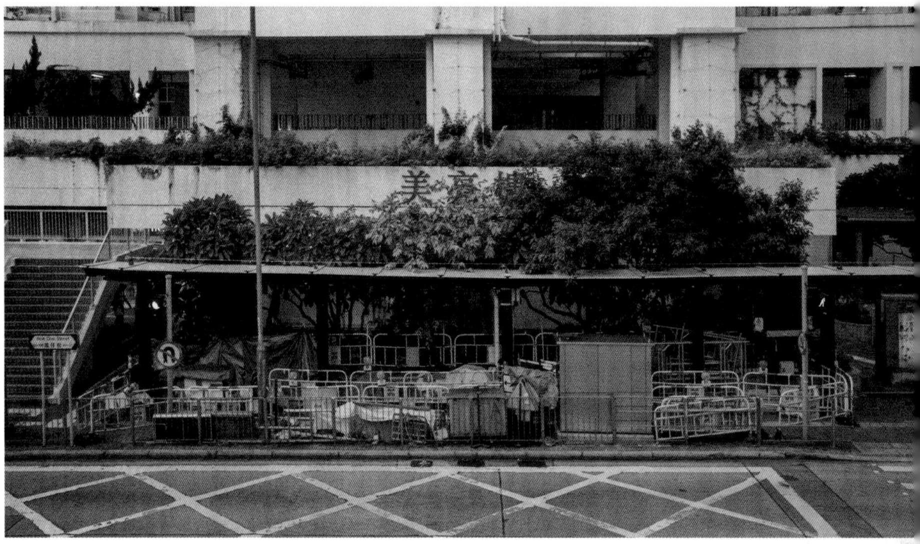

Shek Kip Mei, Hong Kong, China

Madeira Airport in Analog 2022-2024

Nuno Serrão

Portugal
Portugal

Evolução Brutalista - Ilha da Madeira, Portugal
Passei dias à procura deste ângulo e, quando o encontrei... horas à espera desta luz.

Brutalist Evolution - Madeira Island, Portugal
I spent days looking for this angle and when I found it... hours waiting for this light.

Construções como esta só podem acontecer quando a necessidade e o engenho humanos se encontram com a engenharia e a arquitetura. Erguendo-se de imponentes falésias sobre o Atlântico, o Aeroporto da Madeira representa essa rara harmonia em que a visão arquitetónica transforma as limitações geográficas em possibilidades notáveis.

Considerado uma das infra-estruturas mais importantes da Ilha da Madeira, permite que os ilhéus se sintam menos isolados do mundo exterior. O aeroporto existe tanto como realidade concreta como necessidade emocional, uma ponte, uma ligação, uma saída e uma forma de regressar.

Constructions like this can only happen when human need and ingenuity meet engineering and architecture. Rising from imposing cliffs above the Atlantic, Madeira Airport represents that rare harmony where architectural vision transforms geographical limitations into remarkable possibility.

Considered one of the most important infrastructures on Madeira Island, it allows islanders to feel less isolated from the outer world. The airport exists as both concrete reality and emotional necessity, a bridge, a connection, a way out and a way to return.

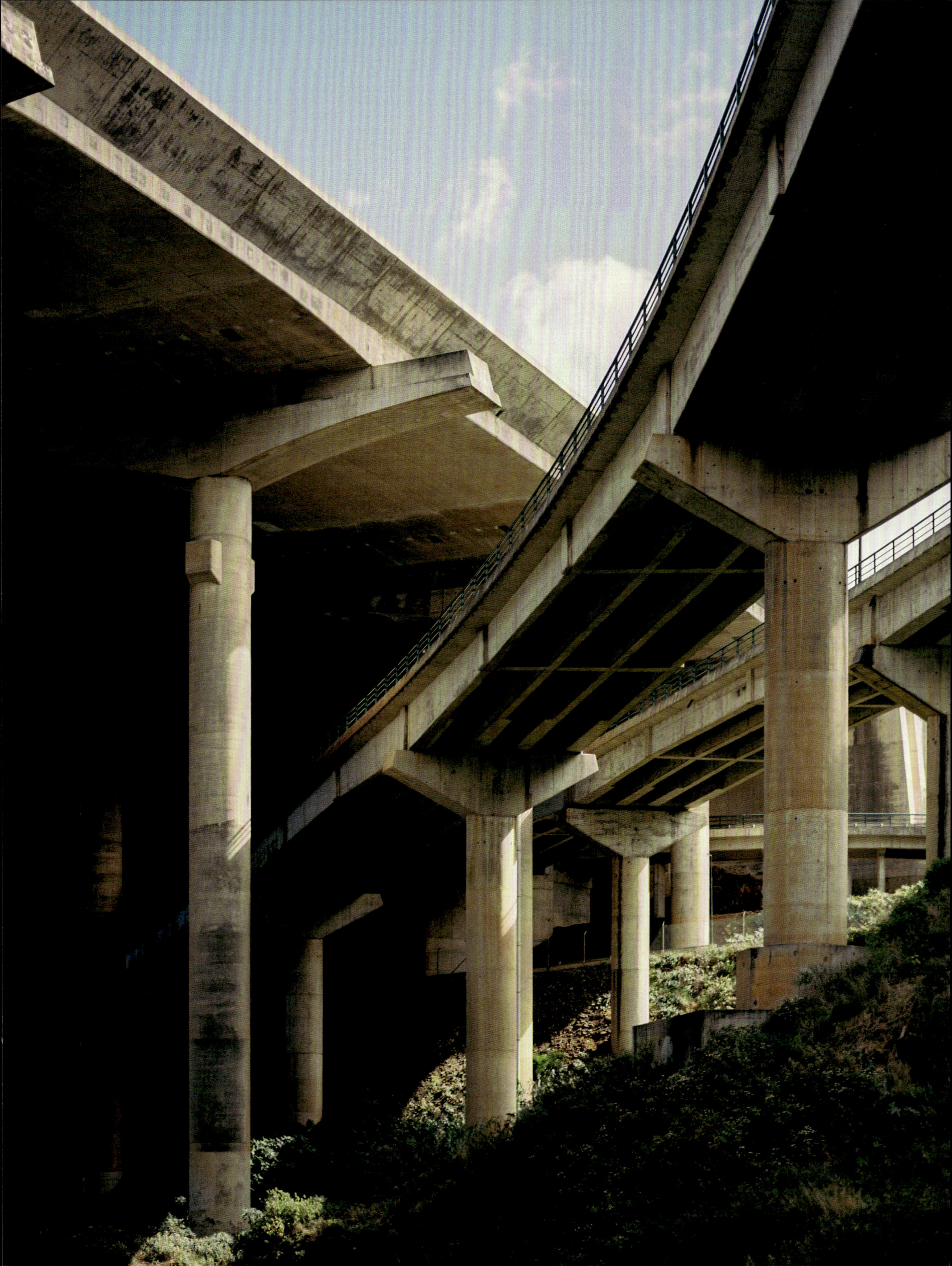

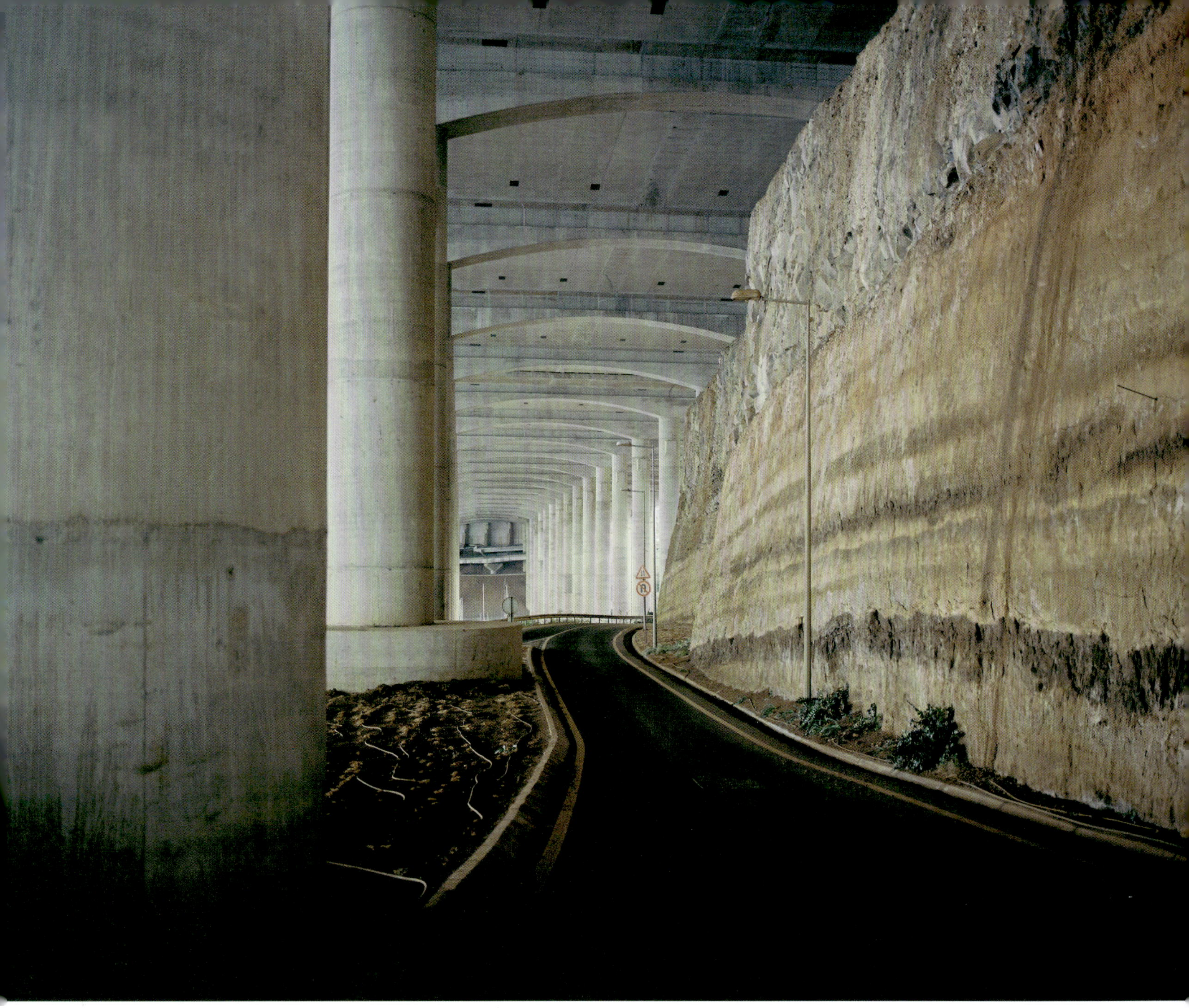

Sob o Aeroporto - Ilha da Madeira, Portugal

As texturas e o fluxo orgânico sob uma construção tão brutalista são magníficos.

Under The Airport - Madeira Island, Portugal

The textures and organic flow under such a brutalist construction is magnificient.

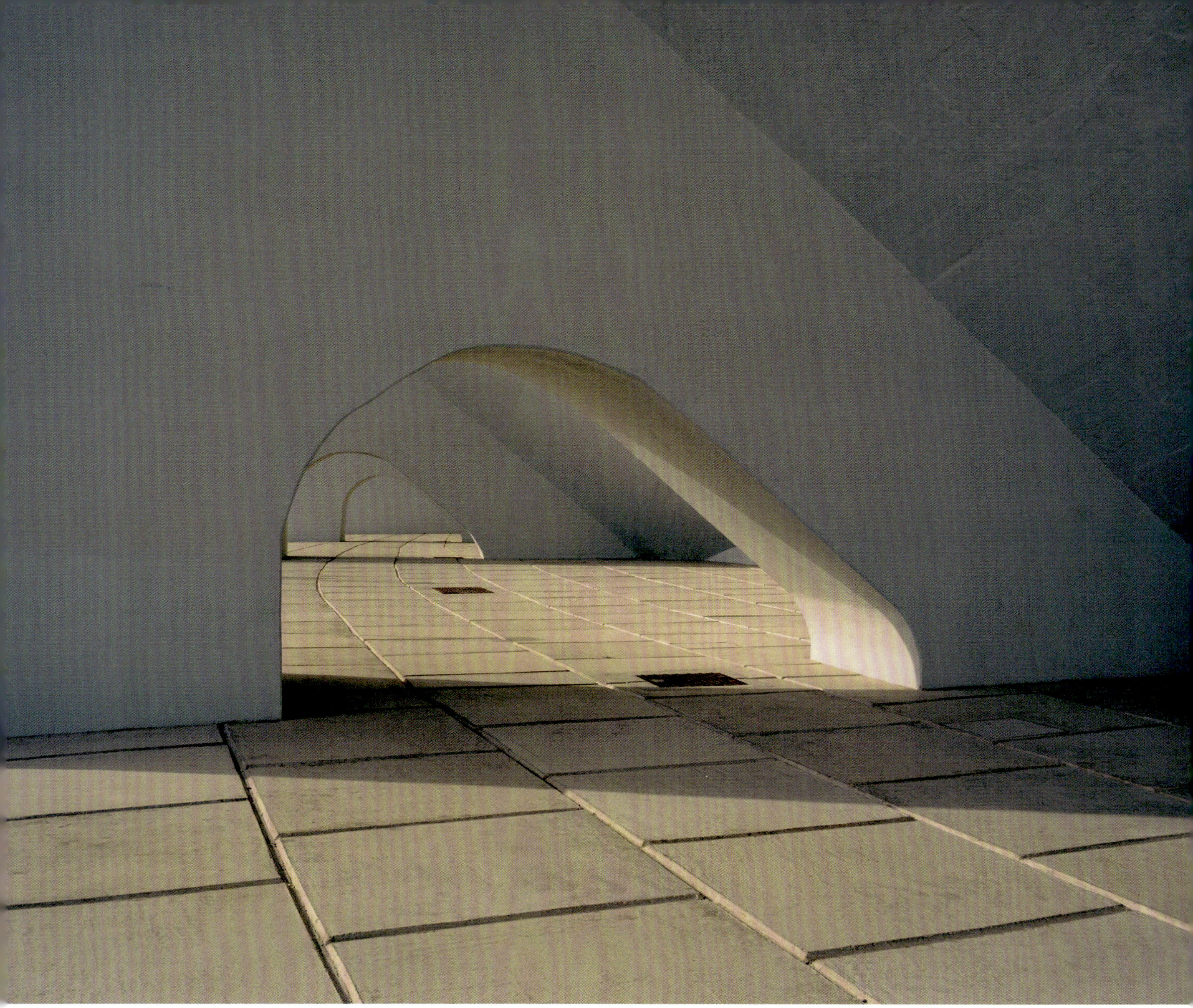

Zona Oeste - Ilha da Madeira, Portugal

No extremo oeste do aeroporto, o seu lado mais minimalista é banhado pela luz.

West End - Madeira Island, Portugal

At the west end of the airport, the most minimalist side of it is bathed by light.

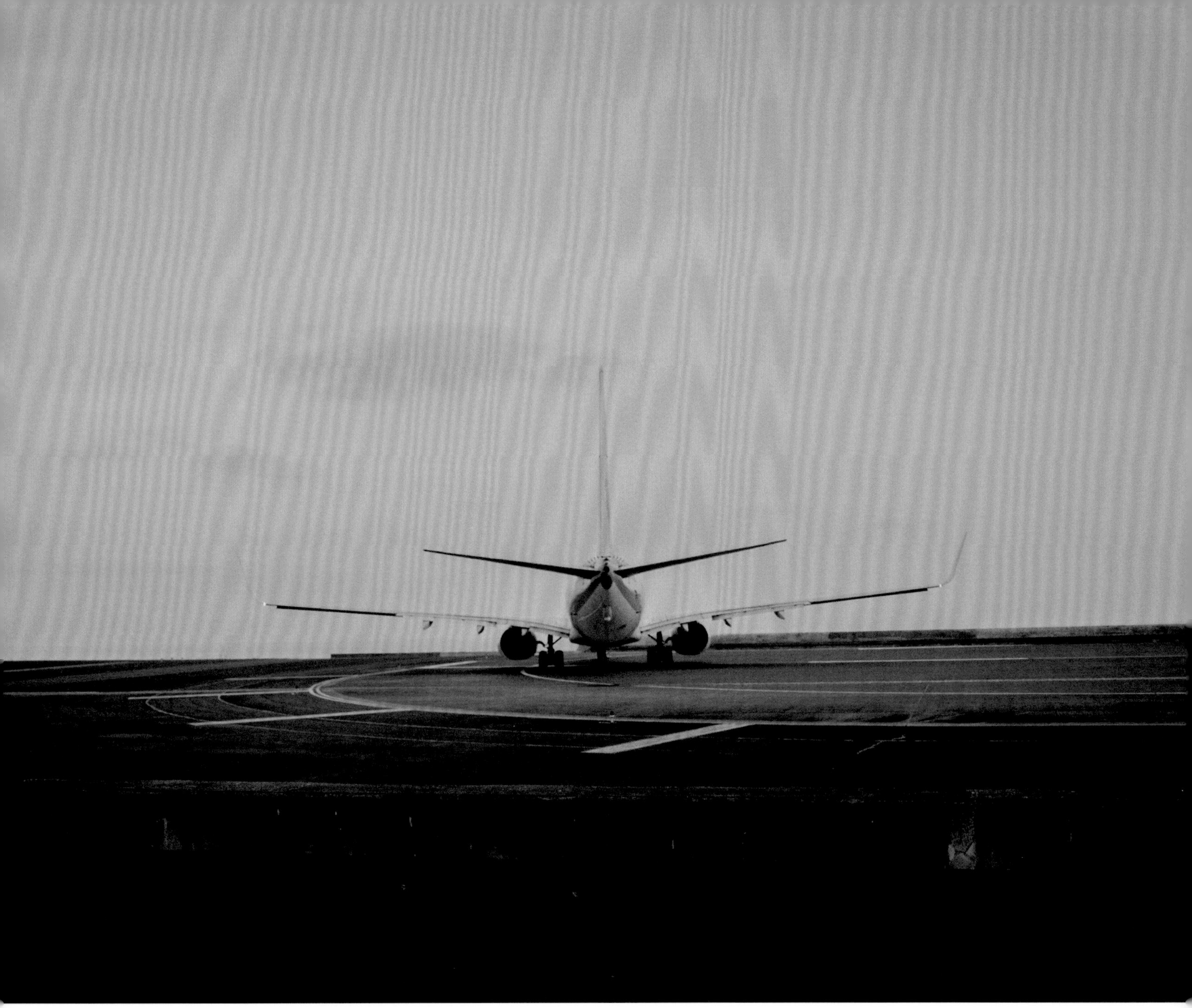

Acima do Aeroporto - Ilha da Madeira, Portugal
Prestes a partir.

Above The Airport - Madeira Island, Portugal
About to go.

Esta série analógica explora o aeroporto não apenas como arquitetura funcional, mas como um limiar simbólico onde a chegada e a partida criam um estado perpétuo de transição. Através da natureza contemplativa da película de médio formato, estas imagens revelam o diálogo entre a paisagem natural acidentada da ilha e a intervenção arquitetónica arrojada que a desafia.

Para os madeirenses, o aeroporto encarna uma profunda dualidade: simultaneamente liga e define os limites da vida na ilha. Nestes fotogramas, a determinação arquitetónica encontra a face da falésia, captando os momentos em que o design humano e a beleza natural coexistem numa tensão propositada.

This analog series explores the airport not merely as functional architecture, but as a symbolic threshold where arrival and departure create a perpetual state of transition. Through the contemplative nature of medium format film, these images reveal the dialogue between the island's rugged natural landscape and the bold architectural intervention that defies it.

For Madeirans, the airport embodies a profound duality: simultaneously connecting and defining the boundaries of island life. In these frames, architectural determination meets cliff face, capturing those moments where human design and natural beauty coexist in purposeful tension.

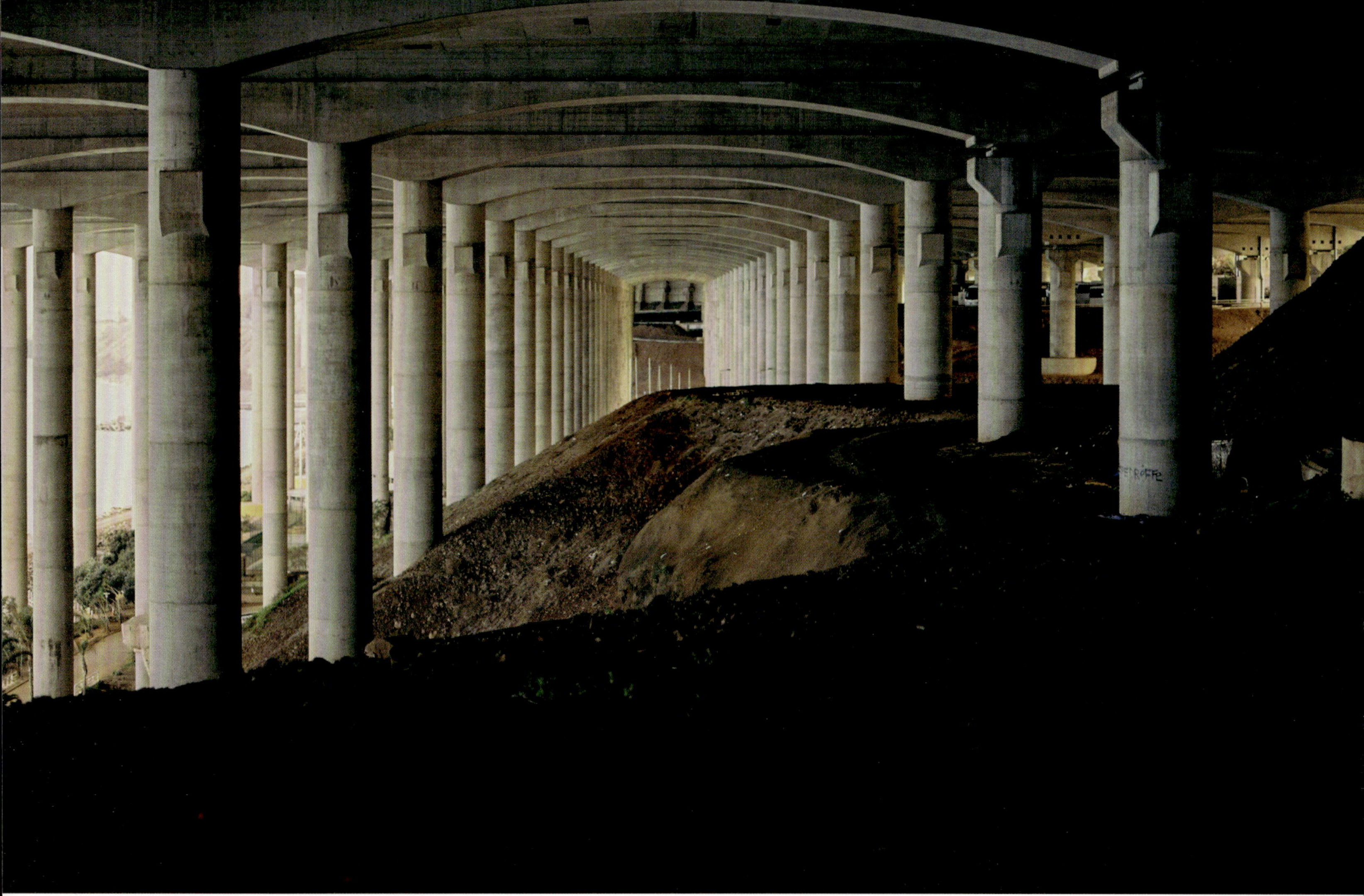

... - Ilha da Madeira, Portugal
Simetria sob o aeroporto.

... - Madeira Island, Portugal
Simmetry under the airport.

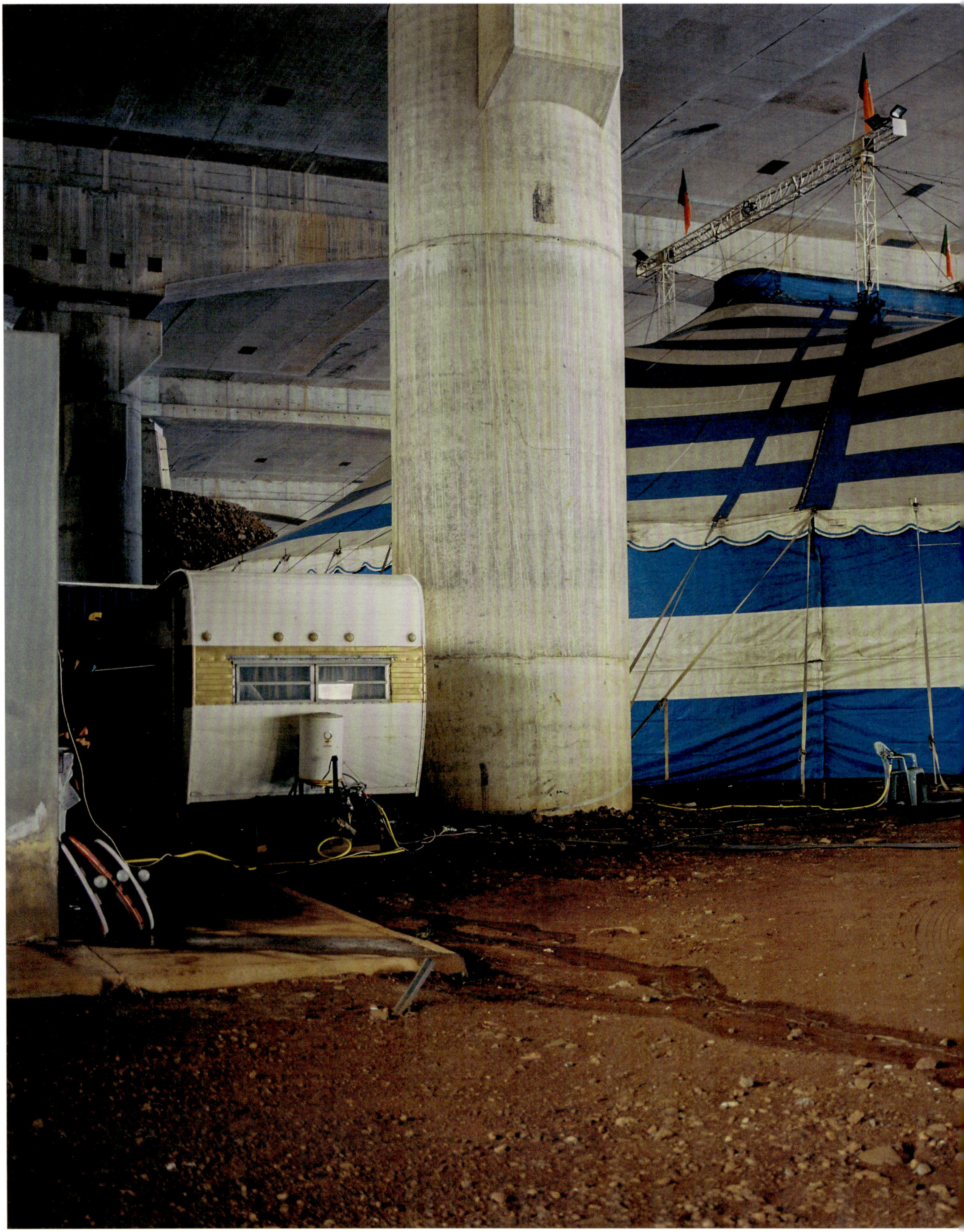

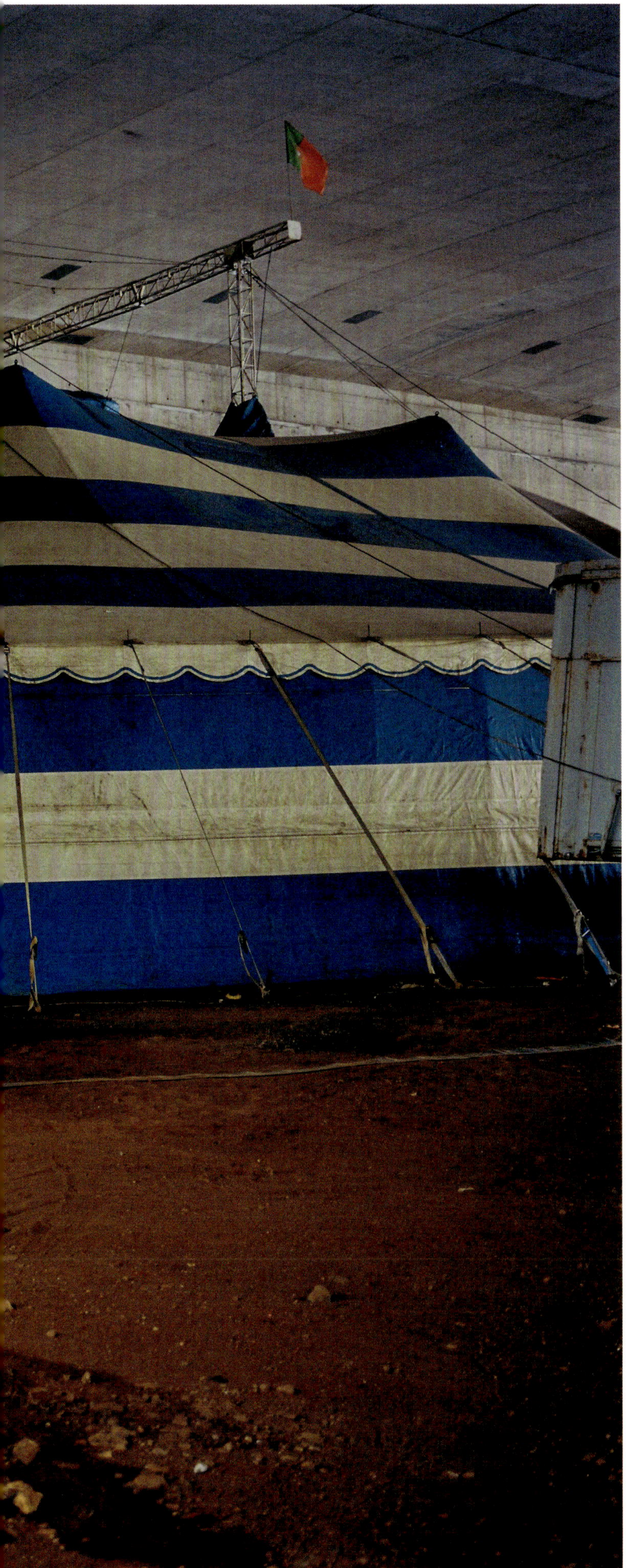

Vida sob o aeroporto - Ilha da Madeira, Portugal
Vida inesperada sob o aeroporto.

Life under the Airport - Madeira Island, Portugal
Unexpected life under the airport.

Vida sob o aeroporto - Ilha da Madeira, Portugal

Esta luz estava à minha espera. Um disparo.
Nunca mais se repetirá.

Life under the Airport - Madeira Island, Portugal

This light was waiting for me. One shot.
Never to be repeated.

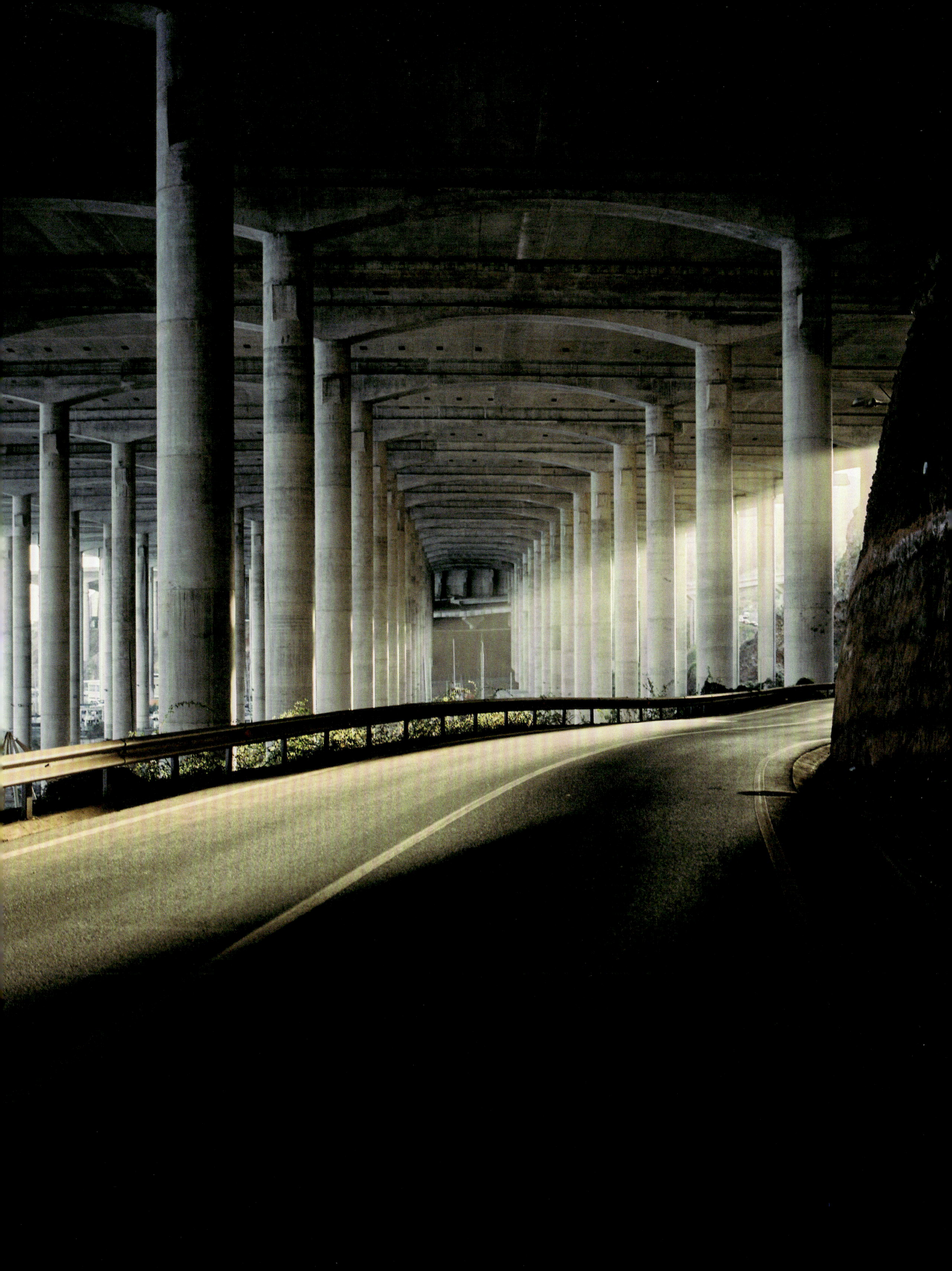

Bunker 2023

Vincenzo Pagliuca

Itália
Italy

Nos anos que antecederam a Segunda Guerra Mundial, toda a zona alpina foi sujeita, por vontade do regime fascista, à construção de um complexo sistema de fortificações tendo como objetivo proteger a fronteira italiana dos países vizinhos.

Um troço deste sistema defensivo, denominado Muralha Alpina, situava-se nos vales ao longo da fronteira com a Áustria, onde, com um desperdício incalculável de recursos, foi concluída a construção de cerca de 350 casamatas. Um enorme património arquitetónico que permaneceu inutilizado e presidido pelo exército até 1993, ano em que as estruturas foram finalmente desactivadas. Nessa altura, algumas das casamatas foram compradas por particulares e convertidas em depósitos agrícolas, outras foram demolidas ou abandonadas definitivamente.

In the years leading up to the Second World War the whole Alpine area was involved in the building of a complex system of fortifications wanted by the Fascist regime to protect the Italian border against the neighboring countries.

A section of this defensive system, named Alpine Wall, was located in the valleys along the border with Austria where, with an incalculable waste of resources, the construction of about 350 bunkers was completed. A huge architectural heritage that remained unused and presided by the army until 1993, year in which the structures were finally decommissioned. At that time some of the bunkers were bought by private citizens and converted into agricultural deposits, others were demolished or abandoned for good.

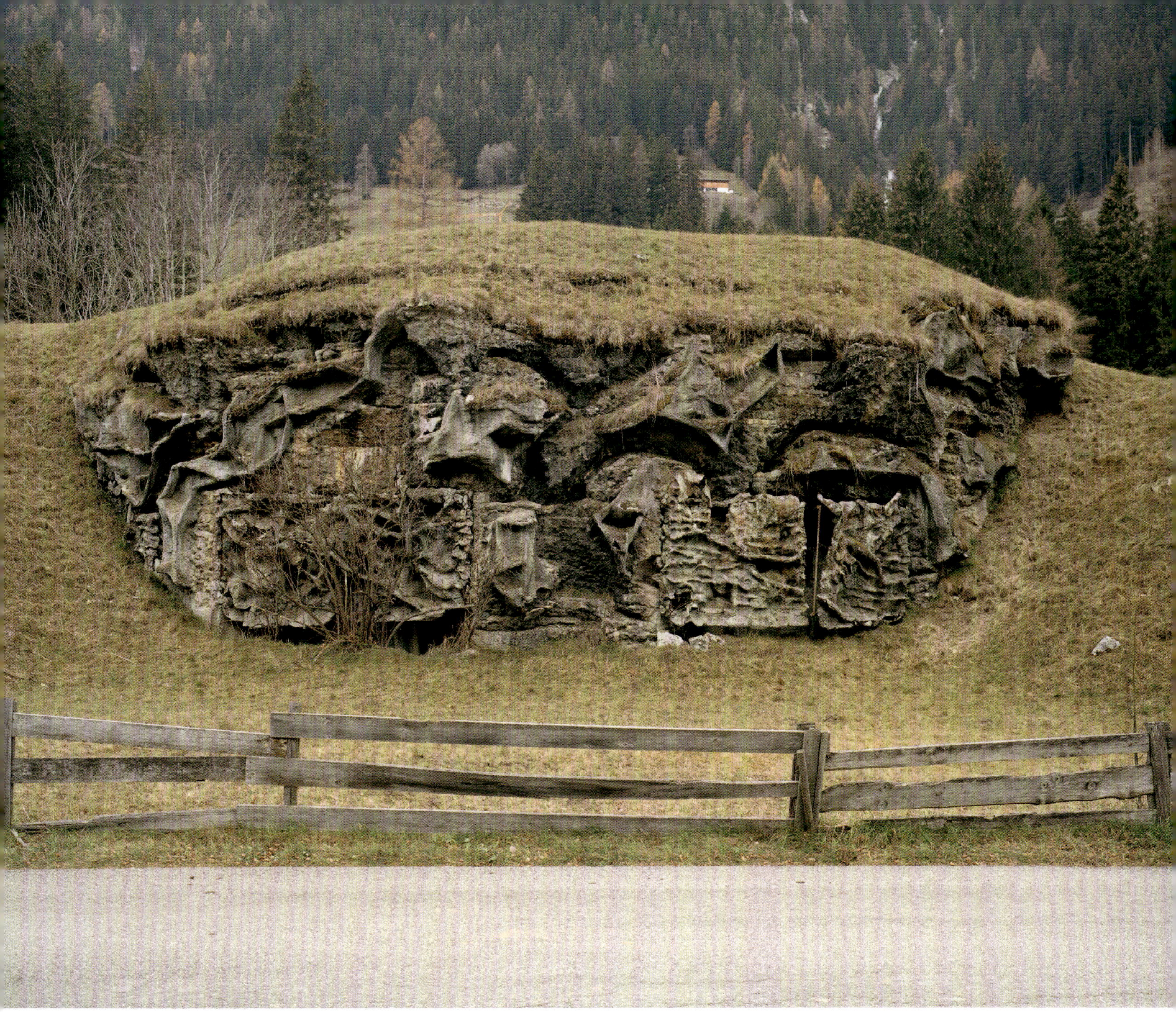

Anterselva, Itália

Projeto concebido em março de 1939 para impedir o acesso do inimigo ao vale de Antholz.

Anterselva, Italy

Project designed in March 1939 to prevent enemy access to the Antholz Valley.

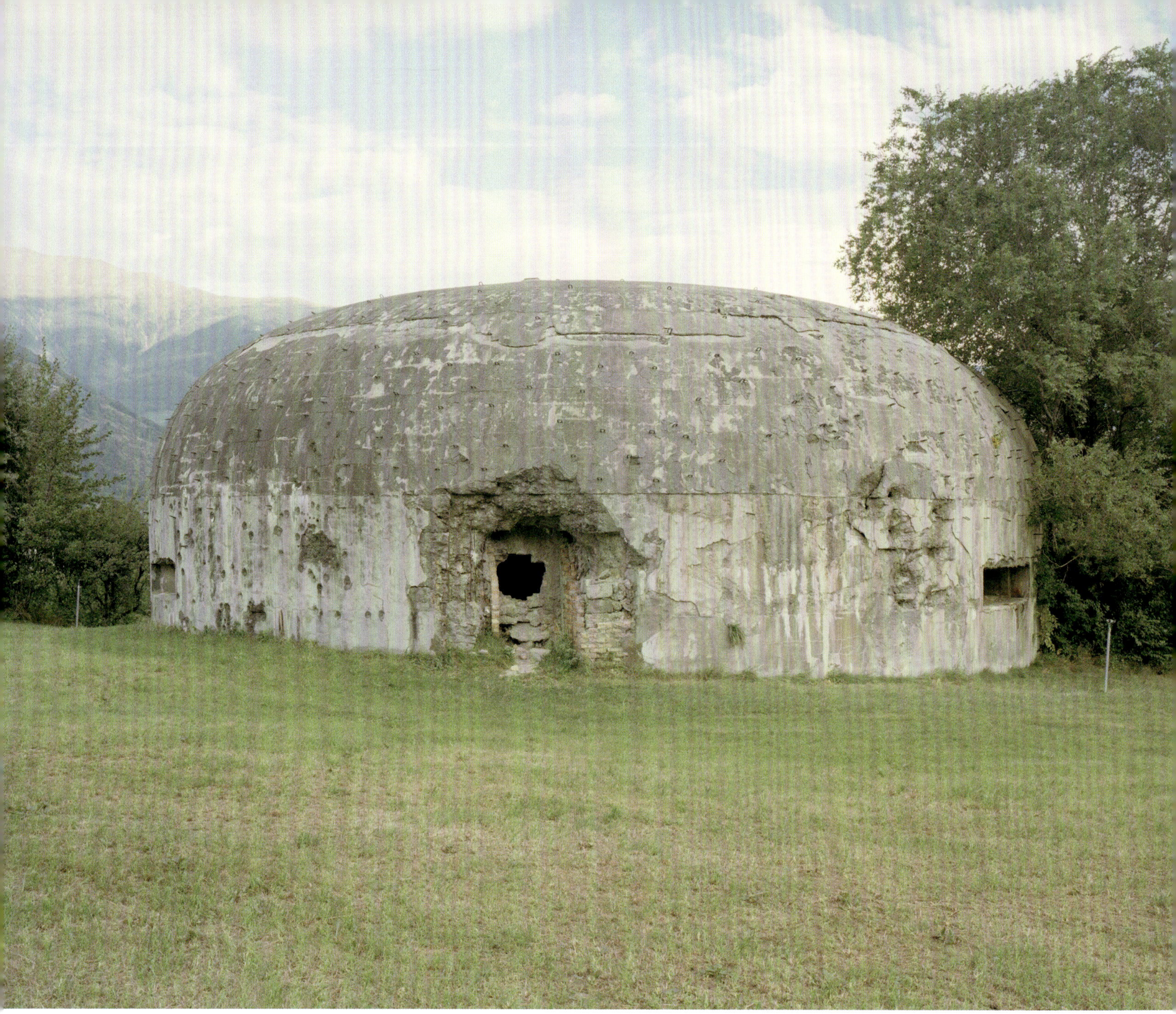

Malles, Glorenza, Itália

Projeto concebido em março de 1940 para impedir a invasão inimiga a partir do Passo de Reschen, uma zona fronteiriça entre a Itália e a Áustria.

Malles, Glorenza, Italy

Project designed in March 1940 to prevent enemy invasion from the Reschen Pass, a border area between Italy and Austria.

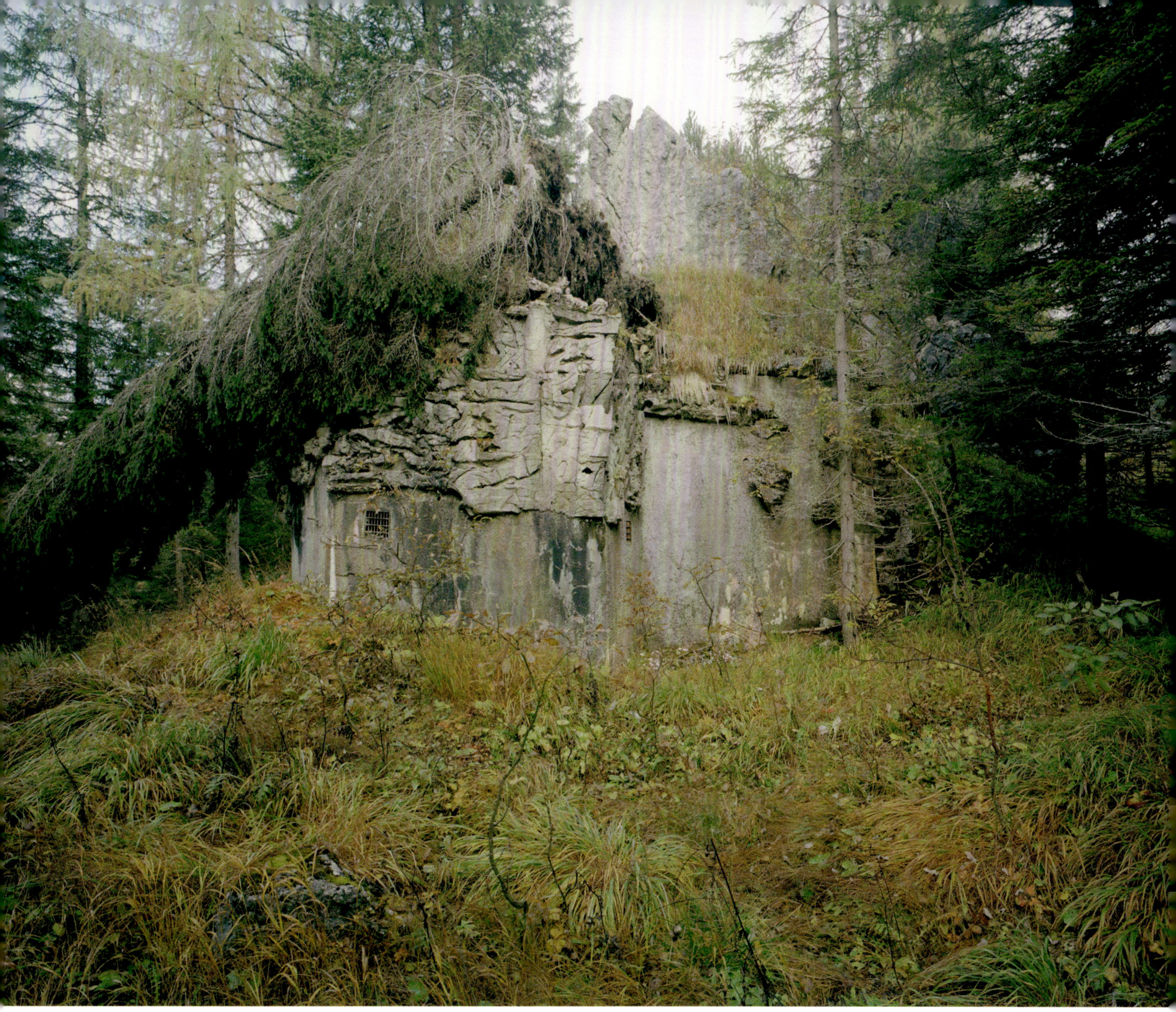

Passo Monte Croce, Itália

Projeto concebido em 1939 no Passo de Monte Croce em ambiente alpino, permaneceu sob a orientação da NATO até 1992.

Passo Monte Croce, Italy

Project conceived in 1939 at Monte Croce Pass in alpine environment, remained under NATO guidance until 1992.

Apesar do atual estado de esquecimento, estas estruturas visionárias, expressão do medo da perda e do desejo de controlo, continuam a suscitar interesse pelas suas caraterísticas arquitectónicas, pelos engenhosos sistemas de camuflagem e pela relação que estabeleceram com o contexto natural e social em que se inserem. Um património difícil de preservar para manter viva a memória colectiva de um período histórico dramático marcado pela ideologia nacionalista e pela incapacidade de resolver os conflitos pela via pacífica.

Despite the present state of oblivion these visionary structures, expression of the fear of loss and desire of control, continue to generate interest for their architectural characteristics, for the ingenious systems of camouflage and for the relationship they have established with the natural and social context in which they are situated. A difficult heritage worth preserving to keep the collective memory alive of a dramatic historical period marked by nationalistic ideology and by the inability to resolve conflicts through peaceful means.

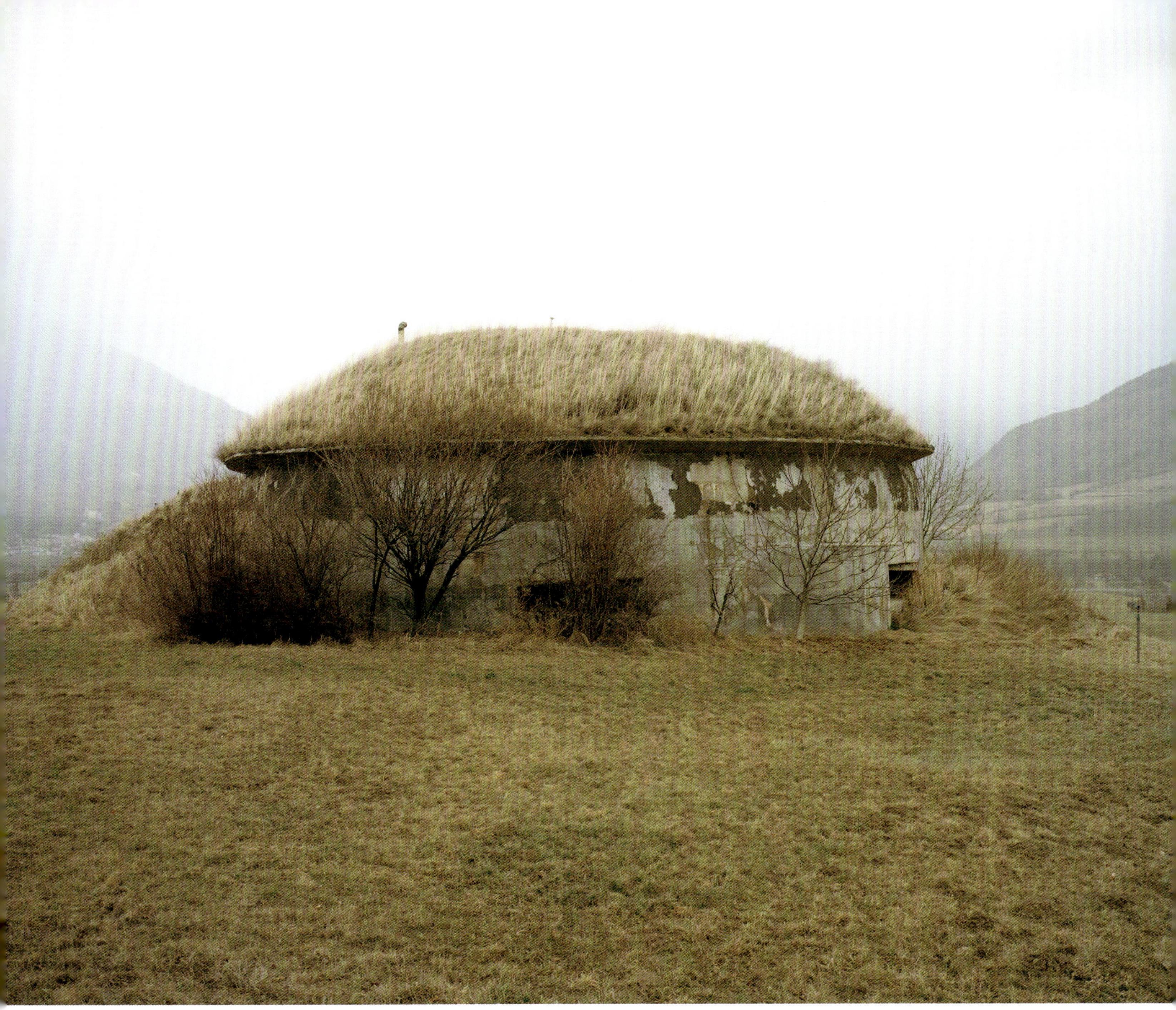

Malles, Glorenza, Itália

Projeto criado em março de 1940 para impedir a invasão inimiga a partir do Passo de Reschen, uma zona fronteiriça entre a Itália e a Áustria.

Malles, Glorenza, Italy

Project created in March 1940 to prevent enemy invasion from the Reschen Pass, a border area between Italy and Austria.

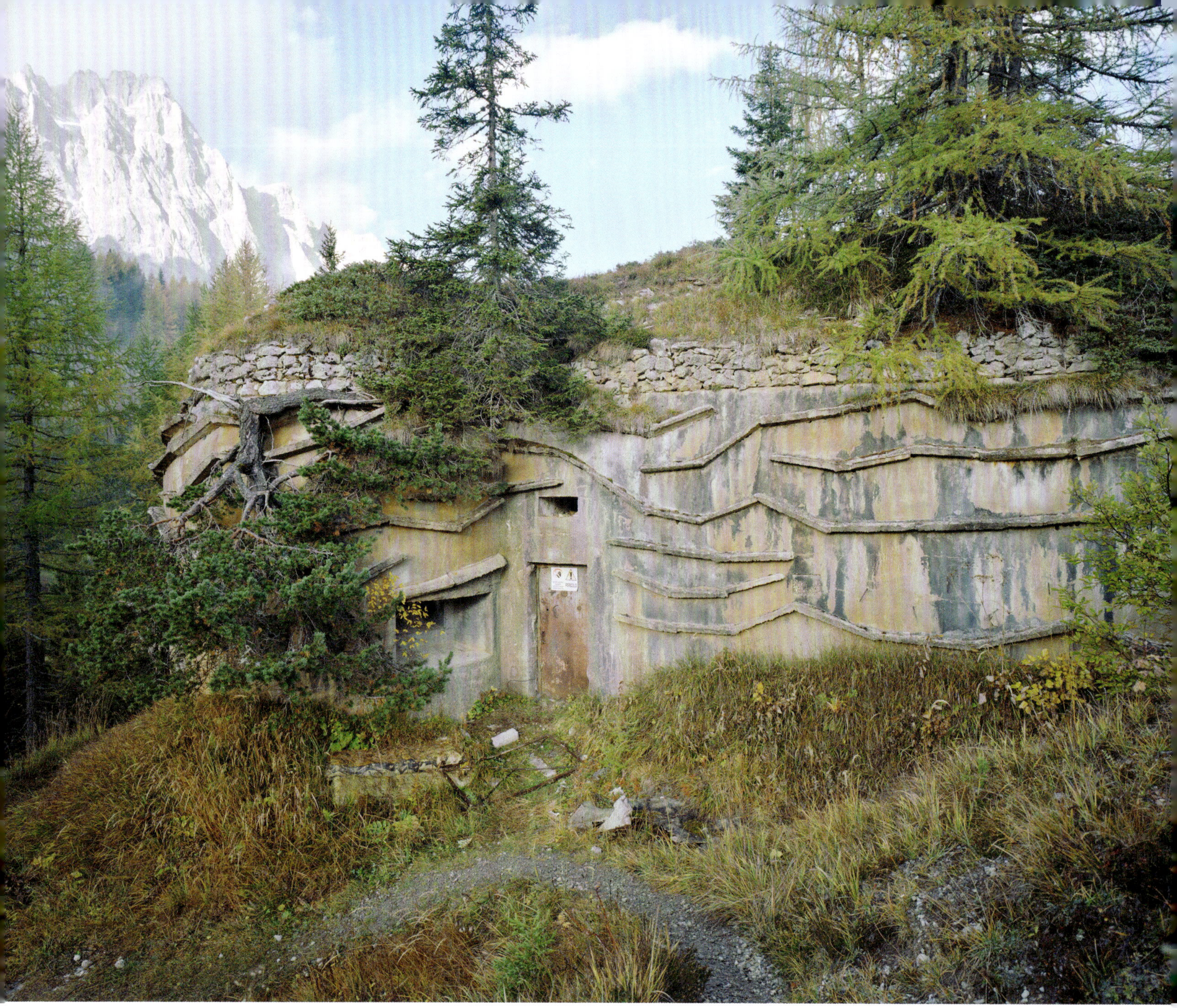

Passo Monte Croce, Itália

Projeto concebido em 1939 no Passo de Monte Croce em ambiente alpino, permaneceu sob a orientação da NATO até 1992.

Passo Monte Croce, Italy

Project conceived in 1939 at Monte Croce Pass in alpine environment, remained under NATO guidance until 1992.

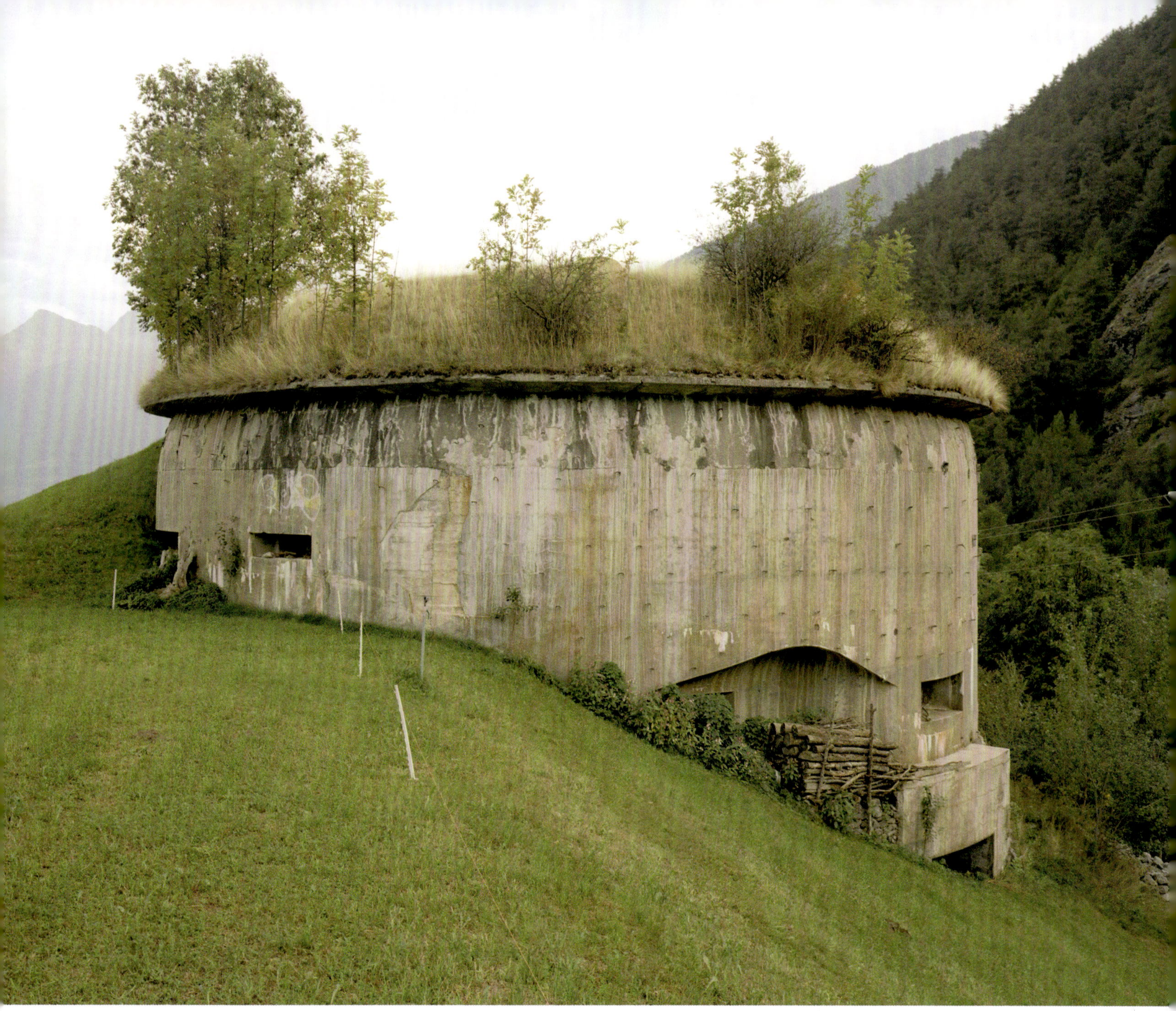

Malles, Glorenza, Itália

Projeto criado em março de 1940 para impedir a invasão inimiga a partir do Passo de Reschen, uma zona fronteiriça entre a Itália e a Áustria.

Malles, Glorenza, Italy

Project created in March 1940 to prevent enemy invasion from the Reschen Pass, a border area between Italy and Austria.

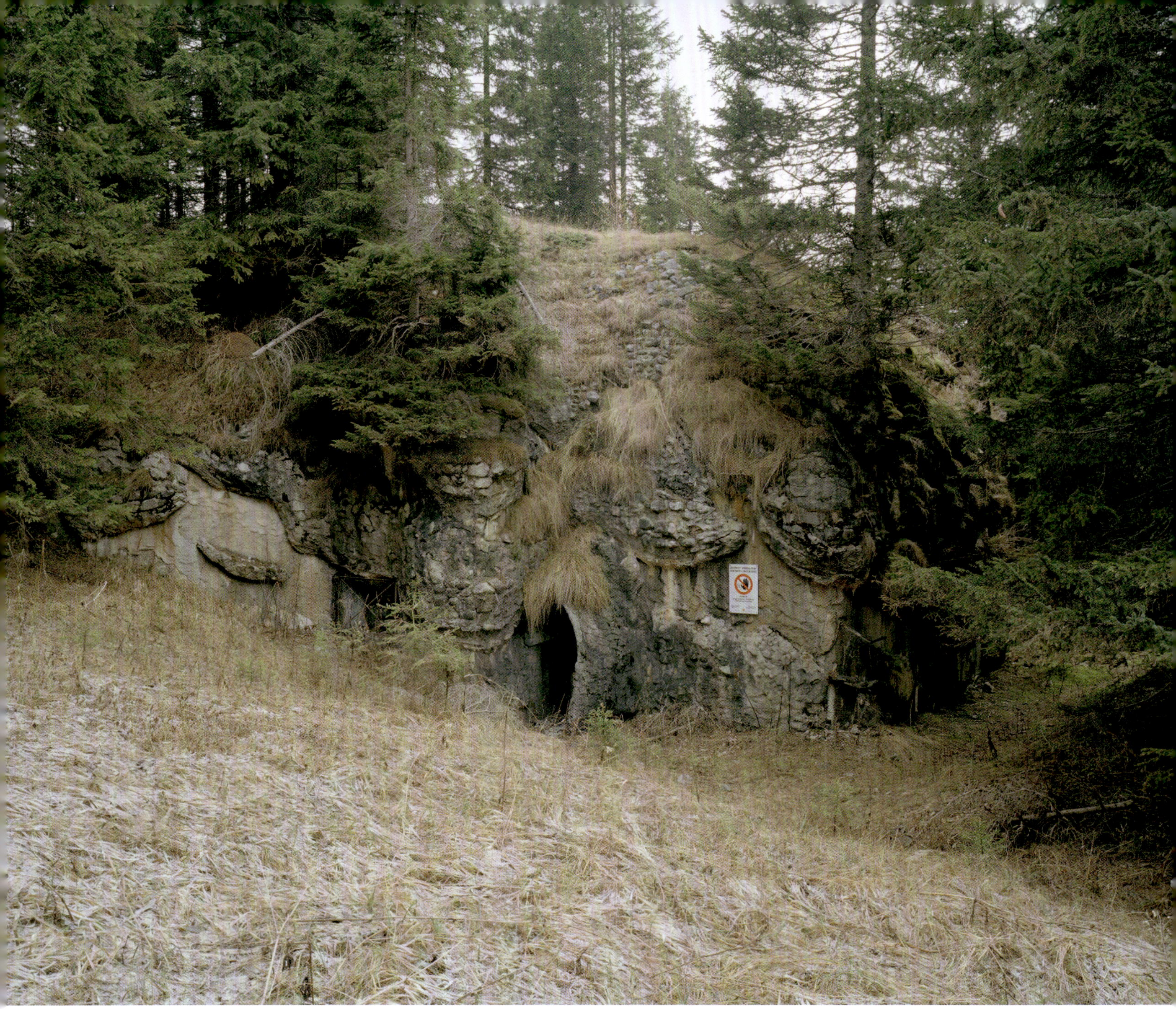

Passo Monte Croce, Itália

Projeto concebido em 1939 no Passo de Monte Croce em ambiente alpino, permaneceu sob a orientação da NATO até 1992.

Passo Monte Croce, Italy

Project conceived in 1939 at Monte Croce Pass in alpine environment, remained under NATO guidance until 1992.

Menções Especiais
Special Mentions

Sana Ahmadizadeh
Amelia Lancastar

LFA 2025
AWARD

The Hidden Land 2019-2021

Sana Ahmadizadeh

Irão
Iran

Na parte mais fértil da planície de Khuzestan, na distância entre os rios Dez e Karkheh, existe uma planície cujas colinas e vastos campos de cana-de-açúcar são o local de sepultamento dos restos de uma grande coleção da civilização Elamita e seus segredos. Esta civilização nunca recuperou a sua antiga glória após a invasão assíria. Com o tempo, este acervo transformou-se em colinas espalhadas pela planície, depois de ter sido destruído. Uma parte significativa desta planície foi nivelada durante o plano da Haft Tappeh Sugarcane Agro-Industry Co. e os restos de uma enorme cidade ficaram silenciosos e desconhecidos sob os campos de cana-de-açúcar. O meu sentimento de identidade e de pertença a Haft Tappeh deriva da ligação que esta região tem com Shush, o meu local de nascimento.

In the most fertile part of the Khuzestan plain, in the distance between Dez and Karkheh rivers, there is a plain whose hills and vast sugarcane fields is the burial place of the remains of a great collection of Elamite civilisation and secrets. This civilisation has never recovered its former glory after the Assyrian invasion. This collection has over time transformed into hills scattered across the plains after being destroyed. A significant part of this plain has levelle during the Haft Tappeh Sugarcane Agro-Industry Co. Plan, and the remains of a huge city fell silent and unknown under the sugarcane fields. My sense of identity and belonging to Haft Tappeh stems from the bond that this region has with Shush, my place of birth.

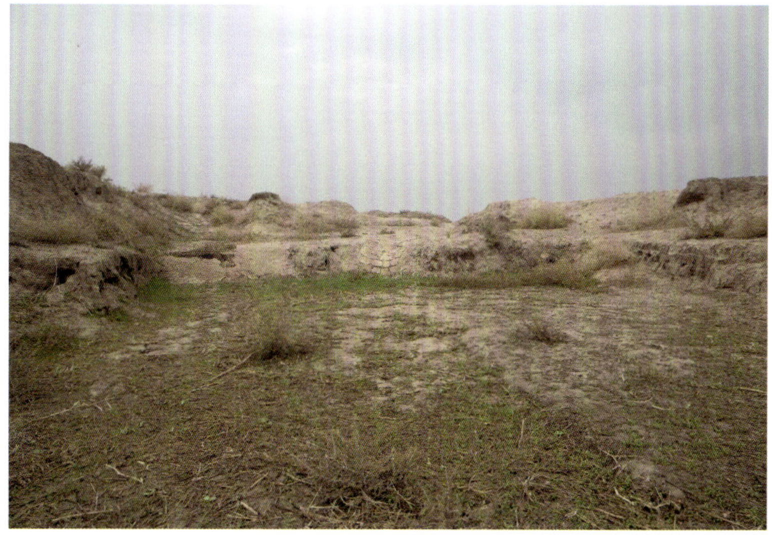

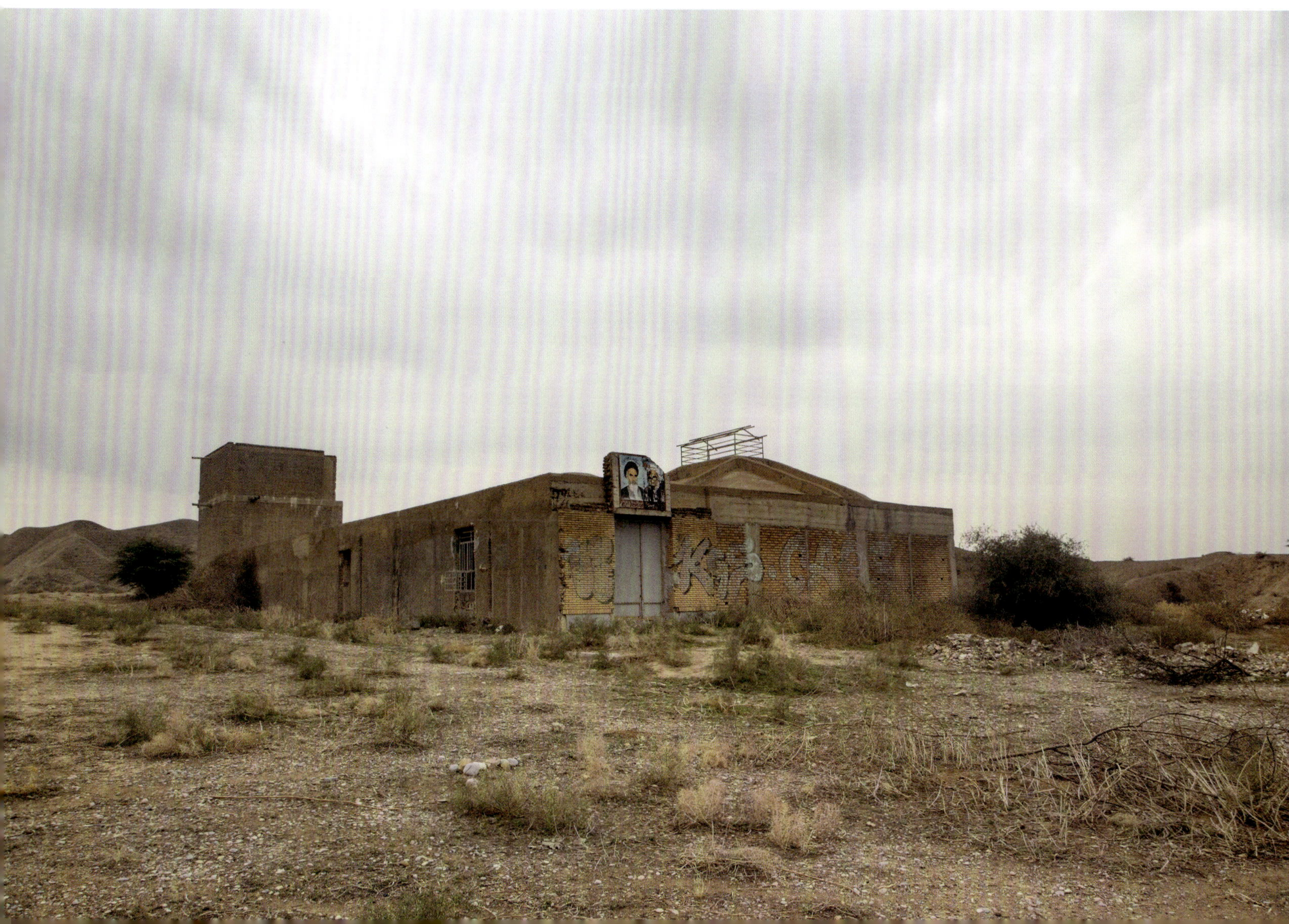

O meu regresso a esta zona coincidiu com a greve dos trabalhadores de uma empresa que, no contexto atual, se tornou parte integrante da identidade local. A empresa foi fundada durante o segundo período Pahlavi, numa fase em que o Irão vivia um processo de modernização. Após a revolução islâmica de 1978 e a subsequente guerra Irão-Iraque, a empresa começou a perder gradualmente a sua prosperidade, até que as greves dos seus trabalhadores se tornaram um dos movimentos laborais mais significativos do país nas últimas duas décadas. Este lugar funciona como uma miniatura do Irão contemporâneo: edifícios soterrados pela vegetação, restos de equipamentos degradados ou suprimidos pelas normas do novo regime, palavras nas paredes que transmitem mensagens de propaganda e pavimentos de tijolo que sobrevivem como vestígios de uma cidade sepultada do apogeu iraniano.

My return to this region coincided with the strike of a company's labourers, which has become an integral part of this ancient region in the contemporary period. This company was established during the second Pahlavi period when Iran was going through the experience of modernity and lost its prosperity little by little after the Islamic revolution in 1978 and the following Iran-Iraq war until its strikes became one of the most important labour movements in Iran over the past two decades, this place is a small model of contemporary Iran, buildings buried under vegetation, remnants of appliances that have been tarnished or eliminated due to the standards of the new government, words on the wall that gives you propaganda information, brick pavements remaining from a buried city from the heyday of Iran.

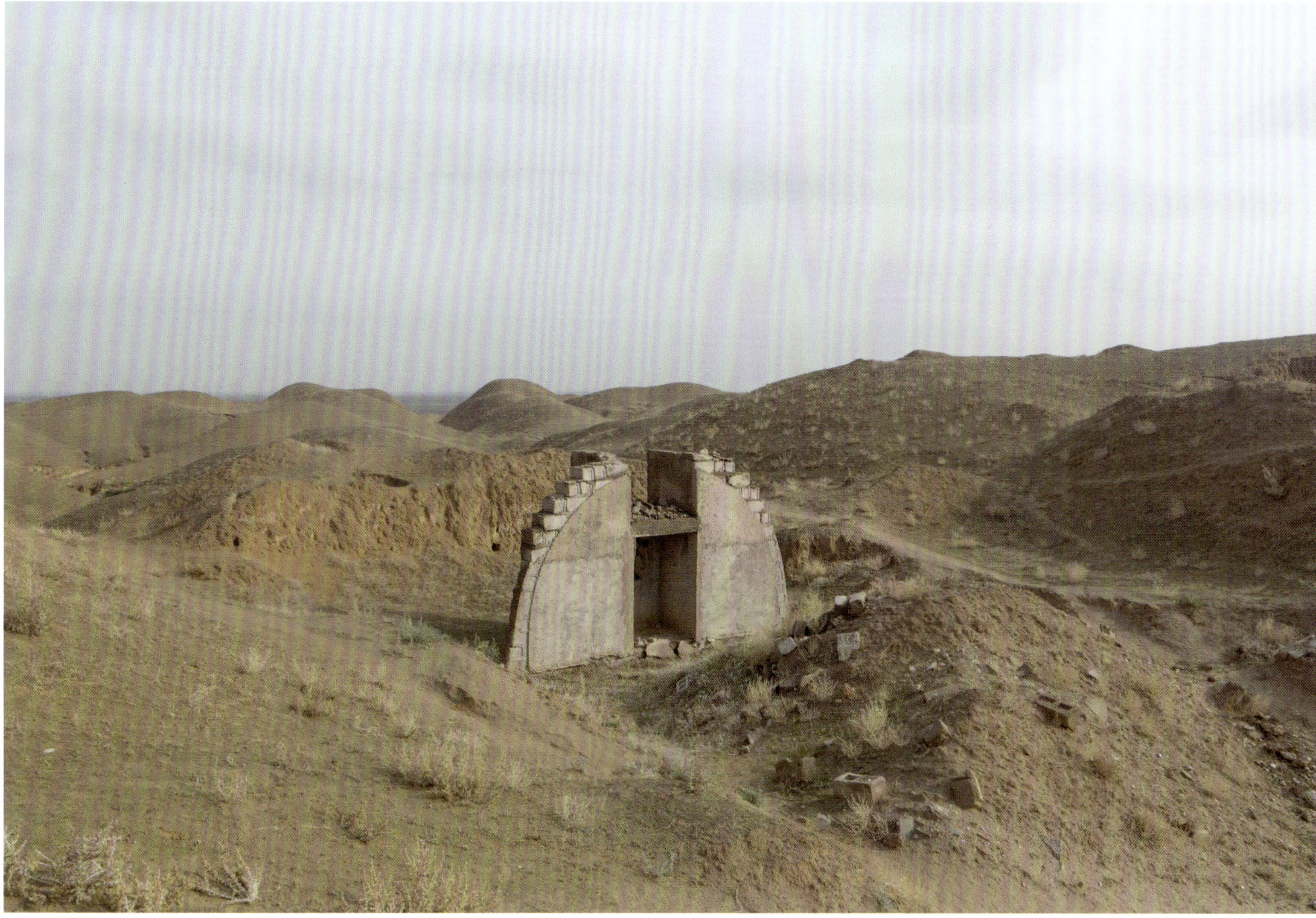

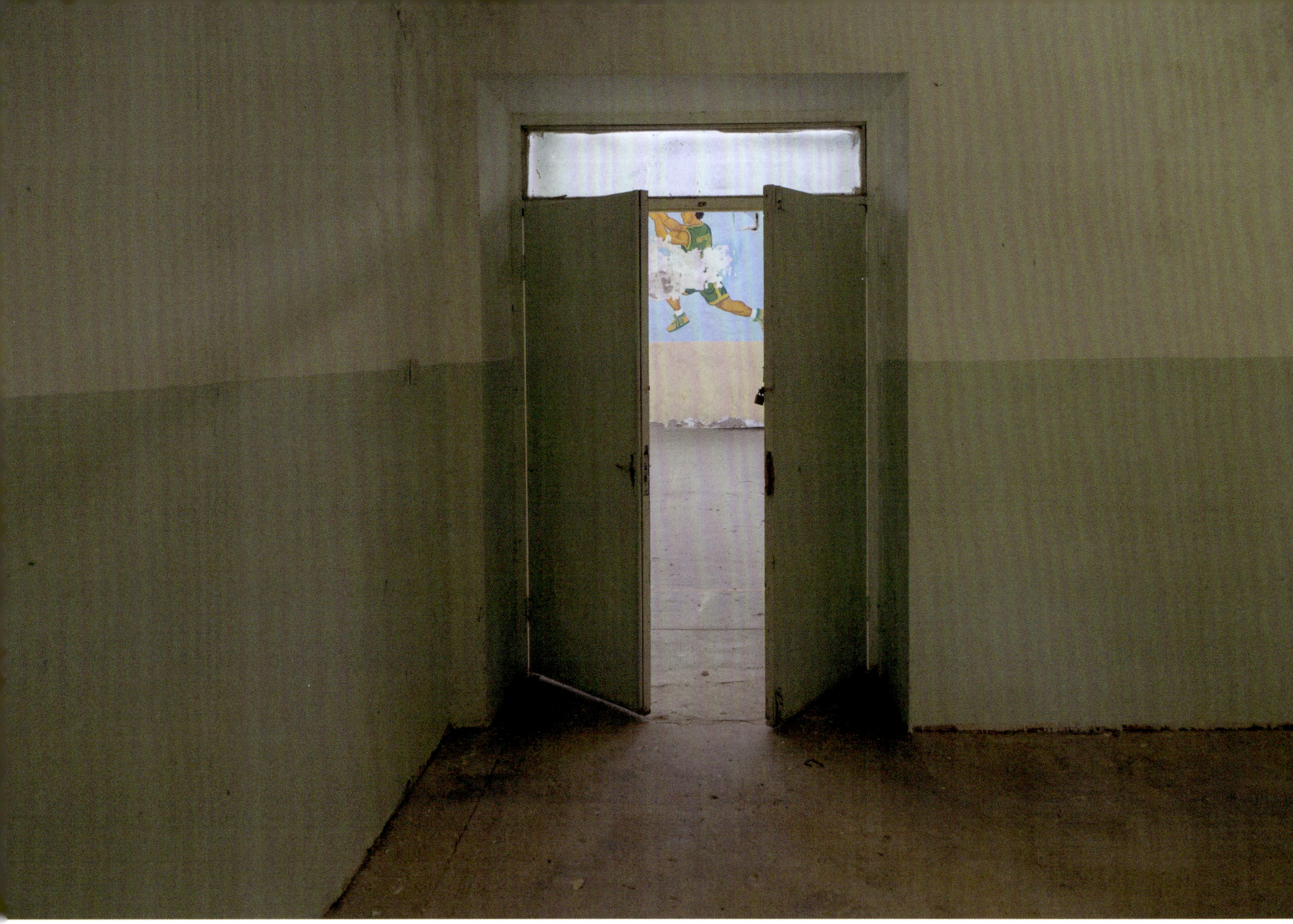

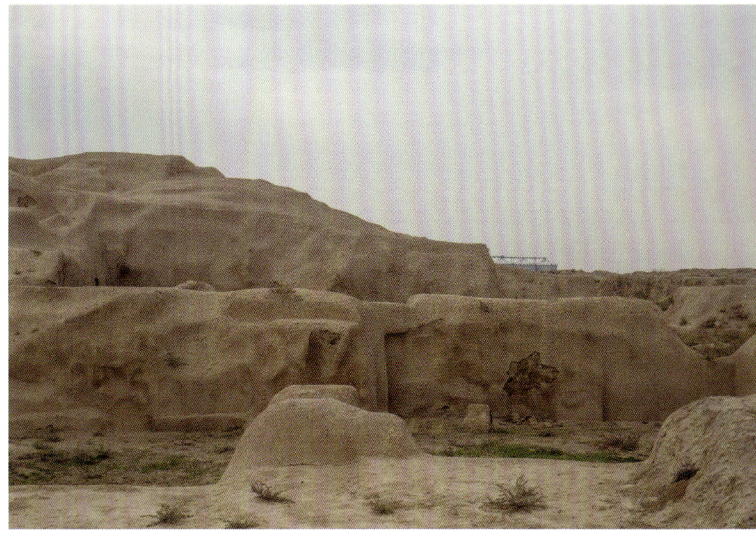

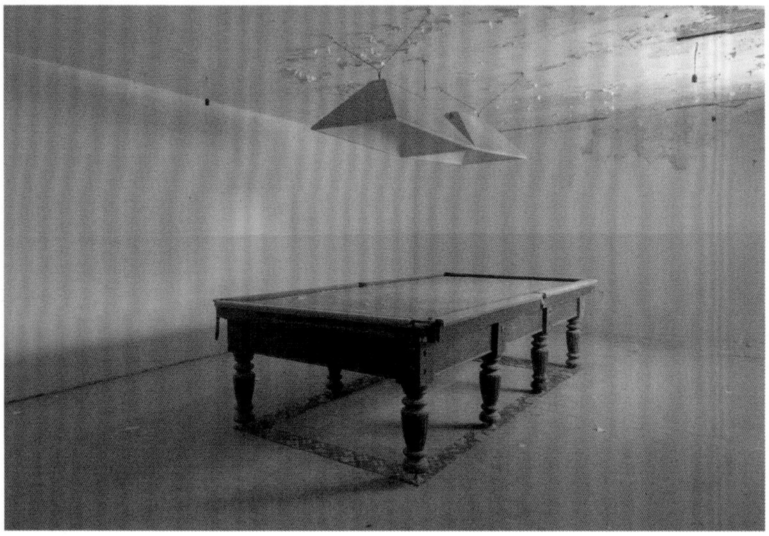

Há muitas semelhanças inevitáveis entre o passado e o presente numa região que esconde muitas camadas da história iraniana sob as casas dos trabalhadores e os campos de cana-de-açúcar. O espaço livre de seres humanos nas fotografias foi a primeira medida tomada no sentido de uma maior liberdade de ação face a um percurso controlado e cheio de tensão. Regressei como estrangeira para melhor compreender a convergência de períodos da história e o local onde outrora vivi.

There are many inevitable similarities between the past and present in a region that hides many layers of Iranian history under labourers' houses and sugarcane fields. The human-free space in the photographs was the first measure taken towards my further freedom of action in the face of a controlled pathway filled with tension. I have returned as an alien to better understand the convergence of periods of history and the place where I once lived.

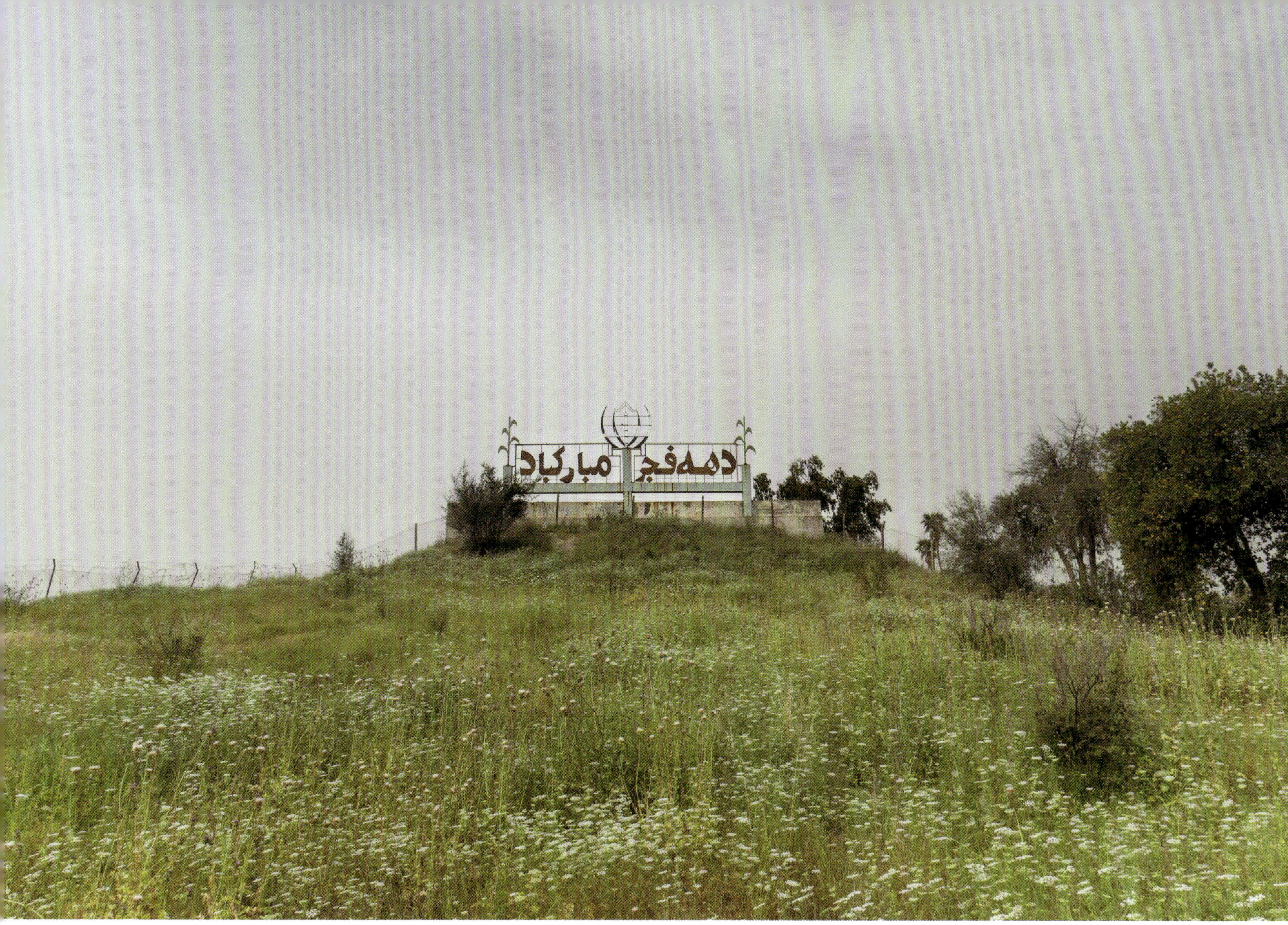
دهه‌فجر مبارکباد

Localização: Hafttappeh, Khuzestan, Irão

1. Parte dos pavimentos de tijolo descobertos da cidade soterrada no Plano Agroindustrial de Haft Tappeh. De acordo com as provas, existiu um importante centro político e religioso nesta cidade durante o período elamita médio, a maior parte do qual está enterrado sob os campos de cana-de-açúcar. Ao nivelar as terras para o cultivo da cana-de-açúcar, os restos de uma grande comunidade e cidade ficaram enterrados sob os campos.

2. Restos de uma base militar durante a guerra Irão-Iraque, esta região é um local adequado para o treino militar devido à sua localização e caraterísticas geográficas, nomeadamente por ter colinas, rios e florestas. Durante a guerra Irão-Iraque, tornou-se uma zona de treino militar pré-guerra.

3. Restos de um abrigo de guerra para soldados iranianos na guerra Irão-Iraque, na rota Haft Tappeh-Choghaznabil.

4. Hafttappeh, Khuzestan, Irão, 2019.

5. Complexo do Templo do Túmulo de Tepti-Ahar. Auto-intitula-se o libertador do povo de Ilam. Este edifício mostra actividades de construção nomeadamente a de templos e zigurates que outrora tiveram importância política e económica. Nas proximidades deste túmulo realizavam-se cerimónias religiosas. As obras arquitectónicas que existiram nesta cidade mostram que a arquitetura cresceu muito neste período e que se utilizaram ao máximo materiais simples e que os arquitectos conheciam os mistérios da resistência dos materiais e da tração e impulso.

6. Clube de bilhar do bairro de Ilam, este clube foi encerrado após a Revolução de 1979 e a maior parte das suas mesas de bilhar foram incendiadas. Esta mesa de bilhar é a única mesa que restou desse período.

7. Vista da colina conhecida como "Dahe Fajr" — nome que remete à celebração de dez dias que marca o regresso de Ruhollah Khomeini ao Irão, em 1979. Esta comemoração anual ocorre entre os dias 1 e 11 de fevereiro, começando na data da chegada de Khomeini e culminando com a Revolução Iraniana, no chamado Dia da Vitória da Revolução Islâmica (ou 22 de Bahman). A colina faz parte de um conjunto remanescente do projeto de nivelamento executado nas proximidades do Bairro Hawaii. Este bairro localiza-se junto às casas do Bairro Ilam e recebeu esse nome porque os funcionários da Iran-California Company — em sua maioria oriundos do Havai e acompanhados pelas suas famílias — se estabeleceram nesse local após introduzirem equipamentos de engenharia agrícola e de nivelamento na região. A colina preserva vestígios da antiga cidade soterrada, bem como monumentos históricos. Todos os funcionários estrangeiros, predominantemente norte-americanos, deixaram Haft Tappeh imediatamente após a Revolução de 1979.

Location: Hafttappeh, Khuzestan, Iran

1. Part of the brick pavements discovered from the buried city in Haft Tappeh Agro-industrial Plan. According to the evidence, there was an important political and religious centre in this city during the Middle Elamite period, most of which is buried under sugarcane fields. While levelling the lands for sugarcane cultivation, the remains of a large community and city remained buried under the fields.

2. Remains of a military base in the Iran-Iraq war, this region is a suitable place for military training due to its location and geographical features, particularly for having hills, rivers and forests. During the Iran-Iraq War, it became an area for pre-war military training.

3. Remains of a war shelter for Iranian soldiers in the Iran-Iraq war on the Haft Tappeh- Choghaznabil route.

4. Hafttappeh, Khuzestan, Iran, 2019.

5. Tepti-Ahar Tomb Temple Complex. He calls himself the liberator of the people of Ilam. This building shows construction activities and the construction of temples and ziggurats that were once of political and economic importance. Religious ceremonies were held in the vicinity of this tomb. The architectural works that have existed in this city show that architecture had grown a lot in this period and maximum use had been made of simple materials and the architects had been aware of the mysteries of the strength of materials and traction and thrust.

6. Billiard Club of Ilam neighbourhood, this club was closed after the 1979 Revolution and most of its billiard tables were set on fire. This billiard table is the only table that has remained from that period.

7. View of the hill known as the "Dahe Fajr" (The Fajr decade is a ten-day celebration of Ruhollah Khomeini's return to Iran in 1979. The annual celebration is held between 1 and 11 February, beginning with the date of Khomeini's arrival and ending with the Iranian Revolution; a day called Islamic Revolution's Victory Day or 22 of Bahman). This hill is one of the ancient hills leftovers from the levelling project next to the Hawaii Neighborhood (Hawaii Neighborhood is situated next to the houses of Ilam Neighborhood and since the Iran-California Company staff who brought agricultural engineering and levelling equipment to the region settled with their families in that place and most of them were from Hawaii, this place became known as Hawaii). This hill is one of the hills that contains part of the buried city and ancient monuments. All non-Iranian, mostly American employees left Haft Tappeh immediately after the 1979 Revolution.

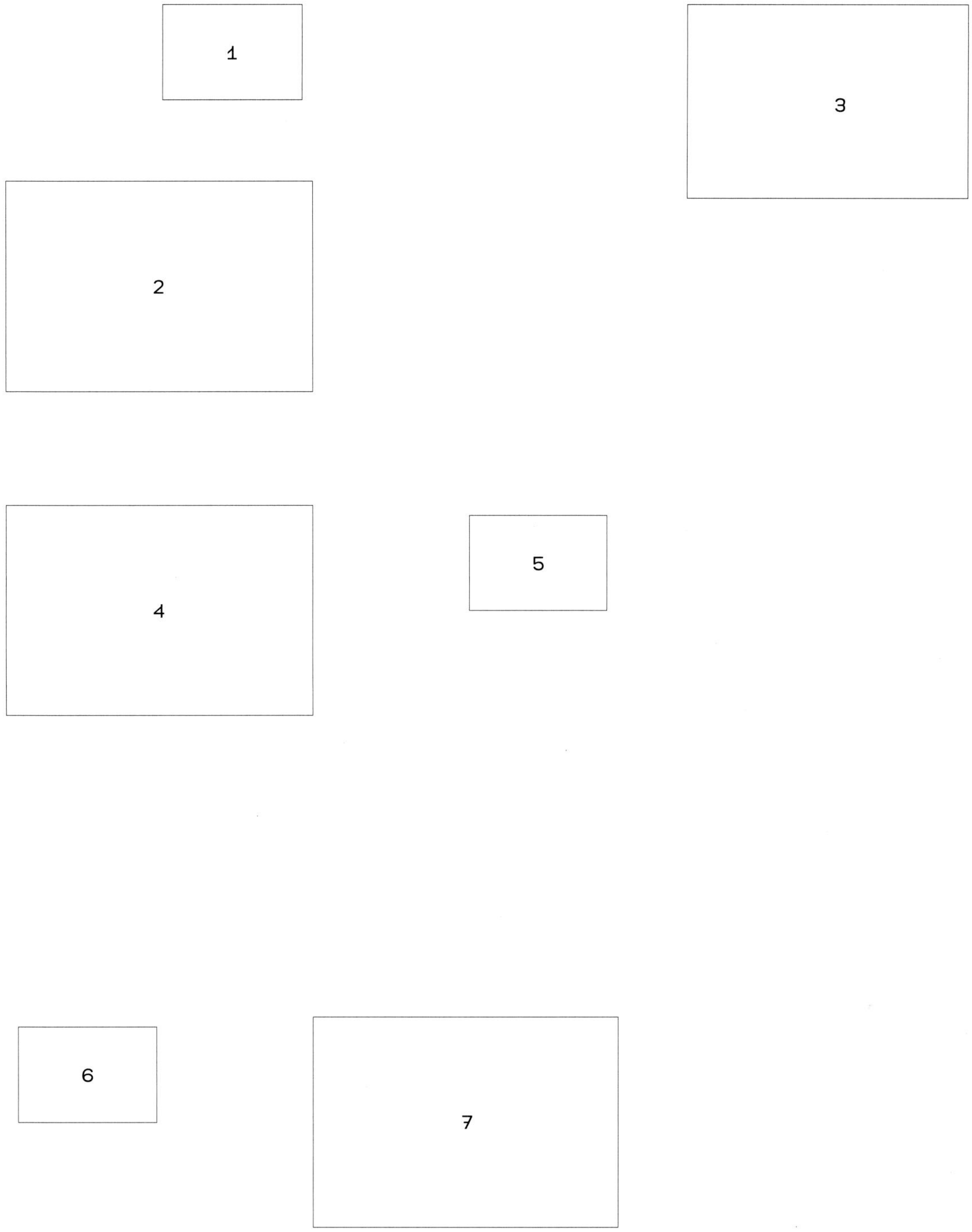
1
2
3
4
5
6
7

Abtractions: Studies of the National Theatre

2016-2025

Amelia Lancaster

Reino Unido
United Kingdom

Tenho vindo a fotografar o Southbank desde 2003. A minha formação em arquitetura e cenografia, combinada com o meu amor pela arte do início do século XX, influenciaram o meu trabalho.

Procuro geometrias nas fachadas que são reveladas à medida que a luz se move em torno dos diferentes planos angulares de betão.

Filmadas principalmente em película de 35 mm, estas peças são posteriormente transformadas através da Abstração Espacial. O contraste e as cores são manipulados para acentuar as formas e a estrutura, criando novas composições de betão. A cor é introduzida em algumas peças para achatar a imagem e reduzi-la apenas a cores e formas. O espaço negativo é também explorado para localizar configurações latentes para além do olho humano.

I have been photographing the Southbank since 2003. My training in architecture and set design, combined with my love of early twentieth century art, have influenced my work.

I search for geometries on the facades that are revealed as the light moves around the different angled planes of concrete.

Mainly shot on 35mm film, these pieces are later transformed through Spatial Abstraction. Contrast and colours are manipulated to accentuate shapes and structure, creating new concrete compositions. Colour is introduced in some pieces to flatten the image and reduce it to colour and shapes only. Negative space is also explored to locate latent configurations beyond the human eye.

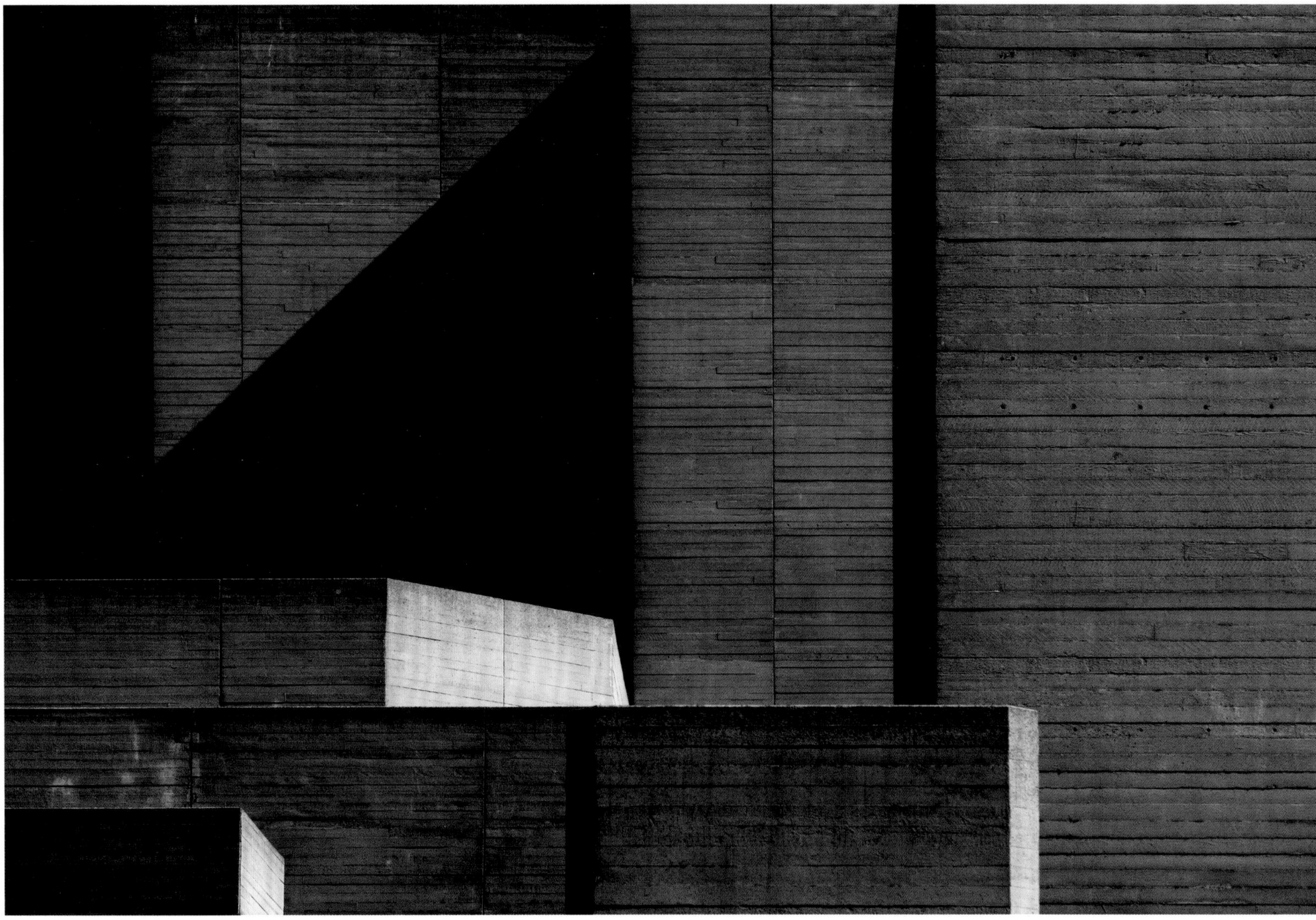

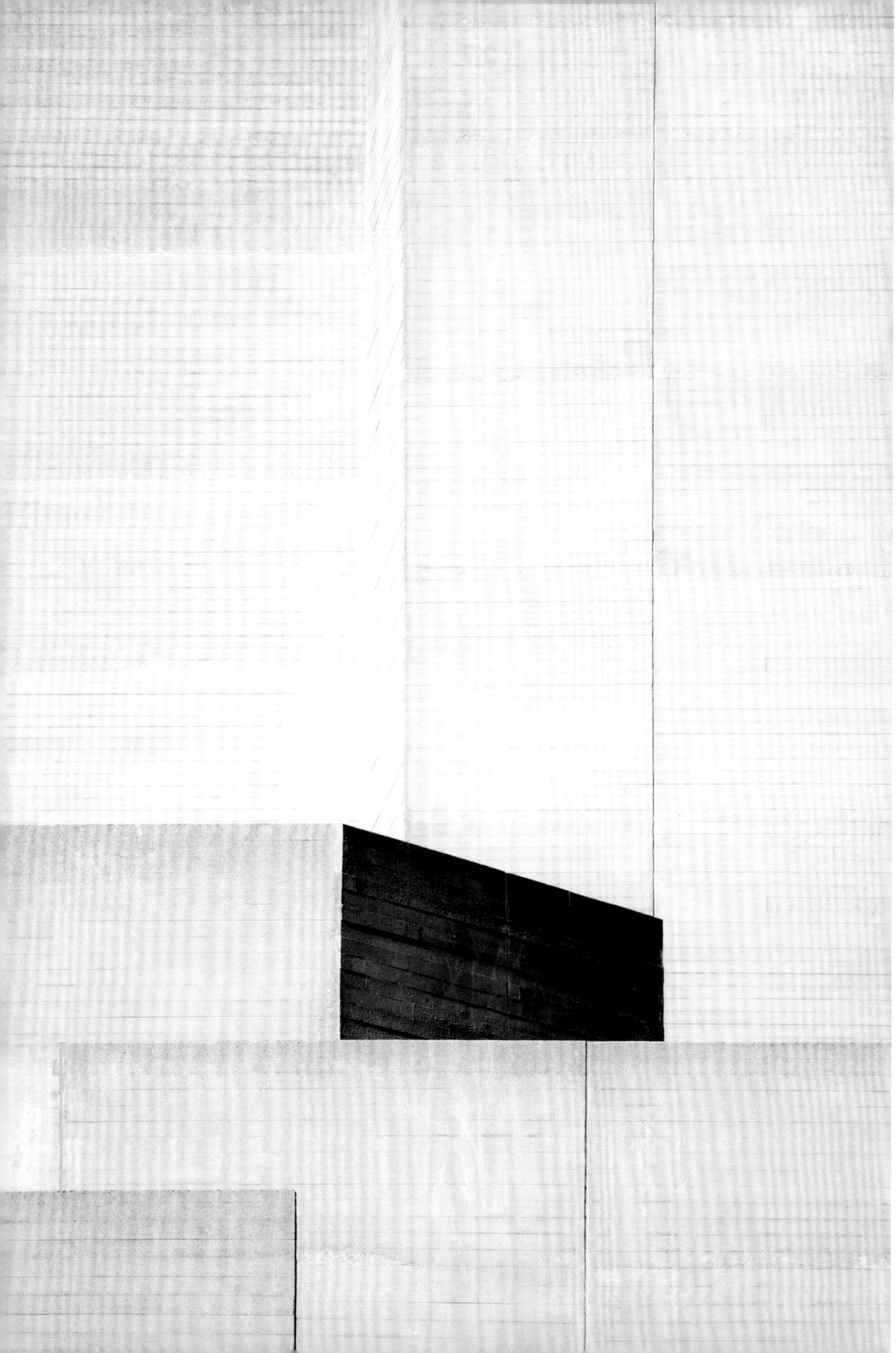

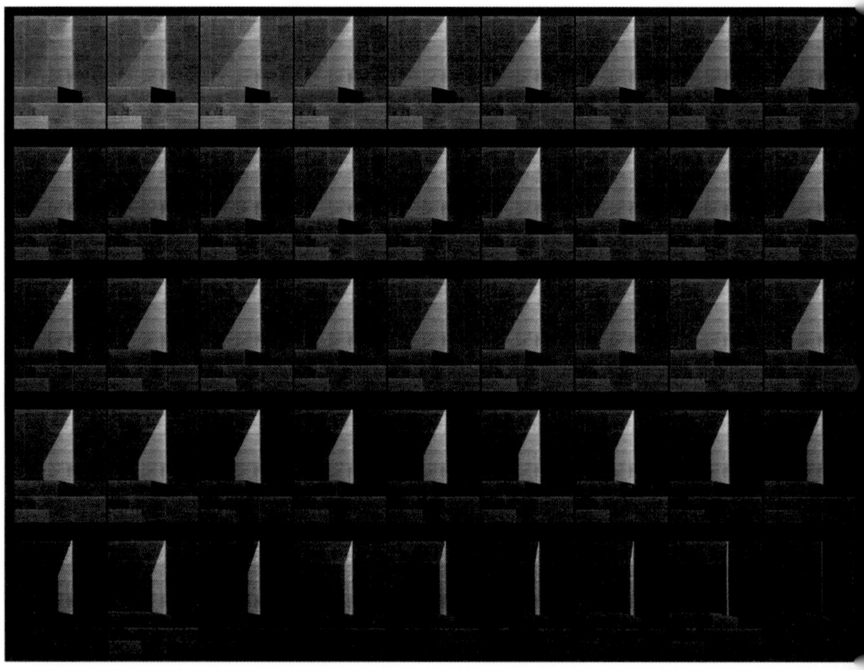

A minha apreciação de Denys Lasdun e o meu amor pela arquitetura do National Theatre advêm da simplicidade do trio betão, luz solar e sombras. Não há interrupções. Isto cria possibilidades infinitas.

Dentro da série existem três subconjuntos: Beautiful Brutalism, Reduction e Negatives. Cada subconjunto utiliza a cor e o contraste para pegar no Teatro Nacional, já de si angular, e criar novas composições abstractas, sendo acompanhado por animações das sombras em movimento.

My appreciation of Denys Lasdun and love of the National Theatre architecture comes from the simplicity of the trio of concrete, sunlight and shadows. There are no interruptions. This creates infinite possibilities.

Within the series are three subsets: Beautiful Brutalism, Reduction, and Negatives. Each subset uses colour and contrast to take the already-angular National Theatre and create new abstract compositions and is accompanied by animations of the moving shadows.

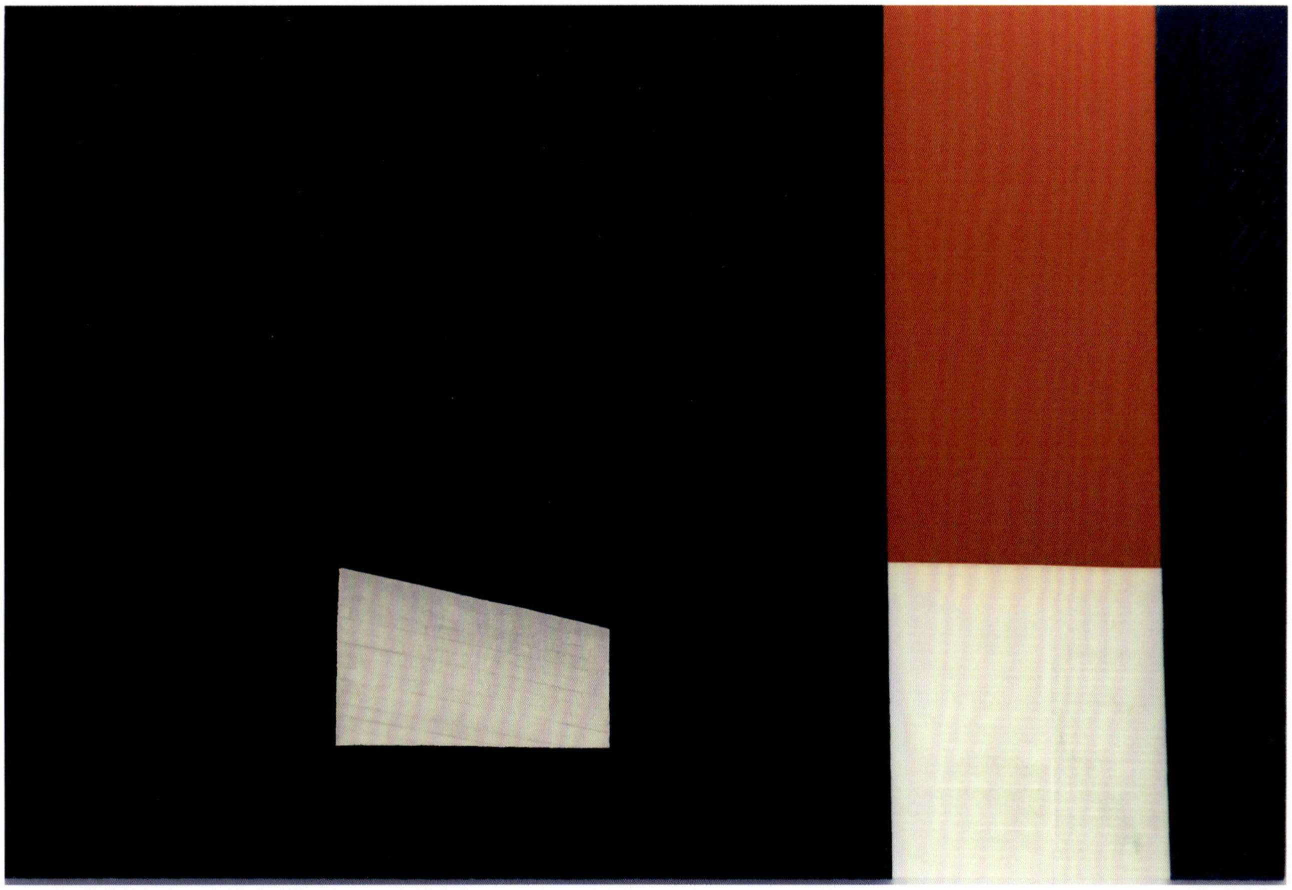

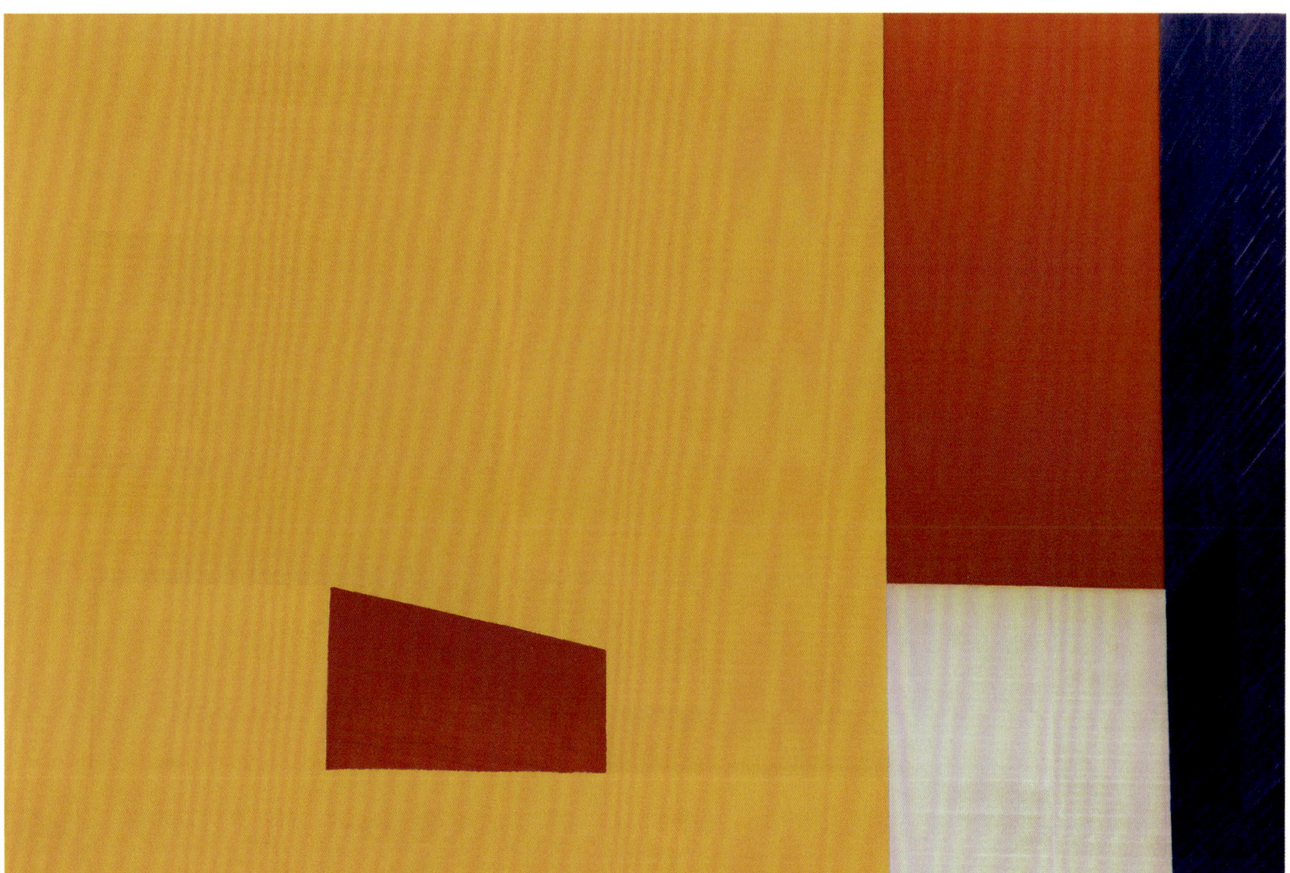

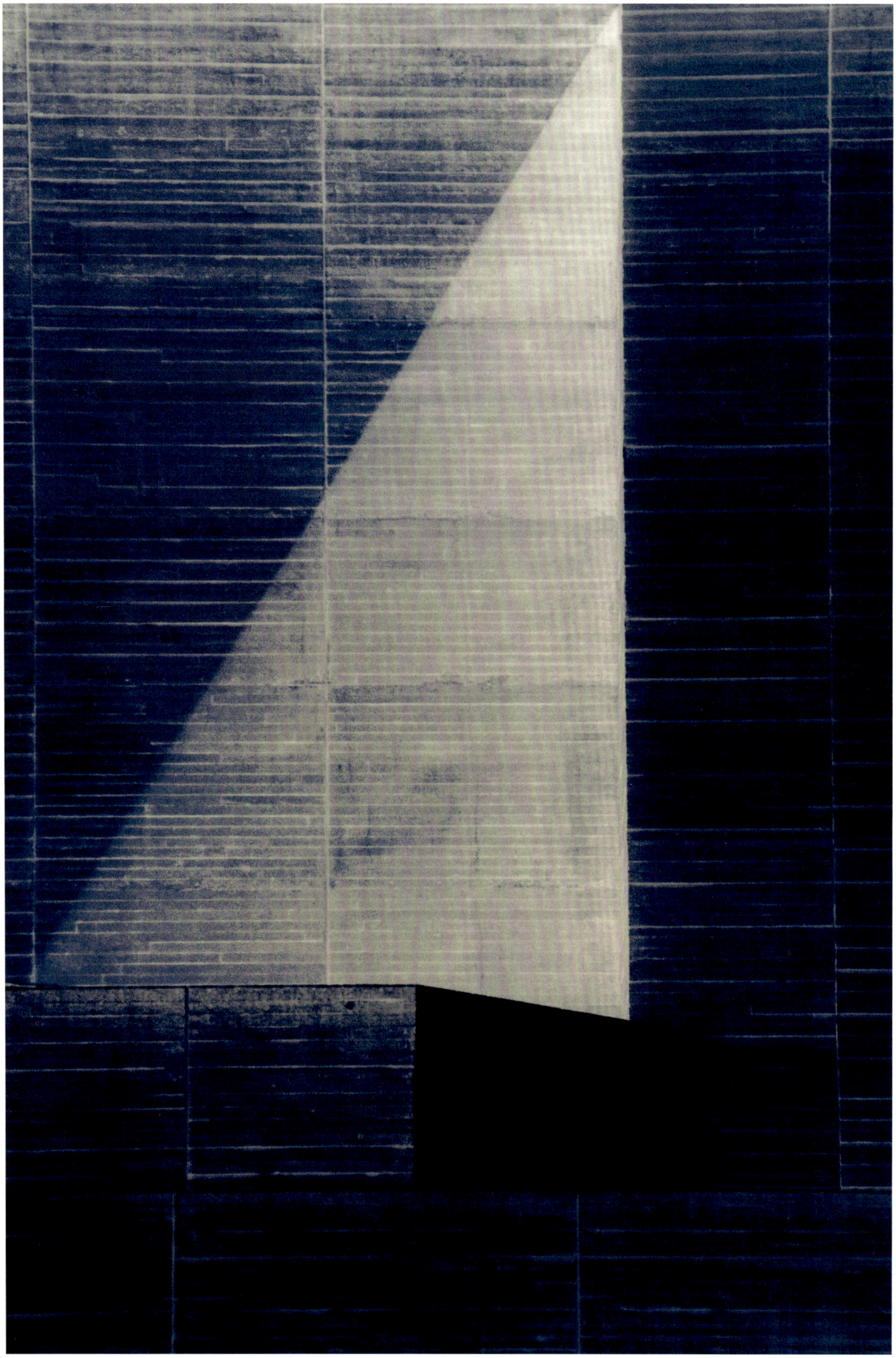

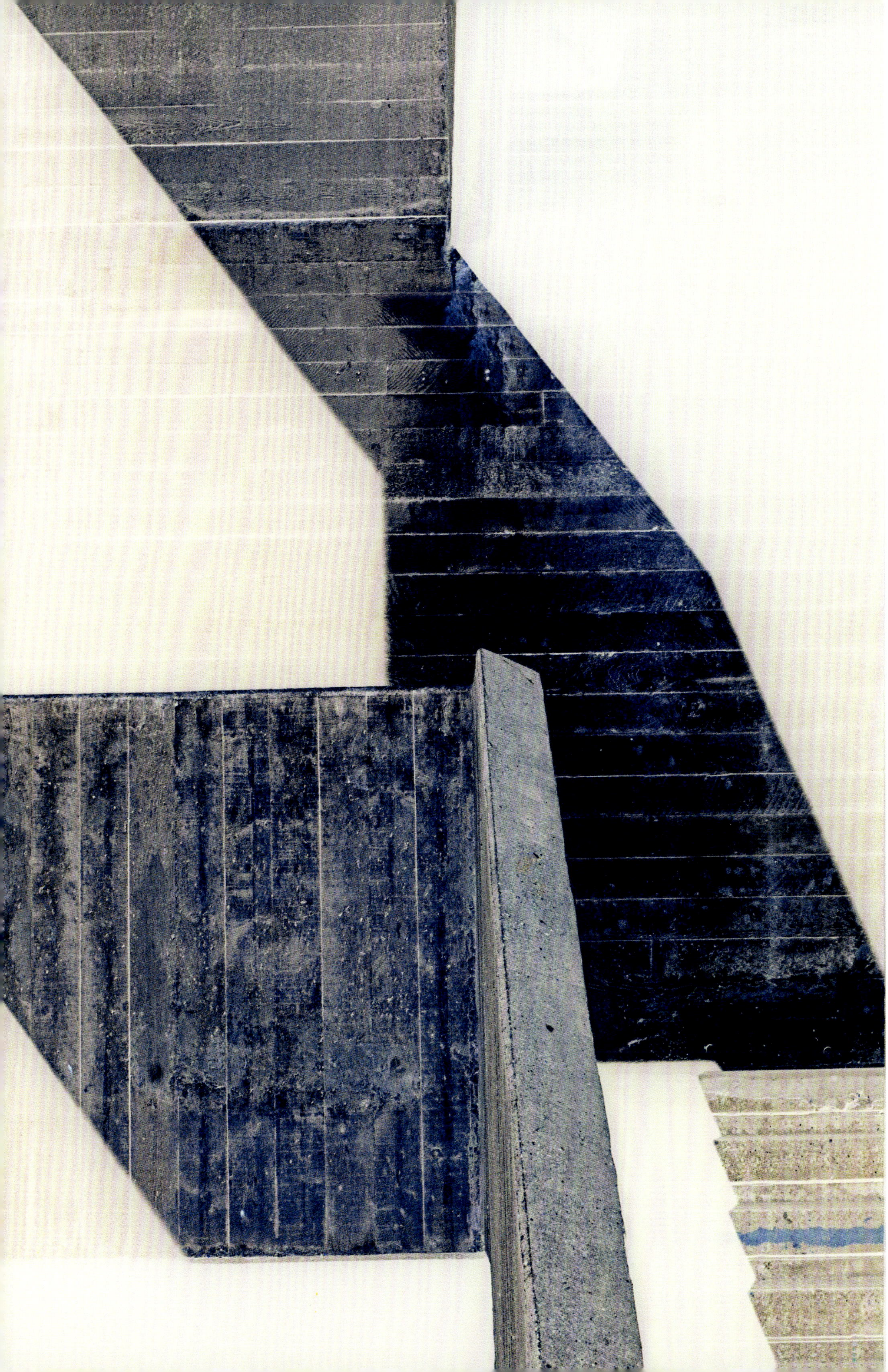

Localização: Londres, Reino Unido

1. Belo Brutalismo (Teatro Nacional I)
A escala dos planos angulares ininterruptos cria uma paisagem urbana sublime. A arquitetura coreografa sombras dramáticas que animam o betão ao longo do ciclo do ano. Através da abstração espacial, transformo a fachada; o contraste é manipulado para acentuar formas e estruturas, formando composições bidimensionais de betão. Lasdun descreveu os terraços onde os espaços interiores e exteriores se fundem como os 'estratos geológicos' da sua arquitetura de 'paisagem urbana'.

2. Belo Brutalismo (Teatro Nacional II)
A série Beautiful Brutalism explora a transformação e abstração da fachada sudoeste do Teatro Nacional. Os planos ininterruptos de betão tornam-se animados pela luz variável e pelas sombras em movimento. Ao nascer do sol, a fachada mais a sul é o primeiro plano de betão a ser iluminado. Este plano é central na maioria das minhas composições e permanece iluminado ao longo do dia até o sol atingir o seu ângulo mais ocidental e a fachada ficar sombreada. (Foi utilizada uma proporção mais elevada de cimento Portland branco para criar um betão mais branco).

3. A Dança da Sombra (Teatro Nacional)
Lasdun viu os espaços abertos dentro e à volta do edifício como um quarto teatro (com a cidade como pano de fundo) e a dança da sombra na fachada cria um quinto. A arquitetura do National Theatre coreografa as sombras à medida que o sol se move através da fachada, animando o betão. Assim, o edifício gera o seu próprio teatro. Em alta velocidade, pode ver-se a dança da sombra - um triângulo que se transforma no espaço. Não se trata de uma beleza secundária acidental, mas teria sido prevista por Lasdun com a sua modelação arquitetónica. Fiz várias animações, tanto em positivo como em negativo, em diferentes alturas do ano. Foi emocionante poder projetar uma animação no interior do edifício, nas paredes internas de betão, criando um palimpsesto de betão.

4. Redução (Teatro Nacional II)
A série "Redução" cria geometrias abstractas a partir do Teatro Nacional. São introduzidas sobreposições de cor e preto, achatando a imagem e reduzindo-a apenas a cores e formas, influenciadas pelas composições de De Stijl.

5. Redução (Teatro Nacional I)
A "Redução" cria geometrias abstractas através da introdução de cores primárias arrojadas, achatando a imagem e reduzindo-a a cores e formas fragmentadas, influenciada pelas composições de De Stijl.

6. Composição Concreta (Teatro Nacional)
O espaço negativo é explorado para localizar configurações latentes para além do olho humano. Rob Wilson, no Architect's Journal, escreveu sobre isto: "'Negatives' inverte as imagens para criar representações mais fantasmagóricas e etéreas das facetas e superfícies da arquitetura".

7. Escadaria (Teatro Nacional)
O espaço negativo é explorado para localizar configurações latentes para além do olho humano. As texturas de betão das persianas são claramente visíveis aqui e Lasdun insistiu que as tábuas de madeira fossem utilizadas apenas uma vez de cada lado para garantir a clareza do grão da madeira. Lasdun afirmou que "o betão é um material muito intratável, mas pode ser um material belo se for utilizado da forma que a sua própria natureza pretende que seja utilizado... É um tipo de escultura que só se pode fazer com betão armado, mas é preciso trabalhar a uma certa escala... Não é um material acolhedor".

Location: London, United Kingdom

1. Beautiful Brutalism (National Theatre I)
The scale of the uninterrupted angular planes creates a Sublime urbanscape. The architecture choreographs dramatic shadows animating the concrete throughout the year's cycle. Through spatial abstraction I transform the facade; contrast is manipulated to accentuate shapes and structures, forming two dimensional concrete compositions. Lasdun described the terraces where the inside and outside spaces merged as the 'geological strata' of his architecture of 'urban landscape'.

2. Beautiful Brutalism (National Theatre II)
The Beautiful Brutalism series explores the transformation and abstraction of the South West facade of The National Theatre. The uninterrupted concrete planes become animated by the changing light and moving shadows. At sunrise the most southerly facing facade is the first plane of concrete to be lit. This is central to most of my compositions and remains lit throughout the day until the sun is at its most western angle and the facade becomes shaded. (A higher proportion of White Portland Cement was used to create a whiter concrete).

3. The Dance of the Shadow (National Theatre)
Lasdun saw the open spaces inside and around the building as a fourth theatre (with the city as a backdrop) and the dance of the shadow on the facade creates a fifth. The National Theatre architecture choreographs the shadows as the sun moves across the facade, animating the concrete. Thus the building generates its own theatre. Speeded up you can see the dance of the shadow - a triangle transforming in space. This is not an accidental secondary beauty but would have been foreseen by Lasdun with his architectural modelling. I have made several animations both in positive and negative at different times during the year. It has been thrilling to be allowed to project one inside the building on internal concrete walls creating a concrete palimpsest.

4. Reduction (National Theatre II)
The "Reduction" series creates abstract geometries from The National Theatre. Colour and black overlays are introduced, flattening the image and reducing it to colour and shapes only, influenced by the compositions of De Stijl.

5. Reduction (National Theatre I)
'Reduction' creates abstract geometries by introducing bold primary colours, flattening the image and reducing it to fragmented colours and shapes, influenced by the compositions of De Stijl.

6. Concrete Composition (National Theatre)
Negative space is explored to locate latent configurations beyond the human eye. Rob Wilson in the Architect's Journal wrote about these; "'Negatives' inverts the images to create more ghostly, ethereal representations of the architecture's facets and surfaces".

7. Stairwell (National Theatre)
Negative space is explored to locate latent configurations beyond the human eye. The shuttered concrete textures are clearly seen here and Lasdun insisted that the wooden planks were only used once on each side to ensure clarity of the wood grain... Lasdun said "Concrete is a very intractable material, but it can be a beautiful material if it is used in the way its own nature intends it to be used... It is a sort of sculpture that you can only do with reinforced concrete, but you need to work to a certain scale... It is not a cosy little material."

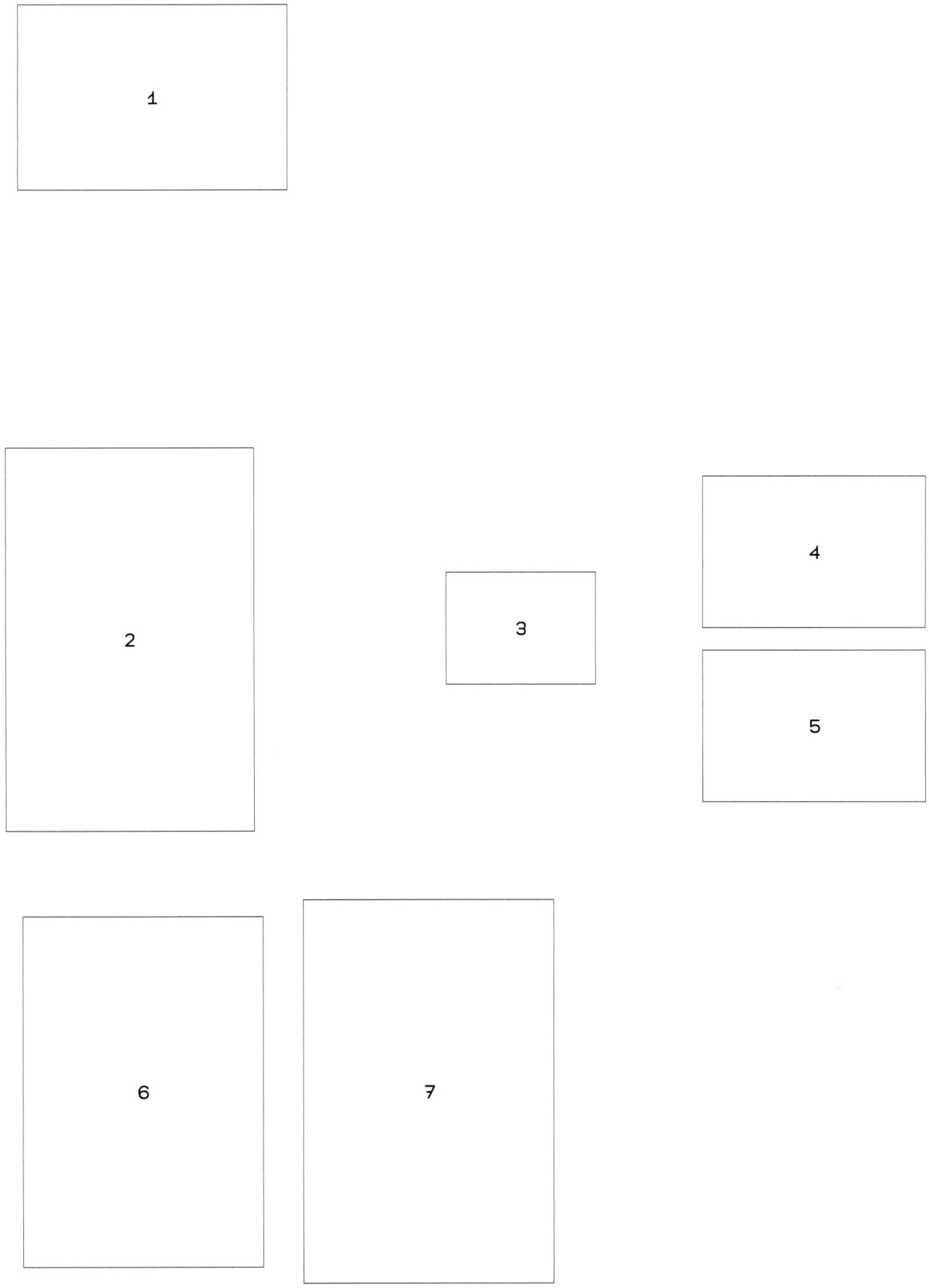
1
2
3
4
5
6
7

Luis Ferreia Alves

1938-2022

É uma figura incontornável na fotografia de arquitetura portuguesa, cuja carreira teve início na década de 1980, com destaque para exposições como "Fotografia de Cena" e "Em Busca da Cor Perdida".

A sua transição para o universo da fotografia profissional, com especial destaque nas áreas de arquitetura, património e território, representou uma contribuição inestimável para a divulgação da arquitetura portuguesa, tanto a nível nacional como internacional. As suas colaborações com arquitetos de renome, como Álvaro Siza Vieira e Eduardo Souto de Moura, consolidaram o seu papel como intermediário entre a arquitetura e o grande público.

O trabalho de Luís Ferreira Alves destaca-se pela sua singular capacidade de revelar a essência das obras arquitetónicas portuguesas, assegurando-lhe o reconhecimento como pioneiro na fotografia de arquitetura em Portugal. A sua extensa colaboração com diversos arquitetos moldou de forma indelével a documentação visual da arquitetura portuguesa contemporânea.

O seu contributo para a cultura e o património foi amplamente distinguido ao longo da sua carreira. Entre os inúmeros reconhecimentos recebidos, destacam-se o título de Membro Honorário da Ordem dos Arquitetos, em 2013, a Medalha de Mérito Municipal - Grau Ouro, atribuída pela Câmara Municipal do Porto, em 2015, e a Medalha de Mérito Cultural, concedida pelo Governo de Portugal, em 2021.

Em 2021, doou o seu arquivo pessoal de fotografia de arquitetura, à Casa da Arquitectura, um acervo inestimável composto por mais de 178.000 imagens, assegurando a preservação e o estudo do seu legado para as gerações futuras.

Was a pivotal figure in Portuguese architectural photography, began his career in the 1980s, notably with exhibitions like "Stage Photography" and "In search of the lost colour".

His transition to professional photography, especially in architecture, heritage, and territory, marked a significant contribution to the field, showcasing Portuguese architecture internationally through collaborations with prominent architects like Álvaro Siza Vieira and Eduardo Souto de Moura.

Alves work, celebrated for its ability to disseminate Portuguese architectural marvels globally, led to his recognition as a pioneer in architectural photography in Portugal. His collaboration extended to many architects, influencing the visual documentation of architecture.

His contributions were acknowledged with honours like the title of Honorary Member of the Order of Architects in 2013, the Municipal Medal of Merit - Gold Grade by Porto City Council in 2015, and the Cultural Merit Medal granted by the Government of Portugal in 2021.

In 2021, he donated his personal architectural photography archive to Casa da Arquitectura, a priceless collection of more than 178,000 images, ensuring the preservation and study of his legacy for future generations.

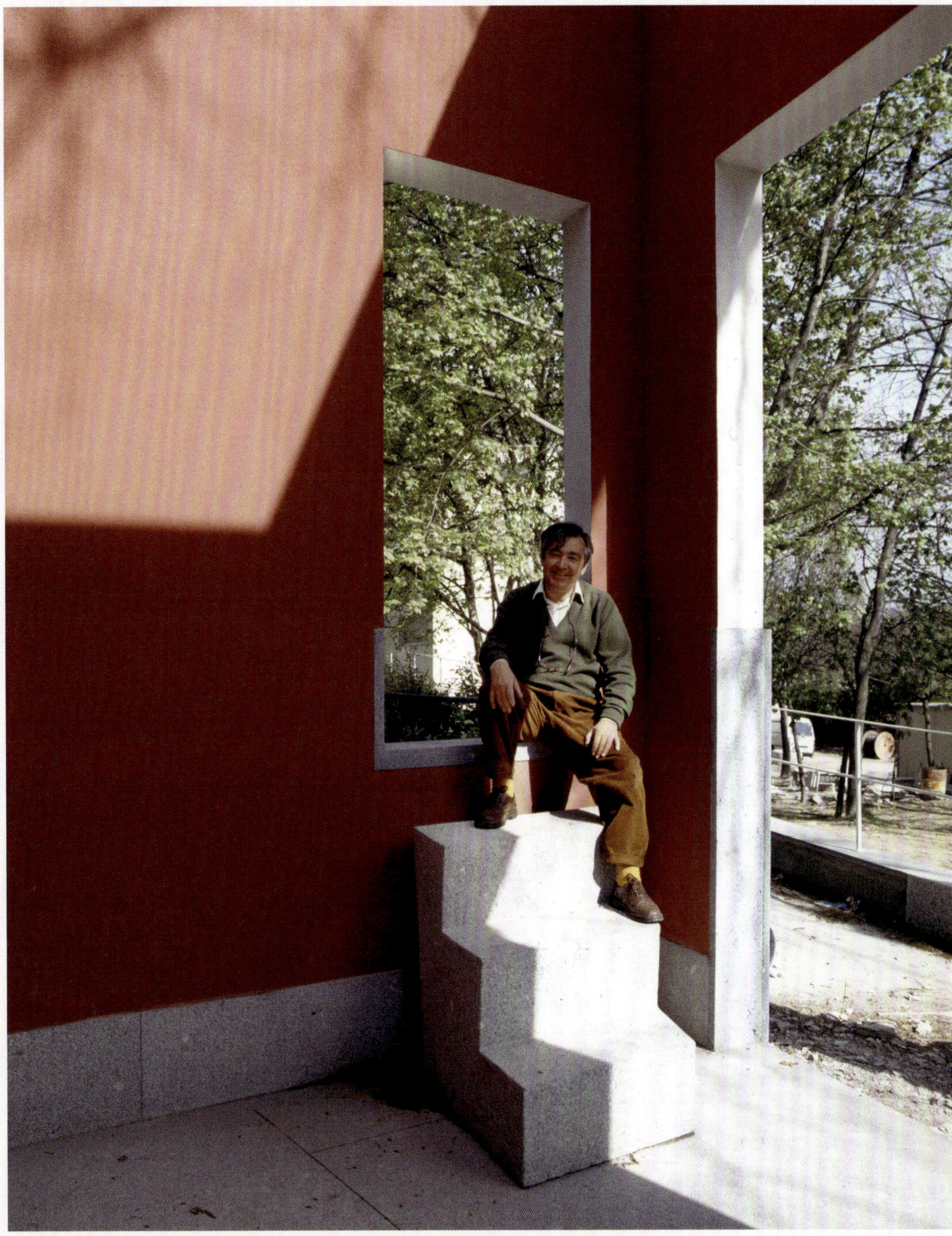

Este prémio homenageia uma figura ímpar do Porto, cidade que amava profundamente, e que acompanhou de perto em todo o seu longo e apaixonado percurso de vida.

O Luis amava viver! Amava as gentes, amava as motas ... os carros, amava a filosofia e a política, amava a caça, os livros e a música, amava o cinema e a fotografia, amava a vela, amava os amigos e as conversas, amava verdadeiramente a vida!

Porque também amava a liberdade, empenhou-se quando Portugal vivia mergulhado numa cinzenta e triste ditadura, tendo sido por várias vezes detido. Foi preso político, coisa que hoje pode parecer irreal, mas a verdade é que o direito ao livre pensamento, volta a ser, em muitos países, interdito e noutros ameaçado.

O Luis tinha um enorme orgulho na sua nacionalidade, e na coragem deste 'pequeno' povo, que partiu ainda no século XV, à descoberta de outros mundos então desconhecidos da Europa. Tinha uma admiração ímpar por Fernão Magalhães, o navegador português que fez a primeira circumnavegação da terra, e por essa razão, é particularmente empolgante ter percebido que também este prémio - em sua homenagem - seis séculos depois, pôde circum-navegar, noutro meio físico, o mesmo planeta, contando com participantes espalhados por todo o mundo, vindos de 99 países, dos cinco continentes.

Da mesma forma que o Luis se comoveu, quando pôde ver ao vivo o "Planisfério de Cantino" uma das mais antigas cartas náuticas datada de 1502, que representa os descobrimentos marítimos portugueses, onde quer que esteja o seu espírito, também se terá agora comovido ao perceber que em sua homenagem se mobilizaram fotógrafos do Cazaquistão, Quénia, Togo, Gana, Cuba e EUA, Bolívia, Azerbaijão, Bangladesh, Austrália, China e Hong Kong, Argélia, Egito, Hungria, Líbano e Israel, Gana, Togo, Senegal, Africa do Sul, Nepal, Myanmar, Bolívia, México, Chile, Colômbia, Peru, Letónia, Noruega, Suécia, Rússia e Ucrânia, Islândia, Sri Lanka, Malásia, Argentina, Coreia e Japão, Tailândia, Vietname, Nepal, ... enfim de todo o Mundo, numa maravilhosa homenagem ao Homem com quem tive a ventura de partilhar 30 anos da sua empolgante e feliz vida.

Intervenção proferida no âmbito da cerimónia de anúncio dos vencedores

28 de junho de 2025
Catarina Providência
(viúva de Luis Ferreira Alves)

This award honours a unique figure from Porto, a city he loved deeply, and which he followed closely throughout his long and passionate life.

Luis loved living! He loved people, he loved motorbikes... cars, he loved philosophy and politics, he loved hunting, books and music, he loved cinema and photography, he loved sailing, he loved friends and conversations, he truly loved life!

Because he also loved freedom, he got involved when Portugal was immersed in a grey and sad dictatorship, and was arrested several times. He was a political prisoner, something that may seem unrealistic today, but the truth is that the right to free thought is once again banned in many countries and threatened in others.

Luis was extremely proud of his nationality and of the courage of this 'small' people who, in the 15th century, set out to discover worlds unknown to Europe at the time. He had unparalleled admiration for Fernão de Magalhães, the Portuguese navigator who led the first circumnavigation of the Earth. For this reason, it was particularly exciting to realise that this prize, in his honour, six centuries later, could circumnavigate the same planet in a different physical environment, with participants from all over the world, from 99 countries on five continents.

In the same way that Luis was moved when he was able to see the "Cantino Planisphere" live, one of the oldest nautical charts dating from 1502, which represents the Portuguese maritime discoveries, wherever his spirit may be, he will now also have been moved when he realises that photographers from Kazakhstan, Kenya, Togo, Ghana, Cuba and the USA, Bolivia, Azerbaijan, Bangladesh, Australia, China and Hong Kong, Algeria, Egypt, Hungary, Lebanon and Israel, Ghana, Togo, Senegal, South Africa, Nepal, Myanmar, Bolivia, Mexico, Chile, Colombia, Peru, Latvia, Norway, Sweden, Russia and Ukraine, Iceland, Sri Lanka, Malaysia, Argentina, Korea and Japan, Thailand, Vietnam, Nepal, ... in short, from all over the world, in a wonderful tribute to the man with whom I had the chance to share 30 years of his exciting and happy life.

Speech given at the ceremony announcing the winners

28 June 2025
Catarina Providência
(widow of Luis Ferreira Alves)

Agradecimentos
Acknowledgements

Um agradecimento especial a Catarina Providência, fundadora deste concurso e representante dos herdeiros de Luis Ferreira Alves.

A todas as pessoas e entidades mais envolvidas com este projeto do concurso, por todo o suporte e apoio:

Ao principal promotor, a Câmara Municipal do Porto.

Aos diversos parceiros institucionais distribuídos pela Comissão da Organização, como é o caso da Faculdade de Arquitetura da Universidade do Porto.

Ao grupo de entidades patrocinadoras e estratégicas, como a Casa da Arquitectura, a Comissão de Coordenação e Desenvolvimento Regional Norte, o Instituto da Fundação Marques da Silva e a Ordem dos Arquitetos.

Também não podemos deixar de mencionar a relevância e a importância que tiveram os patrocinadores dos prémios:

A Marca Cin como patrocinadora do primeiro prémio,

O grupo La Caixa - BPI como patrocinador do segundo prémio

A Canon como patrocinadora do terceiro prémio.

E por fim, referir os nossos parceiros estratégicos em termos de comunicação que foram a Metro do Porto, a Panoramah e a editora e distribuidora AMAG

Aos membros do Júri:
Hélène Binet
Eduardo Souto Moura
Paulo Catrica

Um agarecimento especial a todos os concorrentes desta 1ª edição 2025.

Our special thanks go to Catarina Providência, founder of this competition and representative of the heirs of Luís Ferreira Alves.

Thanks also to all the people and organisations most involved with the project for their support:

The main promoter, Porto City Council.

The various institutional partners distributed by the Organising Committee, such as the Faculty of Architecture at the University of Porto.

To the group of sponsoring and strategic organisations, including Casa da Arquitectura, the Northern Regional Coordination and Development Commission, the Marques da Silva Foundation Institute, and the Order of Architects.

We must also acknowledge the importance and relevance of the sponsors of the awards:
Marca Cin, sponsor of the first prize;

La Caixa – BPI as sponsors of the second prize,

Canon sponsored the third prize.

Finally, we would like to acknowledge our strategic communication partners: Metro do Porto, Panoramah!, and the publishing and distribution company AMAG.

To the members of the jury:
Hélène Binet
Eduardo Souto Moura
Paulo Catrica

Special thanks go to all the competitors in this first edition of 2025.

Colophon

scopio®

LFA AWARD 2025

Concurso Internacional de Fotografia Luis Ferreira Alves
Um Olhar Contemporâneo sobre a Arquitetura

Luis Ferreira Alves
International Photography Competition
A Contemporary Look at Architecture

Editora
Publisher
Cityscopio – Associação Cultural
Rua da Cidreira 291, 4465-076
Porto (Matosinhos), Portugal
info@cityscopio.com
www.cityscopio.com

Distribuição internacional
International distribution
Turner

Coordenador
Coordinator
Pedro Leão Neto

Equipa Organizadora
Organising Team
Catarina Providência
Joana Azevedo
Marta Ferreira
Maria Neto
Né Santelmo
Artur Leão

Projetos Fotográficos
Photography Projects
Maho
Cyrille Weiner
Sergio Belinchón
James Smith
Kris Scholz
Seunggu Kim
Ricardo Nunes
Marco Yat Chun Chan
Nuno Serrão
Vincenzo Pagliuca
Sana Ahmadizadeh
Amelia Lancaster

Textos introdutórios
Introduction texts
Rui Moreira
Nuno Sampaio
José Pedro Sousa
Pedro Leão Neto

Testemunhos do júri
Jury statements
Hélène Binet
Eduardo Souto de Moura
Paulo Catrica

Posfácio
Postscript
Catarina Providência

Texto contracapa
Back cover text
Artur Leão

Design editorial / Editorial Design
Né Santelmo & Artur Leão

Capa / Cover
© Luis Ferreira Alves | Arquivo Casa da Arquitectura

Impressão / Printing
Gráfica Maiadouro

Tipografia / Type: Kritik

ISBN: 978-989-36273-1-0

Depósito Legal / Legal deposit: 552210/25

Ano de Edição / Edition Year: 2025
1ª Edição / First Edition

Tiragem / Print run: 500 Ex.

Promotores e Comissão Organizadora
Promotors and Organising Comission

Porto. · cityscopio Associação Cultural · U.Porto Faculdade de Arquitectura Universidade do Porto

Entidades Patrocinadoras
Sponsoring Entities

CIN

Com o apoio de:
BPI | Fundação "la Caixa"

Canon

Parceiros Estratégicos
Strategic Partners

Casa da Arquitectura · CCDR Norte · Metro do Porto · panoramah! · AMAG Publisher

Parceiros Institucionais
Institutional Partners

Ordem dos Arquitectos · Fundação Marques da Silva

Concurso Internacional de Fotografia Luis Ferreira Alves

Um Olhar Contemporâneo sobre a Arquitetura

Luis Ferreira Alves International Photography Competition

A Contemporary Look at Architecture

#01

scopio EDITIONS x TURNER